本书献给卓越的当地研究团队，是你们管理本项目各参与国的研究工作，若是没有你们，本书呈现的数据和相关资料将永远无法收集起来。特别致敬其中两位研究者：莱迪维纳·卡里诺和马克·莱昂斯，他们在本书面世之前不幸辞世。

一位伟大的画家不会仅仅满足于以其杰作打动情感，艺术的最高成就在于改变人们的思想。

——奥尔罕·帕慕克，《我的名字叫红》，第195页

非营利部门的
社会起源

EXPLAINING CIVIL SOCIETY DEVELOPMENT
A Social Origins Approach

［美］莱斯特·M.萨拉蒙　S.沃伊切赫·索科罗斯基　梅根·A.海多克 等　著

张远凤　梅继霞　译

武汉大学出版社

图书在版编目(CIP)数据

非营利部门的社会起源/(美)莱斯特·M.萨拉蒙等著;张远凤,梅继霞译.—武汉:武汉大学出版社,2024.12
ISBN 978-7-307-23927-2

Ⅰ.非… Ⅱ.①莱… ②张… ③梅… Ⅲ.非营利组织—研究—世界 Ⅳ.C912.21

中国国家版本馆 CIP 数据核字(2023)第 153524 号

责任编辑:唐 伟 责任校对:鄢春梅 版式设计:韩闻锦

出版发行:**武汉大学出版社** (430072 武昌 珞珈山)
(电子邮箱:cbs22@ whu.edu.cn 网址:www.wdp.com.cn)
印刷:湖北金海印务有限公司
开本:720×1000 1/16 印张:18.75 字数:305 千字 插页:3
版次:2024 年 12 月第 1 版 2024 年 12 月第 1 次印刷
ISBN 978-7-307-23927-2 定价:88.00 元

目　　录

致　谢

　　本书是一次历时 25 年的思想探险之旅的最终成果。此次探险的任务，是要向人们揭示这个世界中社会与组织基础设施的一个关键的组成部分。长期以来，这个部分不为人知，它隐身于学术研究、政策讨论、媒体报道和统计体系的视野之外。本书研究的这个社会与组织基础设施，是一个庞杂的集合体，囊括了私人部门的、非营利性的学校、诊所、医院、社会服务机构、交响乐团、人权组织、环保组织、智库、专业协会、救灾和发展组织以及其他几十种群体。这个集合体有各种名称，被称为非营利部门、志愿部门、非商业部门或者非政府部门，以及提供慈善捐赠和志愿行动的支持性机构。很少有其他类型的机构在提升世人的生活品质方面扮演过更为重要的角色，也很少见到其他类型的机构在基础数据系统中如此隐而不现，被学术界和媒体所忽视，并因此在很大程度上要么无人理会，要么被各种误导性的神话所遮蔽。

　　这场冒险之旅始于两位勇敢学者的相遇，一位是年轻的德国社会学家（即 Helmut Anheier——译者注），另一位是刚刚开创性地完成了美国非营利部门经济分析的美国教授（即 Lester Salemon 本人——译者注）。1991 年，两人应邀参加在德国波恩举行的世界主要慈善基金会领导人的聚会。与会者中有10 到 12 位基金会总裁，他们分别来自德国、法国、英国、美国、日本和荷兰。

　　这次会议的议题聚焦于一个难题，即非营利部门感到自己不能吸引政策制定者、媒体和学界的关注，更不用说有效地向人们和世界展示自己。会议要求每位基金会领导人事先做好准备，在会上介绍其所在国家非营利部门的范围、规模和状况。但是，会议在进行过程中遇到了一个严重问题，那就是每个人对这个部门的构成内容看法都不一样，绝大多数人的看法是片面的或令人困惑的。只有美国人提供了对这个部门的概貌、规模和资金来源的极为粗略的描述，但这些描述也只是提供了近期信息，并且远未得到充分阐释。

在这个相当笨拙的讨论过程中，这位美国教授试探性地举起了手。在得到发言机会之后，我提醒大家关注这个令人尴尬的问题，我有一个办法可以补救，但是这需要一个审慎而系统的比较研究才能解决，还要有破除神话和谬见的勇气。会场陷入了一片沉寂。这些高级领导人并没有理会我的建议，而是继续努力描述他们所处部门的样貌，但几乎没有促成多少理解和共识。

不过，我的发言还是被其中一位与会者听进去了。那天晚上，在为一家美国主要慈善基金会的领导人举办的生日宴会上，这位领导人大声说："萨拉蒙，你今天下午所说的研究项目需要花多少钱？"我在脑子里快速计算了一下，给了他一个大致的估计数。他马上宣布："好，我们现在就来筹款吧。"说完，他就绕着餐桌挨个请求与会者承诺支持这个项目。经过一番哼哼哈哈、支支吾吾、扭扭捏捏的筹款动员，所有各方都同意资助这个项目，并且与大会主办方签订了书面协议，协议中还注明了德国马克与美元的汇率，以便德国人支付赞助款。约翰斯·霍普金斯非营利部门比较研究项目（CNP）就这样诞生了。本书就是这项研究的最终成果。当然，并非每个出席晚宴的人都认为自己做了一个有约束力的承诺，因此，我们又花了1年多时间将那天晚上的许诺变成现实。

项目启动之后，约翰斯·霍普金斯非营利部门比较研究项目立即着手组建了一支卓越的团队，由致力于本项目的研究伙伴和各国当地研究人员组成。这群开拓者最初的工作是搜集整理关键机构及其行为的经验性知识。这些工作看起来费力不讨好，由于学术界当时还很少涉足这个领域，因此现成的信息很少。这个项目还在各国建立了当地顾问委员会。这群拓荒者承担了一项起初看似不可能完成的、没有回报的任务，那就是搜集关于一组机构和行为的实证知识，这些知识几乎没有可靠的信息来源，这项任务也偏离了常规的学术轨道。该项目还在开展研究的各个国家组建了当地咨询委员会。

该项目的一个核心任务是要引起政界和媒体的关注。为了做到这一点，必须在非营利部门那些动人的个人故事之外，增加确切可靠的实证数据，描绘出非营利部门的规模及其在经济中的分量。只有这样，非营利部门的利益相关方才能够说清楚这个部门的重要性，并且使用的语言还要让政策制定者与媒体感到信服和通俗易懂。从一开始，这个项目还有其他一些更加雄心勃勃的目标：检验，可能的话还要挑战一些有关这个部门的迷思以及一些早期的理论和信条，这些迷思和理论声称可以解释非营利组织为何兴起以及如何获取资源；为非营利部门成为一个研究领域提供合法性，并且培育一个强健的全球学者共同体，这个共同体拥有该领域的丰富知识而且致力于从事该领域的工作；我们最大的雄心是让这个部门从此进入国家统计机构的视野，在全球统计指导体系中改变对待非营利组织及其活动的态度。

该项目一开始就必须面对挑战，那就是对我们打算测量的非营利部门构建一个一致认可的定义。这一定义在应用到不同的国家时，必须能识别出相同类型的实体和活动，尽管这些国家在法律框架、经济环境、文化传统上存在巨大差异，其非营利部门也千差万别。不仅如此，这个定义还必须最终能够纳入正式的国际统计体系。这个计划如此雄心勃勃，难免会遭到相当多的质疑乃至嘲讽，其中一些甚至来自于非营利部门内部。

不过，项目团队一直坚持不懈，各国当地研究人员也鼎力支持。我们通过自下而上的承诺，赋权给研究人员，让他们根据本国的实际情况开展研究，然后在此基础上寻找共同点，这些共同点让我们能够透过各个组织、各种行为和各个国家的特殊性看到一个真正的部门的基本轮廓。让我们感到开心和惊奇的是，在第一批研究数据发表之后，就有更多国家宣布参加我们的项目。就这样，参与国家的数量很快就从项目开始时的 8 个增加到 13 个，又从 13 个增加到 23 个，再继续增加到 36 个，最后到写作本书时已经增加到 40 多个。我们相当乐观地预计还会有更多国家参加进来。每一批国家要求加入时，我们都会重复同样严格的程序：配备可靠的研究伙伴，成立知识渊博的当地顾问委员会，测试我们的定义，评估潜在的数据来源，在获得新信息时对数据进行必要调整。在这个过程中，本项目取得了丰硕的成果，包括曼彻斯特大学出版社出版的一套丛书，66 篇工作论文，200 多篇文章、比较研究报告以及一些著作中的章节，还有一系列有关项目概况的书籍。该项目还对官方全球统计体系作出了两个里程碑式的贡献——2003 年由联合国统计署出版的《国民账户体系中的非营利机构手册》（简称 UN NPI 手册）和 2011 年由国际劳工办公室出版的《志愿工作测量手册》。

当然，这个项目规模如此之大，持续时间如此之久，如果不是很多人贡献聪明才智和辛勤工作并且坚持不懈、全力支持，我们是无法完成各项承诺的。25 年来，先后总共有 16 位才华横溢的核心员工为该项目工作。在我们杰出的当地研究小组的指导下，大约 150 名至 200 名国际研究人员在 CNP 伙伴国家从事该项目的各个方面的工作，另有大约 500 人在该项目的参与国家和国际咨询委员会服务，并且有 94 个组织提供了财务支持。在这项工作中，还产生了一个充满活力的新的国际学术社团（即 International Society for Third-Sector Research（ISTR）——译者注），致力于从事全球"第三部门"研究。

由于篇幅所限，这里无法一一列出每个人和每个组织的名称，因此在卷尾特辟一节，列出了核心工作人员、咨询委员会成员、资助机构和当地研究人员的名字，也许没有列出所有当地研究人员的名字。不过，我至少要提到其中一些特别重要的贡献者的名字，否则就是我的失职。首先要感谢的是赫尔穆特·安海尔，他现在是位于柏林的赫蒂学院的院长。他出色而有效地分担了我的工作，在项目开始的头十年，他作为副主任指导项目的开展。同样重要的是 S. 沃伊切赫·索科罗斯基，他一直是该项目关键数据库的天才管理员及其科学完整性的保护者，在项目概念化、数据汇编、数据分析和融入国际统计系统的各个方面与当地研究人员密切合作。该项目还得到了两位非常能干和敬业的管理者的良好服务，最初是瑞吉娜·里佩特·李斯特，最近则是梅根·A. 海多克。没有米米·比尔佐尔和切尔西·纽豪斯的制作和沟通技巧，没有杰基·佩里的行政支持，我们也不可能完成项目。

特别感谢约翰·理查森，他是欧洲基金会中心（EFC）的第一执行主任，他召开的欧洲基金会中心年会为我们发布项目最初研究成果提供了平台，最终使得这个项目扩展到其他国家；特别感谢赫尔曼·哈伯曼，他在 20 世纪 90 年代中期任联合国统计司司长，他让我们进入官方国民账户体系，使得编制全球非营利部门官方数据的能力制度化；特别感谢伊沃·哈温加和赫尔曼·史密斯，他们与我们密切合作，编写了最初的《国民账户体系中的非营利机构手册》，最近还对其进行了重大修订和扩大；特别感谢西尔维斯特·扬和拉斐尔·迪埃兹·德·麦迪纳，他们先后担任国际劳工组织统计局局长，通过发布国际劳工组织《志愿工作测量手册》，打开了将志愿服务计量纳入官方国际统计的大门，并向联合国志愿者项目提供了大量必要的资金支持；感谢鲍杜因国王基金会的卢克·塔亚特·德·姆斯，他多年来一直担任该项目国际咨询委员会的主席，在发现该项目数据的价值方面特别有创意；感谢意大利团结协会（SPES）的凯斯加·冯诺维奇和仁左·拉扎诺，他们不仅在意大利，而且在整个欧洲广泛地促进了《国民账户体系中的非营利机构手册》和国际劳工组织《志愿工作测量手册》的实施。特别感谢几个长期慷慨资助该项目的机构，其中包括大西洋慈善基金会、福特基金会和查尔斯·斯图尔特·莫特基金会。

　　我深深感谢所有这些个人和组织，包括此处提到的以及卷尾特别列出的项目组成员。本项目自始至终都是集体努力的成果，无论获得什么荣誉，都由所有人合理共享。因此，我将本书献给我们项目的当地研究人员，如果没有他们，这个项目就无法推进。该项目获得的任何功劳都由大家共享，该项目可能存在的任何缺点，包括本书中的任何瑕疵，全部都由我作为项目负责人承担。

莱斯特·M. 萨拉蒙
马里兰州安纳波利斯市

1 导论：非营利部门发展之谜

莱斯特·M. 萨拉蒙

没有人强迫我们学习，阿德索。我们必须学习，仅此而已，即便我们不完全理解。

——翁伯托·艾科，《玫瑰之名》，第 547 页

本书试图解开一个谜团。二十多年来，本书作者一直在从事一项工作，就是记录世界各国非营利部门的范围和结构。这个谜团简单点说就是：我们在过去的工作中，已经积累了关于五大洲 40 多个国家的非营利部门的庞大数据，如何运用这些数据来解释世界各国非营利部门在规模、结构、资金来源与角色方面的巨大差异呢?[1]例如，为什么非营利部门的劳动力在劳动年龄人口中的占比，巴基斯坦低至 1%，而荷兰却高达 15% 呢? 发展水平可能具有一定影响。但是，为什么非营利部门的劳动力占全国劳动年龄人口的比例在比利时接近 10%，而在瑞典却只有 2.5% 呢——尽管这两个国家的经济发展水平旗鼓相当? 为什么非营利部门的收入在德国有 65% 来自政府，而在意大利这个数字却只有 36% 呢? 墨西哥与俄罗斯分处两个半球，为什么它们在非营利部门的规模和结构上却几乎相同呢?

回答这些问题，对于正确理解非营利部门的演变历程及其所扮演的角色都是至关重要的，尽管其重要性远远不止于此。在政府资源几乎没有增长甚至下降的情况下，贫困、苦难与环境恶化等问题却日甚一日。在努力改善人民生活质量方面，民间非营利组织已在世界范围内被视为政府的重要盟友。作为民间机构和公共目的的独特组合体，这类组织一般规模较小、贴近民众、行动灵活，能够发起民间倡议来支持公共目的，因此越来越多地被用来承担一些重要职能，比如：协助提供人类服务；为弱势群体赋权；引导公众关注

有待解决的问题；表达在艺术、宗教、文化、族群、社会以及娱乐方面的价值观和理念；建设社区，培育互信互惠关系，这些关系是促进政治稳定和经济繁荣的必要条件。总的来说，这些组织调动个体的主动性来追求公共利益。

有鉴于此，要完成联合国最近提出的十七项"可持续发展目标"（即联合国发布的国际社会"后 2015 发展议程"的优先目标）中的大多数，看起来都有赖于这些民间非营利组织的贡献。[2] 理解促成这些组织之兴起并且形成今日之面貌和角色的因素，可能是"后 2015 发展议程"取得成功的关键。

更为根本性的是，解开这一谜题，便有望找出最近在解释国家为何失败这个问题上的各种努力中所缺失的一环。在最近出版的《国家为何失败》一书中，达龙·埃斯莫格鲁和詹姆斯·A. 罗宾逊声称："如果说经济制度是决定一国穷或富的关键因素，那么政治和政治制度决定了一国拥有何种经济制度。"[3] 然而，又是什么决定了一国的政治和政治制度呢？根据一项很有前景的研究提供的说法，这个问题的答案主要在于，一国公民传统上强调信任互惠规范的程度——这些传统与强健的结社组织网络有关，结社组织也就是我们所称的非营利组织。[4] 然而，又是什么因素造成了强健的非营利组织网络呢？这正是本书试图回答的问题。

不过，我们的答案与有关非营利部门的学术文献中长期以来占主流地位的理论相去甚远，这个答案也挑战了很多由这些理论或明或暗支持的流行观念。这些理论想让我们相信，非营利组织的兴起，是由于个人消费者/选民以及商品和服务生产者基于市场的偏好（preferences）和/或从传统文化中沿袭下来的利他主义和关爱他人之类的情感（sentiments）。

再具体一点说，偏好理论认为，非营利组织的出现是由于对集体物品的需求未被满足。之所以存在消费者/选民未被满足的需求，是由于市场经济制度和民主政治制度的内在局限性，尤其是在异质性社会中。这些理论认为，起作用的还有各种社会企业家或宗教狂热分子的偏好，他们纷纷建立组织机构来满足自己的偏好，因为他们以为这是吸引宗教信徒或事业追随者的一种方式。情感理论则强调某些文化价值观，这些价值观往往源于宗教信仰，使个人倾向于采取利他行为，而非营利机构是实现利他行为的载体。这两套理论表面上都有自己的逻辑。此外，这两套理论也便于用来支持关于非营利机构的性质和特征的各种根深蒂固的流行观念——比如非营利机构根本上是由私人慈善来支持的，这只是美国特有的现象；在那些已经建立了高度发达的

"福利国家"制度的国家，其非营利机构与美国相比要逊色得多，诸如此类。

由于缺乏关于世界各国非营利部门的范围和结构的确切比较数据，不可能对这些理论进行真正的跨国实证检验。因此，人们有可能基于信仰或者基于其与古典经济理论的逻辑一致性而相信这些理论。但是，过去二十多年来，我和一个国际合作团队持续开展的霍普金斯非营利部门比较研究项目，已经收集整理了世界各地 40 多个国家的非营利部门的庞大的可比数据，这些数据采用了共同的定义以及共同的数据收集协议（表 1.1 列出了这些国家的名单）[5]。因而，我们现在拥有了系统性的数据，这些数据包括：有关非营利部门劳动力规模的数据，受薪雇员和志愿者两者都有；这些组织的活动领域以及每个活动领域的规模；这些组织的收入状况，既有总收入数据，也有各个主要收入来源的数据；以及这些组织产生的经济影响。

表 1.1　约翰斯 . 霍普金斯非营利部门比较研究项目所覆盖的国家（截至 2014 年）

地区（国家数量）	国　　家
西欧（15）	奥地利、比利时、丹麦、芬兰、法国、德国、爱尔兰、意大利、荷兰、挪威、葡萄牙、西班牙、瑞典、瑞士、英国
中东欧（6）	捷克、匈牙利、波兰、罗马尼亚、俄罗斯、斯洛伐克
北美（3）	加拿大、墨西哥、美国
南美（5）	阿根廷、巴西、智利、哥伦比亚、秘鲁
非洲/中东（5）*	以色列、肯尼亚、南非、坦桑尼亚、乌干达
亚洲（7）	澳大利亚、印度、日本、韩国、新西兰、巴基斯坦、菲律宾
总计（41）*	

注：＊埃及和摩洛哥两个国家参与了该项目，但因为数据不完整，不包括在此分析中。

随着这些数据上线，全球非营利部门摆脱了长期以来在现代社会图景中作为一个隐形次大陆的状况。在此过程中，我们逐渐认识到，全球非营利部门的实际情况与我们开始这项工作时那些最有影响力的流行观念相距有多远。下面就是那些流行观念的例子：

- 根本就不存在一个独特的非营利"部门"这样的事情，只不过是一些让人看不懂的机构和行为罢了，它们完全混杂于其他社会机构——市场生产者、政府机构以及家户——不可能做出概念上的区分，更不用说进行实证研究。[6]恰恰相反，约翰斯·霍普金斯非营利部门比较研究项目确认存在这类机构，提出了一套客观的共同的定义特征，非营利部门存在于全球40多个国家，尽管这些国家的经济、社会发展水平和宗教信仰都迥然不同。

- *非营利部门不论有多么重要的社会意义，都没有重要的经济意义。* 实际上，这个部门是一股主要的经济力量，在很多国家，这个部门雇用的劳动力规模与位列第二或第三的产业部门相当。

- *即便在一定范围内存在一个非营利部门，它在很大程度上也是美国特有的现象，反映了美国人的非凡慷慨和对个人主义的特别执着。* 事实上，美国不仅不是唯一拥有庞大非营利部门的国家，而且就非营利部门劳动力的相对规模而言，美国也不是拥有最大规模非营利部门的国家。[7]

- *不同于通过发展一个强大的非营利部门来提供社会福利的美国模式，欧洲国家建立了"福利国家"，由政府主导这类服务的供给。* 实际上，许多欧洲国家建立的是"福利伙伴关系"，其特征是广泛依赖民间非营利组织来提供国家资助的福利服务。通过这种方式，就相对水平而言，许多欧洲国家培育了一个比美国大得多的非营利部门。

- *私人慈善捐赠——来自个人、基金会和公司——是维持非营利组织活力的关键要素。* 事实上，慈善捐赠只占非营利部门总收入的很小比例。即便是在美国，尽管很多非营利组织至少在初创阶段仍然十分依赖慈善支持，但总体而言，我们发现所有慈善捐赠只占整个非营利部门总收入的13%或14%。政府资助和收费是两个更加重要的收入来源，将近40%的收入来自于政府资助，50%的收入来自于收费。更富有戏剧性的是，在那些非营利部门最发达的国家，政府资助要占到非营利部门总收入的六成到七成。

更重要的是，根据获得的可靠数据，我们发现，各国非营利部门几乎在每一个方面都存在着巨大差异——这些差异看似并不符合文献中占主导地位的偏好理论或情感理论的描述。举个例子，这个例子详见本书第3章，一国是否存在或缺乏强健的非营利机构，似乎并不像偏好理论所预测的那样，与这个国家的人口多样性程度相对应。不仅如此，没有哪种宗教传统不强调个人的利他精神，这使得难以用大众在仁爱或利他主义情感方面的差异，来解释我们数据显示的各国非营利部门在规模和类型上的广泛差异。事实上，一些传统上宗教信仰强烈鼓励人们从事慈善和捐赠的国家，其非营利部门却最不发达。

这类证据的增加促使我们重新审视有关非营利机构增长和发展的主流理论。更一般地，我们得出结论，狭隘地关注个体最大化自己对商品或服务偏好的理性选择或者对偏好理论和情感理论所强调的抽象文化观念的反应（无论既定情形下的价值观是什么），都不足以解释我们的数据所表明的非营利部门发展的各个维度。尤其是这些解释有一个更为普遍的、在古典和新古典经济学中很常见的缺点——这个缺点被马克·格兰诺维特称为"一种人类行动原子化的、非社会化的概念"。[8]正如格兰诺维特所说："主体既不会作为原子在社会情境之外采取行动或做出决定，也不会因为碰巧占据了社会类别的某个特定交点，而盲目地服从于这个交点为他们编写的剧本。恰恰相反，他们的有意行动被嵌入稳定、持续的社会关系系统之中。"[9]

从根本上来说，我们认为"嵌入性"概念可以有力地解释非营利组织的发展。选择运用市场、非营利部门、国家或者亲属网络来提供主要的人类服务，并非如偏好理论所暗示的那样，是个人消费者或服务提供者在公开市场上自由做出的决定，也不是仅仅由孤立的文化或宗教传统来决定的。恰恰相反，这些选择以及这些文化传统，都受到现有社会和政治关系的强大约束，而现有社会和政治关系从历史继承而来，又由构成任何一个社会的各种社会阶层和社会机构的复杂互动关系塑造而成。因此，这些结果不是简单地受到情感和偏好的强烈影响，同时也受到关键社会群体和机构间政治、社会和经济力量角逐的影响，这些力量在社会发展的关键转折点都会彼此较量。

当然，这并不是什么新发现。塞贝尔曾经提醒过我们，非营利组织"不仅是产品和服务的提供者，也是社会和政治协调的重要因素"。[10]因而，非营利组织并不是自由地漂浮在社会空间之中，如前面那些理论所说的那样仅仅对情感和偏好做出反应。恰恰相反，它们深深地嵌入在当下的社会、政治和经济结构之中，用塞贝尔的话来说，非营利组织常常被当作"拥有名声、金钱和权力的精英们所组成的网络之中的节点"。约翰·霍尔也认同这个观点，尽管没有表达出它的全部含义。霍尔将市民社会在欧洲的兴起归因于"国王、贵族和城市资产阶级诸元素的特殊的力量平衡"。[11]类似地，葛兰西指出市民社会组织"在革命势力与复辟势力的战争中……是'战壕'的关键部件和阵地战的永久防御工事"。[12]最近，豪威尔和皮尔斯同样强调市民社会的特征是一个"权力关系"被"复制"或被"挑战"的竞技场。[13]

　　然而，那些声称旨在解释非营利部门的范围和特征的主流学术理论明显缺乏对权力关系中的嵌入性的论述。确实，一些观察员评论了非营利部门作为一种潜在权力来源的角色。但是，无论是由于情感理论对非营利部门的高度强调，将其视为利他主义或团结精神这类宝贵价值观的表达，还是其他一些因素，非营利部门是权力关系产物的可能性都在很大程度上被低估或忽视了。

　　本书认为，如果我们想要理解全球范围内非营利组织在规模、形式、结构和筹资方面令人费解的差异性，就必须对这种忽视进行纠正。但是，哪种权力关系最为相关呢？

　　幸运的是，在寻找这个问题的可能答案时，我们还不至于完全茫然无措。政治学家罗伯特·普特南给出了一条重要线索，为了解释公民传统和非营利部门发展的显著差异，他发现自己"深深地沉浸于意大利各地区历史的鲜明对比中"，他认为存在显著差异的原因在于 20 世纪 70 年代和 80 年代意大利地方政府的不同执政表现。[14]这种比较历史法及其对"路径依赖"——现存社会关系的持久性——的强调，更加充分地反映在小巴林顿·摩尔、迪特里希·鲁施迈耶及其同事们关于法西斯主义和民主的"社会起源"的开创性工作中，[15]同时也反映在格斯塔·埃斯平-安德森和泰达·斯科波尔关于现代福利国家起源的著作之中。[16]

　　运用这种分析模式，摩尔在英国、法国、德国和中国的历史记录中识别出三条不同的"通往现代世界之路"——民主的、法西斯主义的和共产主义的——每一条道路都可以归因于土地精英、农民、城市工人阶级和中产阶级以及国家之间的特定关系。[17]以拉丁美洲为重点，鲁施迈耶和他的同事将相关权力关系的范围扩展到了本地社会阶层以外的国际主体，比如殖民列强和各种基本政治结构——如政府机构和政治党派——它们可以放大或削弱不同社会群体的权力和影响。[18]后面这种强调政治过滤器作用的视角也可以在埃斯平-安德森和斯科波尔的著作中找到，它们解释了欧洲和美国"福利制度"的各种模式。[19]

　　尽管摩尔和安德森都没有将其分析应用于非营利部门发展的差异之中，鲁施迈耶等人和斯科波尔也只是部分地这样做，但我们有充分的理由相信，他们使用的分析模式应该与这一问题有相当大的关联。这表明需要进行更为复杂的、根植于历史的"社会起源"分析，用来解释不同社会中非营利部门在规模、组成和结构上的差异。

根据这些见解，我们在本书中构建并检验了这种关于全球非营利部门发展的"社会起源论"。正如将在第4章中更加全面阐述的那样，这一理论提出了两个基本命题：第一，在非营利部门的关键维度上表现明显的随机国际变异之下，存在着一些可识别的模式，本书试图对这些模式做出解释；第二，这些模式与各种社会经济团体和机构之间独特的权力关系集合密切相关，这些团体和机构包括土地精英、中产阶级工商业利益集团、农民、工人及其组织，通过组织，上述群体得以聚集在一起，并且在社会历史的关键时刻表达其利益和主张。这些关键时刻往往为重要的社会机构和行为的演变开辟道路或指引方向——尤其是非营利组织和行为——影响此后几十年。

本书的结构

为了探究这些假设，本书余下各章分为两个部分。第一部分紧随引言之后，由五章组成，是本书的主体部分。总体而言，这些章节首先更为详细地描述了本书试图解释的关于非营利部门发展的事实，然后检验了流行理论和假设的社会起源论对这些事实的解释能力。

第2章详细介绍了由40多个国家的数据所描绘的全球非营利部门的基本轮廓，这些系统性的数据是通过约翰斯·霍普金斯非营利部门比较研究项目（简称"CNP项目"）收集整理而来的。本章得出了两个核心结论：第一，全球非营利部门比以往描述和普遍假设的更大、更重要；第二，这个部门的不同方面存在着一些显著的差异，这就提出了一种值得探索的可能性，即这些差异可能为非营利部门增长和发展的起因提供重要线索。熟悉这个研究项目前期出版物的读者将会发现，本书提供了10个新增国家的数据，既有初次添加到项目数据库中的国家，也有前期著作中已经介绍过但在本书中更新了数据的国家。

在此背景下，第3章概述了流行的情感理论和偏好理论的各个方面，并首次对这两套理论的解释能力进行了实证检验，以解释第2章所记录的非营利部门规模和轮廓的显著变化。这些检验得出的核心结论是，在最好情况下，这些关于非营利部门发展的流行理论充其量只能解释所观察到的差异的非常有限的部分，在最坏情况下，它们所支持的预期与所观察到的事实相反。

然后，第4章提出了准备替代上述流行理论的社会起源论，以及由此产生的非营利部门结构和功能的假设模式。如上所述，这个理论的核心是一个模型，这个模型将非营利部门的范围和结构视为主要社会主体之间的特定关系集合的结果，在不同国家发展的关键时期，这些社会主体的权力在若干重要因素的影响下被放大或缩小。从这个理论视角来看，可以假设至少存在五种不同的非营利部门发展模式，并且确定与每种模式可能有关联的社会根源。

在第 5 章中，利用我们收集到的 41 个 CNP 国家非营利部门的规模、构成、资金和劳动力结构的实证数据，对这一理论进行检验。首先检验理论假设的五种非营利部门发展模式在这些国家的经验记录中实际出现的程度；其次，在这些国家的历史记录中寻找证据，确定该理论假设的因素在多大程度上导致这些模式的出现；最后，评估理论的解释能力，解释为什么一些国家似乎不符合这五种模式中的任何一种，以及这些国家非营利部门可能所处的发展轨道。通过这些检验，本章测试了该理论的解释力，不仅包括对过去发展的解释，而且涉及对当前变化的解释。

第 6 章是本书的中心章，概括了本书的主要结论。从根本上验证了社会起源论对数据中所观察到的非营利部门发展的不同模式之原因的解释，同时承认这个结论仍然存在局限性，并就如何将该理论不仅用于解释过去状况，而且用于预测未来发展前景提出建议。

本书第二部分从分析非营利部门发展模式的广泛差异转向详细研究 10 个新增或更新数据的 CNP 国家的非营利部门的规模和形态。这种安排遵循了本项目先前产生的一系列著作中对新增国家进行分析的做法。然而，鉴于本书的分析主旨，我们扩展了这 10 章的讨论范围，至少对本书中所提出的社会起源论如何解释这些新增国家的非营利部门发展模式进行了简要评论。由于我们获得了其中一些国家的前期数据和最新数据，这些数据显示出这些国家的非营利部门随着时间发生变化的状况，我们还评估了社会起源论的解释能力，该理论不仅能够解释非营利部门在某一时刻的实际状况，而且能够解释导致所观察到的变化的可能原因。

附加说明

与任何实证研究一样，我们必须就这一研究的范围、能够生成可靠数据的变量以及因此可以进行的测试做出重要决定。要特别指出的是，我们的关注焦点是我们所认为的非营利部门的组织核心——机构及其相关个人行为的集合，它们在某种意义上超出了市场、国家和家户的边界，并且满足了一组定义特征，这些特征是由一些国际学者组成的团队在这个项目一开始就制定出来的，随后在我们进行实证研究的 40 多个国家中的每个国家都进行了测试。[20]附录 A 提供了更加详细的概括说明，这个定义将我们的注意力集中于以下实体：(1) 组织，无论是正式还是非正式成立的组织，无论是否依法注册；(2) 在制度上与政府分离；(3) 禁止将其可能产生的任何利润分配给投资者、管理者或董事；(4) 自治并能够根据自己的权威独立存在；(5) 非强制性，即参与者不受强迫。

我们清楚地认识到，其他类型的组织和个人行为有时被视为非营利部门的一部分，并且许多其他术语常常被用来描述这些实体和活动。然而，当这里所描述的工作开始时，国家和市场之外可辨别的社会部门都能够被识别出来的想法——更不用说有可能跨越国家界限系统地收集关于这个部门的可比数据——受到广泛怀疑，至少在某些方面遭到强烈反对。在这种情况下，把重点放在我们最终发现的定义特征上似乎是谨慎的，而且是非常有益的。我们通过自下而上的研究在最广泛的国家范围内构建了非营利部门的制度核心，并且认识到其他人可以在这一基础上，将他们认为适当的其他类型机构（例如，合作社和互助组织这类不遵守我们定义中所包含的非分配约束的机构），或其他类型的行为（例如，非结构化的公民参与形式）纳入进来。促使我们做出决定的还有希望，即我们的工作能够影响现有的官方统计系统，在这个项目的工作能够揭示出非营利部门的真实范围和规模之前，官方统计系统完全把非营利部门隐藏在国民经济统计之中。因此，重要的是采用一个可能被纳入国民账户体系的定义，国民账户体系指导着世界各国的官方经济统计——我们的这个决定获得了可观的回报，联合国统计署 2003 年通过的《国民账户体系中的非营利机构手册》（以下称《非营利机构手册》）和国际劳工组织 2011 年发布的《志愿工作测量手册》都采用了我们项目提出的定义和方法，联合国 2017 年新版的《非营利机构手册》中，扩展了初版《非营利机构手册》中非营利组织概念的范围，更广泛的所谓社会经济机构和直接志愿活动也被囊括其中。[21]

此外，鉴于本研究的广度和探索性，有必要对重点关注的变量范围进行一些限制。我们选择的变量能够最清楚地反映我们定义的非营利组织的活动形式和活动水平。因此我们没有花太多时间收集关于这些组织的数量数据，众所周知数量数据是带有误导性的和不准确的。相反，我们重点关注就业数据，包括受薪雇员和志愿者，折算成全职当量员工人数，计算其占经济活动人口总数的比重，以便使它们在不同国家之间具有可比性；[22] 我们重点关注不同来源的收入（慈善事业、政府和服务收费）所占的份额；同时，我们关注这些组织的运作领域，利用专门的非营利组织国际分类体系（ICNPO）进行分类，该分类体系建立在绝大多数国际经济统计中常用的国际标准产业分类体系的基础上，但对其进行了详细说明。本书报告的数据大多数是在 1995 年至 2012 年这 18 年里收集的。在一些国家，可以获得覆盖这段时间大部分的时间序列数据，而在另一些国家，则是最近才开展此项研究工作，不能获得更早的数据。

尽管存在这些局限性，我们确信，这里汇集和分析的数据代表了全球非营利部门最详细和最可靠的跨国经验图景。这些数据是由各组研究人员在一套共同的研究协议和商定的共同定义指导下使用严格的可比性标准生成的，并由一名熟练的工作人员仔细监控。此外，该项目的程序和定义随后被纳入 2003 年联合国统计署出版的《非营利机构手册》中，迄今为止，已为从加拿大到吉尔吉斯斯坦，从新西兰到挪威的 20 个国家所采用，这为我们的数据赢得了更高的可信度。因此，我们认为尽管这套数据远远称不上完善，但是足够稳健、可靠和具有可比性，足以支持本书所做的分析，并且对极其广泛的国家的非营利机构发展模式提供了重要见解，这些国家体现了不同程度的经济发展水平、广泛的区域多样性，以及几乎所有主要的宗教传统。最后，尽管我们认为通过呼吁关注以前研究中被忽视或低估的一系列因素这种方式，本书对我们理解非营利部门发展动态作出了重大贡献。但我们清楚地认识到本书试图破解的社会过程的极度复杂性，并没有提出任何单一的因果解释。实际上，这里阐述的社会起源理论本身包括各种因素，这些因素以复杂和动态的方式相互作用。我们也不指望我们对该理论的检验成为对所有国家任何时候都有效的确切证明。正如我们在结论中再次指出的那样，来自本研究未涉及国家的数据可能会产生新的证据，以至于需要对这一方法进行改进甚至大量修改。相反，我们的论点是，该理论提出的相关因素似乎对解释已知事实大有帮助，因此不应再被忽视。

将这些警告铭记在心，我们现在转向数据告诉我们的全球非营利部门的范围、结构、筹资和角色，以及不同国家在这些维度上表现出来的极其显著的差异。

上　编

非营利部门的社会起源论

莱斯特·M. 萨拉蒙，S. 沃伊切赫·索科罗斯基和梅根·A. 海多克

2 解释什么？非营利部门发展的差异

> 我从未怀疑过符号的真实性，阿德索；它们是人类可以用来在世上指引自己的唯一东西。我不明白的是符号之间的关系。

> ——翁伯托·艾科，《玫瑰之名》，第 599 页

在检验任何理论之前，必须弄清楚运用这个理论来解释的是什么。虽然在正常情况下这是很容易的工作，但对非营利部门而言，却是一个巨大的障碍。这有几个方面的原因。最根本的原因是，这个部门可能包括非常多样的实体和活动，许多人因此对于是否存在这个部门都深表怀疑，即便存在这个部门，人们也会质疑它所包含的内容。即便是那些愿意承认有可能在市场、国家和家庭之外识别出一个明确的社会或经济部门的人，在确定部门界限的标准方面仍然存在显著分歧——有些观察者将该部门限定于实在的组织和行为，而另一些观察者则认为这个部门除了有形的机构或行为之外，还可以延伸到态度和价值观。即便是在关注这个部门的有形机构和行为方面的那些人当中，在这个部门的定义特征方面依然存在很大差异，比如是否应该包括组织的收入来源、对营运盈余的处理、组织的服务对象、税法如何对待它们、它们的法律地位如何、在多大程度上依赖志愿者、它们是如何治理的、它们的目标是什么，或其他任何特征。[1]毫不奇怪，这些不同的定义特征反过来又导致了相应的术语纠结，这个部门身上印着一系列不同名称：非营利部门、非政府部门、社会经济部门、志愿部门、慈善部门、独立部门、非商业部门、第三部门、社会部门等。

除了概念和定义的挑战之外，还有一些重要问题，即这个部门的哪些方面是重要的、值得了解的。一些人认为，应该像对待其他任何部门一样对待这个部门，从总体规模、经济影响、参与人数及其对社会和经济生活的总体影响等方面来衡量它。然而，另一些人则认为这个部门的真正贡献在于道德

和规范层面，任何将这个部门的重要性降低到用粗陋的经济指标来衡量的做法，其实都是对道德和规范层面的扭曲。

在本章中，我们将讨论这些概念性和实证性问题，并确定我们关于这个部门的解释性理论打算解释的是什么。为了做到这一点，本章大量引用了本书主要作者长期参与的约翰斯·霍普金斯非营利部门比较研究项目（CNP）的研究结果。这项工作仍然是国际上关于非营利部门的组织和行为表现的可靠经验知识的主要来源，也是本书所依赖的经验数据的主要来源。虽然国民账户体系（即为国家统计机构编制官方经济统计提供的指导体系），自 1993 年以来已经包含了一个单独识别的经济"部门"的数据，这个"部门"被称作"服务于家庭的非营利机构"（NPISH），但我们在工作初期就发现，这个部门所涵盖的实体实际上只占非营利机构开展的经济活动的相对较小的比例。[2]本章和本书所依据的数据就正是为了克服现有信息来源的不足而产生的。

本章目的是概述这个部门的主要特征。更具体地说，本章讨论分为三个部分。在第一部分，我们首先明确实体和行为的定义性特征，这些特征是我们关注的焦点，然后解释了我们做出如此选择的理论依据。第二部分利用我们在 40 多个国家收集的数据，记录了该部门的一些关键属性。[3]从这些数据得出的一个核心结论是，全球非营利部门的规模普遍比假设的要大得多，它们从事各种各样的活动，并令人惊讶地获得了多种资源支持。第三部分集中讨论了不同国家的非营利部门在范围、结构、筹资和角色方面的巨大差异。

定义非营利部门

本书采用的"非营利部门"概念，最初是在 20 世纪 90 年代初引入的，约翰斯·霍普金斯非营利部门比较研究项目的任务之一就是要在全球范围内对这个此前被称为慈善部门、非营利部门的领域形成一个共识并且收集到完整可靠的实证数据。[4]如前所述，当时尚不存在各国一致认同的对这个部门的定义，当然也没有基于统一定义的系统的比较数据。为了形成这个部门的一致定义，这个项目从以下四个步骤开展工作。

首先，我们确定了一套可以指导我们寻找非营利部门有效定义的标准。因为我们的目标包括开发一套严格的关于这个部门的可比实证数据，以及一套可供官方统计机构长期重复使用的数据，这一步骤必须特别小心，并且需要牢记统计数据收集的要求。在实践中，这意味着该定义能够满足五个关键标准：

（1）足够的宽广度和敏感性，以便包容该部门在全球范围的巨大的地域多样性；

（2）清晰度，以便明确区分非营利组织与其他主要类型的社会单元，如政府机构、私营企业和家庭，它们之间的区别往往令人困惑；

（3）可比性，以便突出国家和区域之间的异同之处；

（4）可操作性，以便能够就所涉实体的各个方面制定具体的经验性衡量标准；

（5）制度化能力，以便统计机构能够将其纳入国家官方统计系统，从而持续不断地提供关于这类机构和行为的常规数据。

根据上述标准，我们决定首先将重点放在非营利部门的组织核心及与其相关的个人行为上。关注于非营利部门有形的组织层面，对于操作层面和概念层面都是有意义的。在操作层面，它让我们能够将实证研究工作建立在非营利部门概念的有形表现上，而不是更加无形且抽象的方面，从而确保研究的严谨性，这是其他方案做不到的。在概念层面，许多学者都强调了组织对非营利部门的角色和影响的中心地位。比如，政治学家威廉·科恩豪泽在其代表作《大众社会的政治》中指出，个人与国家之间存在中介机构是关键。[5]甘森从历史角度考察了美国的社会运动，发现是否具有组织结构是决定一个运动能否成功实现其目标的关键因素。[6]罗伯特·尼斯比特、彼得·伯杰和约翰·纽豪斯等保守主义理论家同样也认为，非营利部门的组织层面尤为关键。[7]正如尼斯比特所说："现代政治史上真正的冲突，并不是人们常说的国家与个人之间的冲突，而是国家与社会群体之间的冲突。"[8]

这种对非营利组织层面的强调也是社会活动家重视的共同主题。非洲深受爱戴的独立运动领导人夸梅·恩克鲁马很懂这一点，他在1949年的一篇著名文章中指出："为了恢复自治，我们必须团结起来，为了团结，我们必须组织起来。我们必须以前所未有的方式组织起来，因为组织决定了所有一切。"[9]

这并不是说，我们强调组织及其相关行为就会忽视非营利部门较为非正式、主观和规范性的层面，或者忽视尤尔根·哈贝马斯等理论家所提出的市民社会作为"公共空间"的抽象概念。[10]正好相反，我们选择捕捉这些维度是因为它们在具体的行为和组织中显现出来，我们选择捕捉"公共空间"是因为公民选择了进入其中。同样的道理，我们将在更正式的工作之外捕捉非正式的志愿行为。

但是，如此构想的非营利部门究竟包含了什么呢？为了回答这个问题，我们开展了一项自下而上的绘图活动，试图找出非营利部门概念中人们普遍认为应该包含的概念、实体和行为，这项工作最初在分布于全球各地的 13 个国家展开。为此，我们建立了一个当地研究人员网络，并组建了由实践者构成的"顾问小组"，以使我们的研究植根于当地环境和认知。然后将这些国家的经验进行比较，找出它们的交叉之处，并确定处于交叉部分的实体的基本特征。最后，我们注意到在这个核心概念的边缘存在"灰色区域"，并采取适当程序让当地伙伴与我们协商确定如何处理这些处于灰色区域的实体。

通过这个程序，经过多次讨论之后，产生了一个一致认可的关于非营利部门的结构-运作性定义，这个定义确定了属于非营利部门范围的任何一个实体都必须具备的五个特征。具体而言，根据这个定义，非营利部门由具有以下特征的实体组成：

● 组织，即无论是否正式建立或依法登记，它们都有一定的组织结构和运作规则。这意味着我们的定义既包括非正式的、未登记的团体也包括正式登记的团体。关键问题不在于该组织是否依法或正式得到承认，而在于它是否具有某种组织的永久性和规则性，这反映在定期会议、成员资格和决策程序等方面，组织成员通过这些方面来认可其合法性，无论是通过书面形式还是采取传统的口头方式。

● 民间性，即它们与国家在组织上是分离的，尽管它们可能得到政府资源的支持。这一标准将非营利组织与政府机构区分开来，同时也不将那些从政府获得很大一部分收入的非营利组织排除在外。

● 不分配利润，即非营利性，它们主要不是为了商业目的，也不将它们可能产生的任何利润分配给所有者、成员或股东。非营利机构可以在其运作过程中产生盈余，但任何此类盈余都必须重新投资于组织的目标，而不是分配给那些与组织有财务关系的人。这一标准区分了非营利机构和营利性企业，因此符合我们规定的清晰性和可操作性的标准，因为绝大多数国家的法律体系中都有这种不分配约束。它还使我们的定义与现有的统计惯例保持一致，因为这一特征是"非营利机构"在国民账户定义中的一个关键性识别因素，它提升了我们可以利用国际统计系统进行数据收集工作的可能性，事实上我们已经做到了这一点。

● 自治，即它们有自己的内部治理机制，能够根据自己的职权停止运作，从根本上控制自己的使命和目的。这一标准区分了非营利机构和其他法律实体包括政府单位的附属机构或代理机构。

● 非强制性，即加入或参与这些组织取决于个人的选择或同意，而不是法律的要求或其他形式的强制。这一标准有助于区分非营利组织与亲属团体（例如，大家庭或家族），后者的成员是由出身而非个人意愿决定的。

此后，陆续有其他国家加入这个项目之中，我们重复实施了上述研究步骤，并且对术语进行了提炼以传达其核心定义性特征。结果，该项目对非营利部门的工作定义已在 40 多个国家得到了检验，其有效性得以验证，这些国家几乎代表了每一个大陆、每一种已知的宗教传统以及每一种社会经济发展水平。最终，它得到了正式的国际认可，被纳入 2003 年联合国出版的《国民账户体系中的非营利机构手册》之中。

在这个过程中产生了对民间非营利组织相当广的概念化，包括非正式组织（未登记、未纳入统计或完全由志愿者组成的组织）以及正式组织（已登记或已被纳入统计的组织）；宗教组织以及世俗组织；[11] 主要为会员服务的组织如专业协会、工会和企业协会，以及主要服务于公众的组织如医院、诊所、社会服务组织、食物厨房和文化机构；由员工组成的组织和完全由志愿者组成的组织；主要履行表达功能的组织，如倡导、文化表达、社区组织、环境保护、人权、宗教、利益代表和政治表达，以及那些主要履行服务功能的组织，如提供医疗、教育或福利服务或兼具这两种功能的组织。

虽然非营利部门的结构-运作性定义并不包括直接的公民行动的个体形式——譬如帮助邻居、投票和直接给立法委员写信——这个概念仍然包括了所有这些形式，并在某种意义上为组织所协调，无论是正式组织还是非正式组织，包括社会运动组织。更重要的是，因为 CNP 项目将志愿者视为非营利组织使用的劳动力的一部分，这个项目测量志愿活动的方法采取了家庭访谈的形式，它实际上包括了个人倡导和社会运动中的合理部分。

在我们对非营利部门的这个定义中，更难以包含在内的是另外两类被广泛认为与非营利部门具有近亲关系的组织：第一类是合作社和互助组织，有时也被称为"社会经济"组织；第二类是"社会企业"。诚然，许多合作社、互助组织和社会企业都是非营利组织，符合我们的结构-操作性定义中的核心特征，即它们都受到无利润分配的约束。因此，它们属于我们所界定的非营利部门的范畴。但其他合作社和互助组织以及许多社会企业，确实将利润分配给了成员、所有者或投资者。事实上，在许多国家，一些相当大型的合作社和互助组织与普通的营利性企业并没有明显区别。例如，法国庞大的银行业和保险业许多都是在互助的基础上组织起来的。因此，这些不受利润分配限制的合作社、互助组织和社会企业，违反了我们对非营利部门确立的关键的定义性特征。不过，本书作者中有两位已经就未来研究中解决这一问题的方法达成了一致。[12]

也许最重要的是，本书使用的结构-操作性定义已经在全球 40 多个国家中被证明是适用的，这些国家几乎代表了每一个主要地区、宗教和文化传统。这个定义包含的成分超出了任何特定国家或地区的用法，但在几乎所有这些国家或地区都可以使用。因此，它包括但也超越了许多发展中地区普遍使用的"非政府组织"或 NGOs 的狭隘概念。它与美国的用法也有很大不同，在美国，会员服务型组织，如行业协会、专业协会和工会通常不被纳入非营利部门的常用学术概念之中，美国的非营利部门概念通常狭隘地关注所谓的 501（c）（3）"慈善"组织。[13]为了反映这种情况，联合国统计委员会在 2003 年联合国出版的《国民账户体系中的非营利性机构手册》中采纳了我们的定义，从而使这个概念正式得到了国际认可。

为了将非营利部门的概念与政治学、社会运动或规范的社会理论文献中使用的相关概念区分开来，我们将符合这个定义的实体称为"非营利组织"，将符合这个定义的实体和行为的集合称为"非营利部门"。这一概念的范围在很大程度上类似于联合国的国民账户体系中使用的"非营利机构"（NPIs）或"非营利部门"。但是，我们选择不执着于上述这些术语，因为它们过于狭隘地关注这些组织不分配利润这个特征，而排除了其他特征，并且因为它们经常让读者感到困惑，让读者误以为我们的定义仅限于这些术语在美国所指的实体，而实际上它远远超出了这个范畴。

非营利部门的规模和轮廓：集合视图

有了非营利部门的定义和一套共同的研究协议，来自 40 多个国家的研究人员在 CNP 项目的资助下，朝着将该部门纳入世界统计版图的方向迈进了一大步。[14]其结果是，我们收集到全球非营利部门最广泛、最系统、最具有可比性的数据，这些数据涵盖了该部门的规模（用全职当量劳动力来测量，包括员工和志愿者）、对国内生产总值（GDP）的贡献、活动领域、收入构成及其近年来的增长率（完整数据见附录 B）。

如前所述，这些数据挑战了长期以来阻碍我们充分了解非营利部门及其所作贡献的诸多迷思。更具体地说，这项工作产生了两项最重要的发现：

（1）非营利部门比人们以前所认为的要大得多，而且遍及世界各地；

（2）从一个地方到另一个地方，这个部门在几乎所有方面都存在着巨大差异——这些差异似乎与传统解释相悖。

我们将在本节讨论第一个发现，为考察非营利部门的差异设置背景，本章剩余部分将讨论非营利部门在规模、构成、功能和筹资方面的差异。本书后续章节再试图解开第二个发现提出的谜题。

一个主要的经济领域

也许研究工作报告的总体发现与世界各地非营利部门的绝对规模有关。尤其是，与先前的假设相反，在我们的数据中所看到的非营利部门已经成为一股巨大的经济力量，在劳动力规模及其对社会经济生活的贡献方面都超过了一些主要行业。[15]总的来看，我们在 41 个国家获得了全套的劳动力和财务数据，[16]上文所界定的非营利组织在这 41 个国家雇用了约 5400 万全职当量（FTE）员工。这意味着，就总数而言，这些国家在非营利部门工作的人数比各级政府雇员人数多出将近三分之一，非营利组织雇员总数是公用事业行业的 8 倍，比交通和通信行业的雇员总数多出 17%（见图 2.1）。

换言之，非营利部门利用的劳动力平均占到这 41 个国家中经济活动人口的 5.7%。[17]这个比例是很大的，因为任何一个占全国就业人数 5% 的行业都被看作是一个主要行业。更重要的是，非营利组织在其开展活动的领域发挥了主导性作用。比利时国家银行采用了与本书等同的非营利部门定义，该银行的数据表明，非营利组织创造的价值占该国所有社会服务活动价值的 66%，占到健康领域创造的总价值的 40%，并且这是在典型的欧洲"福利国家"发生的事情。

动员志愿者

全球非营利部门的第二个特点是志愿者的参与。非营利部门的劳动力在

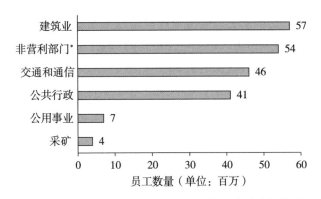

图 2.1　2005 年 41 国非营利部门与主要行业劳动力规模对比

注：＊包括受薪雇员以及志愿者折算的全职当量员工数。

资料来源：约翰斯·霍普金斯非营利部门比较研究项目全球非营利数据文件。详细数据见附录 A。

这方面是与众不同的，因为它包括员工和志愿者。事实上，在我们获得数据的 41 个国家的非营利部门近 5400 万名全职当量员工中，37% 是志愿者。[18] 以这 41 个国家为基础，我们预测这将转化为等价于 3500 万全职人员的全球志愿者劳动力队伍。当然，志愿者的实际人数远远高于这一数字，因为大多数志愿者只是以兼职方式工作。我们估计全球在非营利组织工作或通过非营利组织工作的志愿者总数超过 3.5 亿。换句话说，如果全球非营利部门的所有志愿者都生活在同一个国家，那么这个"志愿国家"将是世界上人口第三多的国家，仅次于中国和印度（见图 2.2）。[19] 显然，动员一支真正的志愿者队伍的能力是衡量非营利部门影响力的另一个有力指标。

广泛的功能

非营利组织不仅在经济方面很重要，而且在社会、政治和文化方面也扮演重要角色。实际上，非营利组织发挥着多种社会功能。首先，它们是服务提供者，在健康、教育、环保、救灾和促进经济发展等领域提供了大量服务。不仅如此，他们还是政策倡导者、社区意识促进者、核心价值（强调个人主动参与公益的重要性）守护者，以及表达利益和价值观的载体——无论这些利益和价值观是否与宗教、民族、社会、文化、种族、职业或是性别有关。[20]

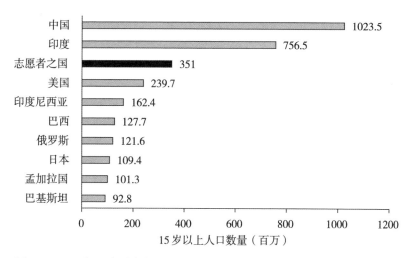

图 2.2　2005 年 "志愿者之国" 的人口规模与选定国家的成年人口规模对比
注: 仅包括通过非营利组织提供的志愿服务。
资料来源: Salamon, Sokolowski and Haddock (2011)。

为了理解非营利组织在各个领域开展活动的相对水平, 我们采用基于大多数官方经济统计中使用的国际标准产业分类建立的非营利组织国际分类标准, 根据非营利组织的主要活动对其进行了分类。然后, 我们计算了每个活动领域占全部非营利组织劳动力总数的比例。诚然, 这并不是非营利组织工作的完整描述, 因为许多组织不止履行一个功能, 但它至少首次提供了这些组织所从事活动的概貌。

采用这种方法, 我们发现, 在 41 个可获得数据的国家中, 非营利部门中从事服务职能 (教育研究、社会服务、健康、住房和发展) 的劳动力约占该部门全职当量员工总数 (包括员工和志愿者) 的 59%, 如图 2.3 所示, 教育研究和社会服务领域各占 20% 左右, 其次是健康领域, 约占 12%。比较而言, 从事表达功能 (文化娱乐、宗教、公民和环境保护、商业和职业代表) 的劳动力, 约占该部门全职当量员工总数的 36%。余下领域, 如从事慈善事业、国际活动和未分类活动的劳动力约占 5%。

不过, 员工和志愿者在不同功能领域中的分布是不同的。因此, 如图 2.4 所示, 41 国非营利组织的受薪雇员大部分 (69%) 在服务领域。相比之下,

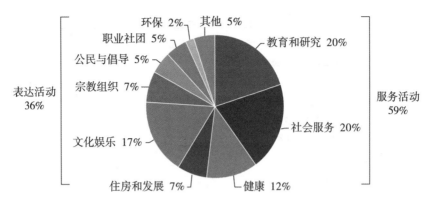

图 2.3　非营利组织劳动力按领域分布情况

资料来源：约翰斯·霍普金斯非营利部门比较研究项目全球非营利组织数据文件。详细数据见附录 B。

志愿者大部分时间（51%）用于表达活动，主要是文化娱乐（25%）和宗教（11%）。也有相当比例（43%）的志愿者致力于服务活动，尤其是社会服务（22%）、教育（8%）以及发展和住房服务（7%）。

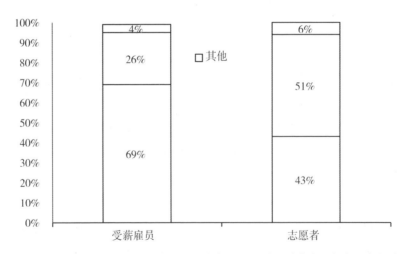

图 2.4　非营利部门的劳动力分布（按服务与表达活动、受薪雇员与志愿者划分）

资料来源：约翰斯·霍普金斯非营利部门比较研究项目全球非营利数据文件。详细数据见附录 B。

意想不到的收入结构

正如第 1 章所指出的那样，非营利部门的收入结构与大多数观察家的看法明显不同。虽然慈善捐赠吸引了绝大多数公众和媒体的关注，但它在全球非营利组织收入中所占的份额相对较小。因此，如图 2.5 所示，综合所有这些因素，来自个人、基金会和公司的慈善捐赠平均只占可获得收入数据的 41 个国家非营利组织总收入的 14% 多一点。[21]相反，收费收入，包括私人支付的服务费用、会费和投资收入平均占总收入的 50%。最后，政府资助，包括政府对健康等特定服务以拨款、合同和凭单等方式支付的款项所占比例只略高于非营利组织总收入的 35%。

这种以收费收入为主的总体格局在不同领域之间没有太大差异。非营利机构国际分类体系确定的 12 个非营利组织活动领域中，有 8 个领域都是收费收入占主导地位。在其中 5 个领域，包括专业组织、文化、发展和住房以及基金会，收费收入占总收入的一半以上；在另外三个领域（教育、公民社团和环境）中，收费是最大的单一收入来源，尽管它们占总收入的比例不到一半。

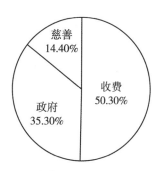

图 2.5 41 国非营利组织平均收入来源的分布

注：未加权平均数。

资料来源：约翰斯·霍普金斯非营利部门比较研究项目全球非营利组织数据文件。更多细节见附录 B。

最新动态

非营利组织活动最后一个值得注意的方面是其最近势头。非营利部门最近在一些国家实现了显著增长——其增长率超过了总体就业、经济活动人口乃至整体经济的增速。[22]从20世纪90年代中期到21世纪初，在可以获得比较时间序列数据的14个国家中，非营利部门的有偿就业年均增长率为4.6%。相比之下，如图2.6所示，这些国家服务部门就业年均增长率还不及一半（2.2%），总体就业年均增长率最多仅为其五分之一（1.1%）。

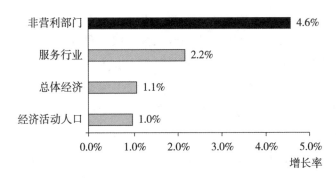

图2.6　非营利部门与服务业和其他经济部门年均就业增长率对比，14国平均数

资料来源：约翰斯·霍普金斯非营利部门比较研究项目全球非营利数据文件。更多数据见附录B。

从20世纪90年代末到21世纪初，非营利部门的财务状况也显示出这种动态图景。例如，在我们能够获得可比收入数据的14个国家，对20世纪90年代末至新世纪初的通货膨胀因素调整后，非营利部门收入的年均增长率为6.7%。比较而言，这些国家同期GDP增长率不到一半（3%），在可获得数据的14个国家中，有11国都表现出这一共同模式。[23]非营利部门收入的增长主要来自政府和慈善两个方面。其中10个国家的非营利组织收入中来自政府的收入比重有所增加，9个国家的慈善收入比重有所增加，与此同时，收费收入的比重有所下降。与之相反，在非营利组织收入中政府来源比重下降的5个国家中，有3个国家慈善收入的份额也有所下降，而收费收入的份额相应上升。这些变化戳穿了另一个流行的神话，即政府资助与慈善收入具有相互替代的关系，政府资助增加将导致私人慈善减少。事实似乎恰恰相反，政府支持的减少很可能导致收费收入的增加，而不是慈善捐赠的增加。

国 别 差 异

尽管在我们的 41 国数据库中，全球非营利部门的这些总体特征很重要，但它们可能具有误导性，因为总体情况背后隐藏着巨大的差异。不仅如此，这些差异体现在非营利部门的各个方面，我们已经能够对这些差异进行诊断。这些差异是否有可能成为解释世界各国非营利部门在规模、形态、功能和筹资方面存在差异的原因呢？为了回答这个问题，我们首先必须检查这些差异是什么。

总体规模

在非营利部门的概貌下讨论国别差异的一个有用起点是该部门的基本规模；因为非营利部门的社会经济总体规模掩盖了其内部的巨大差异。如图 2.7 和附录 B 所示，仅仅测量各国非营利部门就业占其经济活动人口的比例就会抵消国家总体规模不同的情况。比如，各国非营利组织劳动力规模（包括受薪雇员和志愿者）悬殊，相对规模最大的是荷兰，占其经济活动人口的比例为 15.9%，而罗马尼亚这一比例低至 0.7%，两者之比高达 23∶1。

如图 2.7 所示，非营利部门的相对规模与一国经济社会发展水平之间似乎存在着某种关系。因此，非营利部门就业人数占其经济活动人口中比例较高的国家往往更发达。然而，与此同时，这种关系远非完美。例如，虽然芬兰和荷兰都是高度发达的国家，但荷兰非营利部门的相对规模仍然比芬兰大三倍。显然，在解释不同国家非营利部门的相对规模方面，其他因素也在发挥作用。

非营利部门劳动力中的志愿者比例

不仅非营利部门劳动力的总体规模因国家而异，志愿者在其中所占比例也各不相同。如前所述，这是非营利部门劳动力的一个特别突出的方面，但各国情况并不均等，其具体表现似乎并不取决于各国的收入水平。因此，如图 2.8 所示，在志愿者占非营利部门劳动力比例最高的国家中，既有瑞典、新西兰和挪威等高收入国家，但也有南非、坦桑尼亚和乌干达等收入相对较低的国家。这表明，还有更多的复杂因素在影响着志愿者在不同国家的活跃

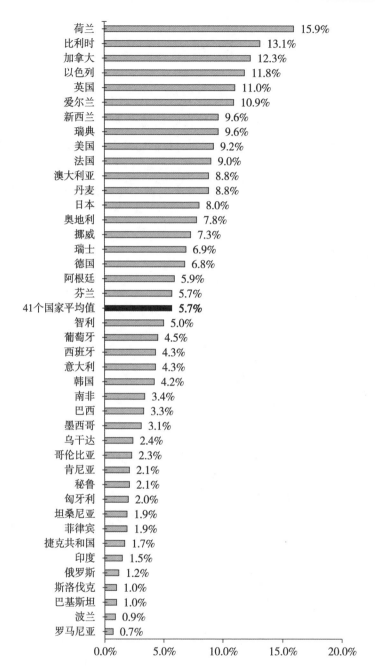

图2.7　各国非营利部门劳动力规模占经济活动人口的比例

资料来源：约翰斯·霍普金斯大学非营利部门比较研究项目全球非营利组织数据文件。更多细节见附录B。

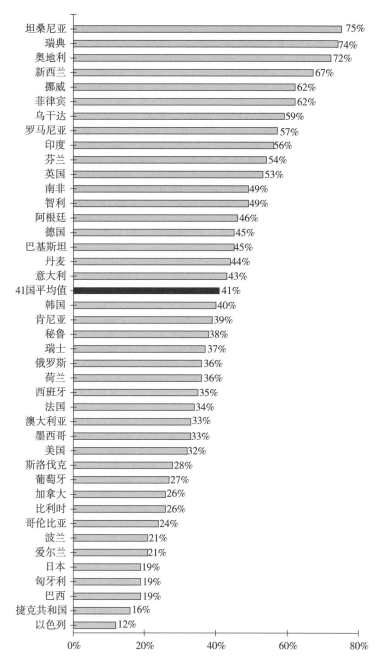

图 2.8 各国非营利部门劳动力中志愿者占比

资料来源：约翰斯·霍普金斯非营利部门比较研究项目全球非营利组织数据文件。更多细节见附录 B。

程度。

非营利部门的功能

与非营利部门的其他方面一样，不同地方非营利部门的劳动力在服务和表达功能之间的分布也存在着巨大差异。因此，如图 2.9 所示，承担服务功能的非营利组织劳动力占非营利部门总体劳动力的比例从秘鲁的 95% 到斯洛伐克的 30% 不等。反过来，从事表达功能的劳动力所占比例，瑞典高达 67%，而秘鲁则低至 4%。虽然在大多数国家，服务功能都在非营利部门劳动力的活动中占据主导地位，但有 6 个国家偏离了这一模式，其中 3 个是北欧国家——芬兰、挪威和瑞典，意味着这些国家的非营利部门发展模式与众不同。我们将在第 4 章详细阐述。

收入结构

不同国家非营利组织的财务结构也存在类似差异。可以肯定，慈善扮演次要角色是它们的一个共同点：在任何国家，慈善都不是非营利组织收入的主要来源（见图 2.10）。相反，在 27 国家中占主导地位的收入来源是收费。其中 6 个国家（巴西、菲律宾、肯尼亚、墨西哥、哥伦比亚和秘鲁）收费收入占非营利组织收入的比例尤为可观，达到 70% 以上。这看似自相矛盾，因为这些都是我们的研究对象中最贫穷的国家。

在余下的 14 个国家，主要的收入来源是政府，大多数国家的政府资助占到非营利组织总收入的一半以上。事实上，其中 7 个国家（比利时、爱尔兰、以色列、德国、捷克共和国、法国和荷兰），政府资助占非营利组织收入的 60% 以上。这个结果也有点不合常理，下面我们将看到，这与长期以来解释非营利发展的主要理论之一背道而驰。

尽管私人慈善在任何国家都不是非营利部门的主要收入来源，但它在许多国家中确实发挥了相当重要的作用。慈善来源在巴基斯坦占非营利收入的 40% 以上，在乌干达占 38%，在罗马尼亚和非洲南部约占 25%。在这里，经验结果同样与固有看法背道而驰，即在私人财富更多的国家慈善捐赠水平会更高。

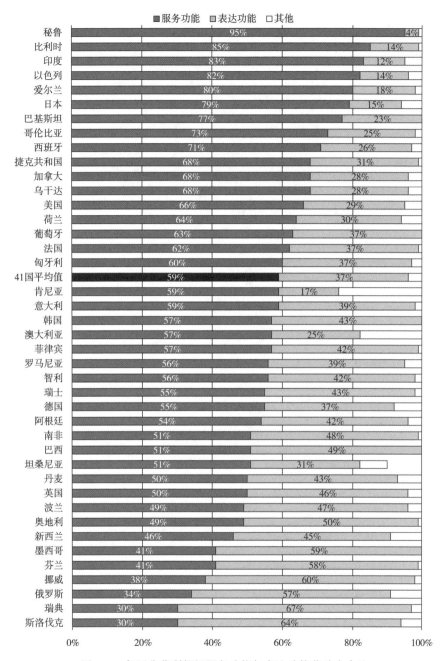

图 2.9 各国非营利部门服务功能与表达功能劳动力占比

资料来源：约翰斯·霍普金斯非营利部门比较研究项目全球非营利组织数据文件。更多细节见附录 B。

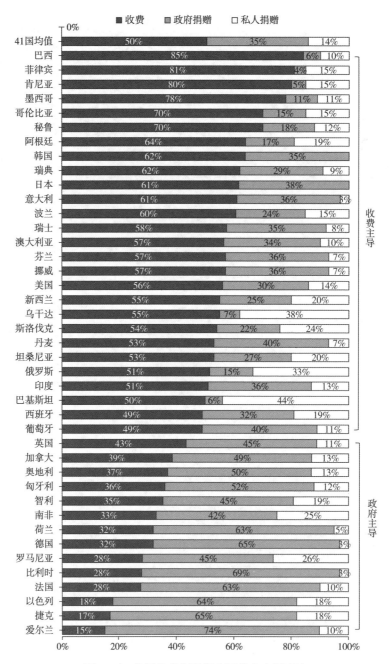

图 2.10　各国非营利组织主要收入来源占比

资料来源：约翰斯·霍普金斯非营利部门比较研究项目全球非营利组织数据文件。更多细节见附录 B。

结　论

从世界范围 40 多个国家的经验数据来看，可以初步得出全球非营利部门概况的三个结论。

首先，有可能对这个部门构建一个一致的、系统的、操作性的跨国定义，这个定义能够用于对各国非营利部门收集可靠的可比数据。

其次，获取这些数据的初步努力表明，全球非营利部门比人们以前所认知的分布更广泛，规模更大，它已经成为经济生活中最大的雇主和贡献者之一，堪与所有主要产业媲美，它是表达各种价值观和利益的载体，极大提高了国民生活质量。

最后，尽管总体来看这个部门广泛存在于世界各地，但是各国之间具有很大差异。这些差异远远超出了规模和经济影响这些简单维度，还包括不同非营利部门如何开展工作，履行什么功能，如何养活自己，以及沿着何种轨迹发展。所有这些方面对非营利组织的角色和影响都至关重要。

我们如何解释这些差异，这些差异如何影响这类机构的未来发展，又将如何帮助其发展？在掌握丰富数据的基础上，我们有可能开始寻找这些问题的答案。在下一章，我们将利用这些数据来检验我们在第 1 章中介绍过的偏好和情感理论，看看它们能在多大程度上帮助我们解释这些明显的差异。

3 解释非营利部门发展 I：
偏好论与情感论

莱斯特·M. 萨拉蒙，S. 沃伊切赫·索科罗斯基和梅根·A. 海多克

解开一个谜团与从基本原理出发做演绎推理不同。相反，它意味着，面对一个、两个或三个表面上没有任何共性的特定数据，试图想象出它们是不是代表着某种一般法则的几个例子，你不知道这个法则，甚至也许尚未有人提出它。

——翁伯托·艾科，《玫瑰之名》，第 365 页

前一章表明，约翰斯·霍普金斯非营利部门比较研究项目（CNP 项目）所研究的 41 个国家的非营利部门几乎在每个维度都存在着很大差异。我们在本章从描述转向分析，寻求对这些差异的解释。更具体地说，我们聚焦于三种可能的解释：第一种很常见，从现代社会的民主、教育和其他方面进行的更为一般性的解释，另外两种则与非营利领域更加密切相关。下面将会清楚地看到，我们的总体结论是，这些理论确实提供了关于某地非营利部门的某些方面动态的一些见解，但这些理论在我们感兴趣的各个维度，没有一个能够经得起严密的经验审查。我们从众所周知的解释开始，这种理论将民主（并且意味着非营利部门的崛起）与经济发展联系起来，然后转向将非营利部门的规模和形态与其他两组因素联系起来的理论，这两组因素我们称之为情感（sentiments）与偏好（preferences）。

经济发展理论

在社会科学研究史上，几乎没有什么发现比西摩·马丁·利普塞特（Seymour Martin Lipset）的理论更成功地经受住了猛烈攻击或获得了有力支

持，他在 1959 年发表的一篇论文中，首次将民主的出现归因于经济发展。利普塞特利用很多国家的截面数据表明，"一个国家越富裕，它维系民主的机会就越大"。[1]许多支持者和反对者利用其他各种统计技术以及测量经济发展和民主治理的不同方法检验了其关联性，并最终证实了这个观点的基本统计有效性。[2]

由于非营利组织的出现本身往往被视为与民主化有关，而且第 2 章的数据本身表明，至少一国非营利部门劳动力的规模与其经济发展水平之间有某种关系。因此，在探寻更复杂的解释之前，我们理应看看该理论能在多大程度上解释非营利部门发展存在的各种差异。更进一步，这种关系又在多大程度上能够触及我们所识别的差异根源呢？

答案似乎是不太大。表 3.1 展示了 CNP 项目所研究国家的经济发展水平与这些国家非营利部门各维度之间一系列截面数据之间的相关性。[3]一国经济发展水平与其非营利组织劳动力占经济活动人口比例之间，似乎确实存在相当稳健的正向关系，至少从该项目所有国家总体上来看是如此。这种关系解释了 41 国非营利部门规模差异的 61%，这是相当可观的。然而，有趣的是，当我们把研究对象收窄到经济较为发达的国家时，这种影响大部分消失了，这种关系只能解释这些国家 16% 的差异。这表明，经济发展与非营利部门规模之间存在一种非线性关系，当经济发展到达一定水平之后（人均收入超过某个临界值），人均收入的进一步增长并没有转化为非营利部门的进一步增长。

表 3.1　　　41 国人均 GDP 与非营利部门各维度的关系

与人均 GDP 的关系	预期的关系	皮尔森相关系数 r	解释方差（%）
1 所有国家非营利部门劳动力占 EAP* 的比例	+	+0.78	61
2 发达国家非营利部门劳动力占 EAP* 的比例	+	+0.39	16
3 志愿者占非营利部门劳动力的比例	–	0.03	0
4 服务活动占非营利部门劳动力的比例	+	−0.04	0
5 所有国家政府资助占非营利部门总收入比例	+	+0.50	25
6 发达国家政府资助占非营利部门总收入比例	+	−0.15	2

续表

与人均 GDP 的关系	预期的关系	皮尔森相关系数 r	解释方差（%）
7 所有国家慈善捐赠占非营利部门总收入比例	+	-0.60	35
8 发达国家慈善捐赠占非营利部门总收入比例	+	-0.36	13

注：EAP* =经济活动人口。

资料来源：人均 GDP 来源于联合国统计署 http：//unstats. un. org/unsd/snaama/dnllist. asp；非营利部门数据来源于约翰斯·霍普金斯非营利部门比较研究项目全球非营利数据文件。

　　然而，除了这一总体关系之外，经济发展水平似乎与非营利部门的其他特征没有很强的关系。比如，人均 GDP 与非营利组织劳动力中志愿者的比例之间，或者与从事服务活动的非营利组织劳动力的比例之间，都不存在有意义的关系。各国经济发展水平确实与非营利组织收入中政府来源所占的份额正相关，但这种关系在经济较为发达的国家之间基本上消失了。这再次表明了这些变量之间存在非线性关系，人均收入增加对于非营利组织收入中政府来源所占份额的影响是有上限的。最后，经济发展水平与非营利组织收入中慈善来源所占份额之间似乎存在着某种关系，但这种关系最终证明是负相关的。这违背了人们的预期，即捐赠会随着收入水平的上升而增加。然而，事实证明，慈善捐赠是没有弹性的：无论一国人均收入水平如何，慈善捐赠占 GDP 的份额很少超过国民收入的 1%，如图 3.1 所示。

　　即便经济发展水平与非营利部门各维度之间的关系比看起来更加稳健，但这套解释仍然存有可疑之处。众所周知，统计相关性充其量只能确定变量之间的关系，它们不能证明两个相关现象哪一个是原因，哪一个是结果。正如鲁斯迈耶等人所观察到的那样："任何相关性——无论多么可靠地被复制——都取决于其在理论和已有知识所设定的背景中的意义……定量研究结果与广泛的解释性描述相一致。"[4]

　　想要理解经济发展与非营利部门规模之间相对有限的关系"背后的原因"，甚至进一步解释经济发展与非营利部门其他维度之间的关系，就必须求助于更加直接涉及非营利部门及其决定因素的理论。如前所述，这一领域中有两种特别突出的理论，其中一种理论关注某些情感，这些情感被认为与非

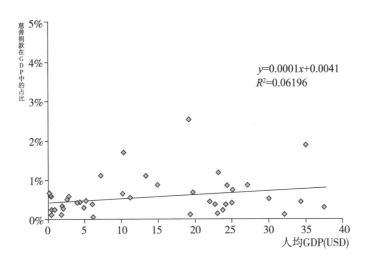

图 3.1　41 国人均 GDP 与慈善捐赠的关系

资料来源：人均 GDP，世界银行（http：//data. worldbank. org/indicator/NY. GDP. PCAP. CD）；慈善捐赠，约翰斯·霍普金斯公民社会研究中心全球非营利数据文件。

营利组织的出现相契合，这些情感在一些社会中比在另一些社会中表现得更加明显，另一种理论则聚焦于消费者和生产者对某些商品或服务的偏好。让我们先来看看情感理论，因为它们存在的时间更长，然后讨论最近占中心地位的偏好理论。

情 感 理 论

也许关于非营利部门的增长和发展的最流行解释聚焦于情感，认为人们由于受到情感驱使才会支持或参加非营利组织。这些理论背后有两条宽泛的思路，一条是世俗性质的，另一条是神圣的或宗教的。世俗思路可以追溯到亚里士多德及其关于公民美德的概念——人类的最高职责是服务社区。尽管在西罗马帝国灭亡之后的黑暗时代，这个概念在某种程度上处于休眠状态，但在苏格兰启蒙运动期间，这个概念在亚当·斯密等人的著作中得到了复兴。在《道德情操论》中，亚当·斯密认为道德情感是社会秩序及其制度的"自然源泉"。对斯密来说，特别重要的是同情，或者我们今天所说的怜悯之情或利他主义。正如自利形成了个人照顾自己的自然基础一样，同情他人的道德情操是可行的社会秩序的自然基础。[5]尽管斯密后来的著作《国富论》家喻户晓，该书将"无形之手"视为市场体系的控制机制，但斯密真正想说的是，这只市场的无形之手，只有在一个社会具备同情、关怀他人的道德情操的前提下才能运作。

这种世俗的公民美德观念驱使个人走向结社、社区和慈善事业，这种观念在现代社会中表现为公民共和主义、社群主义和公民精神，[6]以及詹姆斯·科尔曼（James Coleman）提出的更宽泛的"社会资本"概念之中——这种信任和互惠的纽带能使民主政治和资本主义经济制度得以幸存。[7]后一种概念集中体现在罗伯特·普特南（Robert Putnam）1993 年分析导致意大利北部和南部地区政府有效性差异的影响因素的重要研究中。普特南总结道，关键因素是意大利南部严重缺乏横向社会资本和普遍互惠规范，他认为，这些因素的缺失令人不安地导致缺乏公民参与形式，而公民参与恰恰是促进社会信任与合作的必要条件。尽管普特南在追溯了意大利北部和南部不同的历史发展经验之后，指出了信任的制度根源，但他仍然认为，在解释意大利不同地区是否存在健全的非营利组织网络方面，由社会资本滋养的互惠规范是关键原因。[8]

爱德华·班菲尔德（Edward Banfield）在《落后社会的道德基础》中也提出了类似观点，他认为意大利南部的落后归因于普遍的功能失调的道德准则，他称之为"不道德的家庭主义"，这种"不道德的家庭主义"阻碍了家庭或家族之间的合作，从而阻碍了社团纽带的发展。[9]弗朗西斯·福山（Francis Fukuyama）在一本书中概括了这一论点，书中提出了类似的文化解释，强调了"信任"的文化价值。信任度高的社会在商业和社会生活中都创建了自治社团，而信任度低的社会则依赖家庭纽带，同时由一个集权机构（国家）来管理公共事务。福山因而解释道："一个欣欣向荣的社会，取决于一个人的习惯、习俗和道德——这些品质只能通过有意识的政治行动才能间接塑造，并且还必须通过提高对文化的自觉和尊重来获得滋养。"[10]

与这些世俗情感一道，并在某种意义上加固这些世俗情感的，还有许多宗教情感，它们一起用于解释非营利部门之间的差异。长期以来，慈善或利他主义情感一直与宗教信仰联系在一起，宗教机构本身也可以被认为是非营利组织，尽管它们在非强制性程度上存在很大差异。[11]然而，13 世纪的哲学家和神学家圣托马斯·阿奎那（Saint Thomas Aquinas）把亚里士多德阐述的公民美德与人的道德义务来源于上帝这一概念紧密联系起来。这样，在阿奎那及其支持者看来，利他主义和怜悯之情就变成了受上帝支配的、植根于宗教信仰之中的神圣冲动。

六个世纪之后，这些思想在马克斯·韦伯富有影响力的著作《新教伦理和资本主义精神》中被赋予了重要的现代解释。在这本书中，韦伯认为这种文化冲动源于基督教的一个特殊分支，即新教，尤其是加尔文教派，这种冲动导致了资本主义社会和经济制度的兴起。[12]韦伯认为，市场资本主义及其相联系的社会制度起源于伴随新教传播而来的一套道德情感。这些道德情感激进地背离了基于天主教会"自然秩序"概念的传统工作伦理。在这种"自然秩序"中，每个人都有其"天生"的地位，这意味着一种工作伦理，即强调根据自己通常的（即由传统价值观和期望所界定的）生活所需，只赚取必要的资源。新教拒绝天主教会的宗教权威，同时也拒绝了"自然秩序"概念。救赎不再是通过服从教会的权威而得到保证；新教认为救赎是命中注定的，取决于上帝的恩典，不能被人类的行为所改变，信徒们主要关心寻找"命中注定"的救赎"迹象"。经济成功被视为蒙恩的迹象。这导致了一种新的强调个人主义和聚敛财富的工作伦理，而不仅仅是满足自然需要，这为现代资本主义创造了道德基础，也为志愿结社的蓬勃发展开辟了道路。[13]

简言之，这种"情感"论点的关键因素是，诸如非营利组织这样的社会机构是由于某些价值观、态度和行为规范的发展而产生的。按照这一思路，如果一个社会拥有有利于慈善、自治或利他主义的规范和价值观，那么其非营利和慈善部门将比那些此类观念较弱的社会更为强大。

检验情感理论

情感理论能够在多大程度上解释我们发现的各国非营利部门在规模和形态方面的差异呢？从根本上讲，这些理论面临着两个基本的局限。一是它们使用的不完全因果模型，二是这个有问题的模型其解释力也存疑。

就第一个问题而言，情感理论认为因果关系的方向是从情感流向制度，但这个看法引出一个问题，即什么原因导致了这些情感的发展。如果不对这些情感的起因做出令人满意的解释，这种思路只是用一个问题来代替另一个问题。

可以肯定的是，这些论点的支持者似乎意识到了这个问题，并试图以某种方式来解决这个问题。因此，福山将不同程度的信任与亲属关系的差异联系在一起，这种关系要么强调家庭的密切关系，要么强调与陌生人打交道的开放性——但这最终也没有回答亲属关系中这些差异的起源问题。普特南走了一条不同的道路，至少把意大利南部缺乏信任与 12 世纪和 13 世纪不同社会群体之间已经存在的特定权力关系联系在一起，特别是地主精英及依附于他们的农民。然而，朝着这一方向前进，本质上涉及一种完全不同的因果关系，一种更符合这里提出的社会起源理论的因果关系，使信任的概念和情感变得多余。如果能将民间社会机构的缺失与前现代社会中特定的权力关系联系起来，我们就不需要那种模糊和难以观察的情感来解释这种缺失。[14]

基于情感的解释的第二个局限性是它们的解释力令人生疑。问题是，几乎每一种主要宗教都强调利他主义和慈善捐赠的重要性。基督教将耶稣在"山上布道"中说的话（"己所欲，施于人"）奉为"金科玉律"，[15]在犹太圣经利未记第 19 章 18 节几乎是逐字引用了这段话，据说这段话是耶稣亲自认可的（马太福音 7：12）。学者们在所研究的每种已知宗教传统中都找到了这种道德规范的有力证据。[16]显然，一个如此普遍的因素很难用来解释世界各地非营利组织的发展和特征的巨大差异。事实上，在一些有着强烈宗教色彩的利他主义传统的伊斯兰教国家，慈善捐款（或 zakat，天课）是受人尊敬的伊斯兰教五大支柱之一。然而，与其他社会相比，伊斯兰教社会的非营利部门通常要小得多。[17]同样，俄罗斯以对陌生人的热情和慷慨而闻名，这一事实得到了民意调查的证实（见本书第 14 章），但其非营利部门的规模却小于大多数有相关数据的国家。另一方面，荷兰人有时被描绘成吝啬鬼，不愿意与人分享钱财，这反映在流行的"AA 制"（即每个人自己付账）中。与其他国家相比，荷兰的慈善捐助相对较少。[18]尽管如此，荷兰却拥有我们研究过的任何国家中最大的非营利部门（见本卷第 2 章图 2.7）。

更系统的横截面数据对情感理论的解释力提出了更广泛的质疑。例如，虽然利他主义情感（以用于慈善捐赠的国内生产总值所占份额衡量）与非营利部门的规模呈正相关，但这种关系仅占非营利组织规模差异的 23%，如表 3.2 所示。正如上文所说，其中一个原因是捐赠率的变化不大。例如，阿根廷和新西兰的慈善捐赠水平几乎完全相同（占 GDP 的 1.1%），但新西兰的非营利部门的规模按比例计算差不多是阿根廷的两倍。西班牙、爱尔兰和英国的慈善捐赠水平（占国内生产总值的 0.9% 和 0.8%）相似，但西班牙非营利部门的相对规模仅为英国或爱尔兰的一半。同样，大多数其他国家的慈善水平相当有限（低于 GDP 的 0.8%），但其非营利部门的规模差别很大。

表 3.2　　　**41 国慈善捐赠、教堂出勤与非营利部门规模之间的关系**

关　　系	预期关系	皮尔森相关系数 r	解释方差（%）
1 慈善捐赠占 GDP 比例与非营利部门规模的关系	+	+0.48	23
2 教堂出勤* 与慈善捐赠占 GDP 比例的关系	+	+0.15	2
3 教堂出勤与非营利部门规模的关系	+	−0.06	0

注：教堂出勤* = 在参照期内每周至少出席一次教堂活动的成年人比例；非营利部门规模 = 有偿与志愿就业全职当量员工占经济活动总人数的比例。

资料来源：教堂出勤（church attendance）数据：世界价值观调查（1991），www.religioustolerance.org/relratefor.htm。非营利部门规模与慈善捐赠数据：约翰斯·霍普金斯公民社会研究中心全球非营利数据。

可以肯定的是，所有宗教都体现了几乎相同的利他主义情感，但这并不一定意味着所有国家的所有人都同样地对宗教怀有虔诚之心和充满宗教宣扬的情感。因此，有必要超越宗教的教条，去考察公众对这些教条的遵从程度。然而，很难找到关于这一现象的系统性跨国数据，因此有必要寻找替代性数据。其中一种可获得的替代物是宗教活动，用宗教服务的出席状况来反映，为简单起见，我们称之为"教会出勤"。[19]然而，如表 3.2 所示，遵守宗教规范的差异，至少是从教会出勤的情况来看，在对各国慈善捐助水平差异或非营利部门规模差异方面的解释力方面，也好不到哪儿去。因此，如表 3.2 第 2行所示，尽管教会出勤与慈善捐赠的关系方向符合预期，但关系强度非常弱，其解释的慈善捐助水平差异不超过 2%。教会出勤较高的国家其慈善捐赠并不比出勤较低的国家更慷慨。同时，教会出勤与非营利部门规模之间的直接关系甚至与预期方向不一致，并且关系相当薄弱。[20]

然而，这并不是说宗教对非营利部门的范围、结构或资金没有影响。问题可能在于其影响并不像情感理论所暗示的那样，主要是通过情感变化发生作用。相反，它可以通过社会起源论所说的机制更有力地运作。因此，安海尔和萨拉蒙认为，宗教可能对非营利部门的发展产生其他影响，包括非营利部门的组织结构，这种结构可以是等级制的或是较松散的；宗教相对于社会结构享有的自治程度；以及宗教包含的"模块化"程度，即在多大程度上要求生活的所有方面——社会的、信仰的、经济的和政治的——与宗教融合，而不承认人类存在的多面性，只有其中某些部分需要由宗教支配。[21]换言之，正如将在第4章中探讨的那样，社会起源理论认为，宗教制度可以是真正塑造非营利部门规模和特征的权力关系组合之中的一部分。

普特南对意大利的研究说明了宗教影响非营利部门发展的真正动态，可以视为对上述替代性解释的一个有力例证。基于历史学家拉纳（Larner）和海德（Hyde）的研究，普特南指出意大利北部和南部的居民都有着深厚的天主教宗教信仰，然而，尽管他们共同受到天主教的利他主义情感熏陶，不妨这么认为，但是意大利南部和北部却发展出了明显相反的公民传统，根据普特南的说法，这导致它们形成了迥然对立的非营利部门发展模式。[22]简言之，其运行变化并非来自情感上的不同，而是源于权力关系上的差异。意大利南方的天主教神职人员利用其地位来巩固强大的土地精英的主导地位，而北方的天主教神职人员则更有效地被边缘化了。这种南方模式并非如同1879年教皇利奥十三世的"永恒"通谕揭示圣托马斯·阿奎那关于"自由之真谛"的教义那样，是完全孤立的情形。教宗利奥教导说，此"真谛"实际上强调"一切权威的神圣起源，法律及其力量，贵族阶层父亲式的及公正的统治，对最高权力的服从"。[23]不过，这些教导并未得到志愿性的非营利组织的认同。

偏好理论

除了经济发展理论和情感理论之外，关于非营利部门规模和形态的第三种广为流传的解释是偏好理论，该理论从新古典经济学中得到启示，聚焦于偏好变化，认为偏好变化是第三部门产生和增长的关键。不妨将偏好理论看作一个等式，等式的一边是需求方，即为什么客户、捐赠者或购买者为满足其需求而寻找商品和服务时，更倾向于惠顾非营利组织；等式的另一边是供给方，即为什么企业家创办非营利机构而不是营利性企业。

需求侧偏好理论

利用新古典经济模型分析非营利组织的初次尝试之一是伯顿·韦斯布罗德（Burton weisbrod）的开创性理论，该理论被称为市场失灵/政府失灵或异质性理论。[24]韦斯布罗德理论的出发点是古典经济学关于市场失灵的假设，即市场的固有缺陷使其无法提供某些商品或服务。市场失灵的原因是，市场只在供给有人付钱的商品或服务时才是有效的。但是，正如曼库尔·奥尔森（Mancur Olson）在其关于集体行动的著作中指出的那样，所谓的公共或集体物品（例如清洁空气）是每个人都可获得的，不管他们是否为使用这些产品付费，这就造成了"搭便车问题"，因为没有一个理性人会选择为他们可以免费享受的商品或服务付费。[25]因此，单独利用市场机制会导致这些公共物品的供给不足。

在古典经济学理论中，这种市场失灵的标准补救办法是政府干预（即由政府提供公共物品）。但韦斯布罗德观察到，在一个民主政体中，政府只回应大多数公民或"中位选民"对公共物品的需求。然而，对集体商品的需求越异质化，政府越难以获得为了提供某些子群体想要的全部公共物品所需要的大多数选民的支持。韦斯布罗德认为这使得相当规模的集体物品需求并未得到满足。他认为，正是为了满足这些需求，才需要非营利组织。那些希望提高特定公共物品的产出或质量的公民自愿创立和资助了非营利组织。换句话说，非营利组织填补了空白：其存在是为了满足私人对公共物品的需求，由于存在搭便车现象人们无法从营利性供给者那里获得这些公共物品，又因为需要多数人的支持公共部门也不能满足这些需求。

韦斯布罗德的理论既适用于公共物品提供的基本模式，也适用于更为复杂的模式。它预测非营利组织的数量将随着人口多样化程度的上升而增加，无论人口多样性程度上升是表现为民族、语言或宗教之类传统指标，还是年龄、生活方式、职业和专业背景、财富或收入等指标。然而，后一种特征使这一理论更难以进行实证检验，因为几乎每个社会在某些维度上都有某种程度的多样性。

这一理论也包含着对政府与非营利组织之间关系的预期。它暗示这种关系不可能存在。因为市场失灵/政府失灵理论预测，非营利组织正是出现在政府顾及不到和由于公共需求不足而得不到政府支持的领域。事实上，韦斯布罗德非常明确地希望非营利组织在根本上由捐赠支持，大量文献讨论了政府支持是否"挤出"私人慈善并削弱非营利部门的问题。韦斯布罗德扩展了他的模型，建立了一个"集体性指数"来测量公共物品需求中的"公共性"程度。该指数考虑了非营利组织获得的自愿捐赠收入，而不是收费收入和公共补贴。捐赠收入越多，指数得分越高。韦斯布罗德认为，该指数是测量公民对不由政府提供的特定公共物品需求的良好指标。捐助者用其钱"投票"，并表达他们对中位选民不需要的公益物品的偏好。然而，在这一过程中，韦斯布罗德理论助长了一个盛行的社会神话，夸大了私人慈善在现代非营利部门中的角色，忽视或低估了政府高度依赖和资助非营利组织提供服务的明显事实。[26]

需求侧偏好理论第二条思路针对市场机制的另一个缺点。正如亨利·汉斯曼（Henry Hansman）所说，这个理论把非营利部门的存在与信息不对称联系起来，要么是因为消费者缺乏足够信息来判断服务质量，要么是因为某些商品或服务的购买者不是其消费者。[27]在这种所谓契约失灵的情况下，购买者不容易知道商品或服务是否物有所值，从而打破了市场运作的关键一环。在这种情况下，需要一些代理人提供消费者主权的正常控制机制，非营利组织正好享有代理人必须具备的信任，因为它们被禁止向其管理者或投资者分配利润。这种"无分配约束"向消费者保证，非营利组织不会短斤少两或降低质量，因此消费者选择非营利组织而不是营利性组织。[28]尽管汉斯曼的理论可以从个人购买者延伸到政府购买者，但是他并没有完成这一步，这也让我们失去了检验其理论的机会，我们的数据将清楚地表明——政府扩张与非营利组织的增长密切相关。

供给侧偏好理论

相对于强调服务需求方面的异质性和有关信任的理论，第二套偏好理论关注非营利市场的供给侧。当然，在实践中，这两套理论是相当兼容的。供给侧理论并不反对需求侧主张的由于社会异质性，政府无法满足某些公共物品的供给，从而为非营利组织留下空间的观点。供给侧偏好理论持有异议的是需求侧理论假设潜在的企业家会自动站出来提供公共物品，创办非营利实体而不是营利性实体来满足需求。供给侧理论认为，需求侧理论强调对集体物品的需求和搭便车问题限制了营利性组织对这些需求的满足，这很重要，但忽略了两个关键点：第一，非营利组织的创始人可能压根儿对利润不感兴趣，因为他们的"生产功能"可能在其他地方，即最大化非货币目标；第二，建立这些组织的真正目的和根本目的不是提供服务，而仅仅是实现其他最终目标的一种手段。[29]因此，根据詹姆斯（James）的说法，促使企业家创建非营利组织提供食物、医疗或社会服务的原因，很可能是他们将这些组织视为吸引信徒或追随者的好办法。[30]这意味着，对这些企业家来说对分配货币利润的限制并非严重障碍，因为追求利润不是其中心目标；传播信仰或者增进事业才是他们的主要目标。

这一推理指出了宗教和其他价值观及意识形态的重要性，因为它们是引导企业家创办非营利组织的驱动力。事实上，詹姆斯认为，"道德企业家"——或罗斯-阿克曼（Rose-Acherman）所称的"意识形态卫士"[31]——才是非营利企业家供给源泉，需求侧理论指出同样的宗教竞争可以解释对集体物品的未满足的需求导致了对非营利组织的需求，这套理论同样用于供给侧理论中，解释了为什么道德企业家自告奋勇地创建了非营利组织。因此，这些供给侧理论与需求侧理论是一致的，即文化或宗教的多样性导致了非营利组织的增长，但不仅仅是因为需求侧理论所说的原因。就适当的一组集体物品达成政治协议的困难，以及搭便车问题对营利性供给者的困扰，可能是多样性情境下非营利组织增长的必要条件，但并非充分条件。此外，多样性为宗教的和其他组织的企业家另外提供了必要动力，通过创办非营利组织来吸引更多人加入他们的信仰或事业。

然而，尽管来自相反的方面，但供给理论与需求理论存在一个共同的重要假设下：政府活动的扩大与非营利部门的增长之间存在相反的关系。对于需求理论，政府扩张增加了对集体商品的供给，从而减少了对非营利组织的需求；对于供给理论，同样的政府扩张缩小了宗教或思想狂热者在招募工作中可以活动的空间。在这两种情况下，政府支出的增加预计会减少非营利部门的规模。

检验偏好理论

这些偏好理论在多大程度上解释了我们的数据所界定的非营利部门规模和形态的差异呢？在缺乏关于非营利部门的范围和性质的实证数据的情况下，很难得出确切的结论。由于上述理论与经典经济学存在逻辑一致性，这使得它们能够在实证检验相当有限的条件下成为主流理论。例如，一些拥护者声称美国是韦斯布罗德理论的"鲜活例子"，因为美国既有大量的非营利组织，又存在宗教、政治、民族和种族背景的多样性。[32]但是这种简单结论可能有误导性。首先必须认识到，需求侧理论，以及依赖它们的供给侧理论，都假设存在民主政治制度——并且是一种特殊形式的民主制度，即两党制的、赢家通吃的选举制度，譬如美国的制度。这种形式的民主制度无助于不同利益集团之间通过合作形成互惠互利的共识，因此更有可能导致"政府失灵"，即政府不会为那些只惠及相对少数选民群体的公共物品提供资助。但是，至少可以说，并非所有国家都是民主国家。而且并非所有民主国家都实行两党制选举制度，从而产生赢家通吃的结果。恰恰相反，利金哈特（Lijphart）的研究显示，许多发达国家采取的多党制议会制度，如许多西欧国家，建立在不同利益集团的共识之上，政府为多方面的需求提供资金。[33]

此外，异质性是一种极其普遍的现象，因此几乎不可能以此为基础编造一个假设。实际上，每个社会都有一定程度的异质性，无论是基于宗教、年龄、地域、经济环境、社会地位、性别、政治信仰的差异，还是基于各种社会、文化或艺术价值观的偏好。要从如此多的异质性中做出选择，并对非营利部门差异的偏好理论进行实证检验，其结果要么是徒劳无功，要么就陷入同义反复。

确实，当我们用可靠的跨国实证数据检验偏好理论时，其结果并不具有说服力。由于需求侧理论最受关注，我们首先检验需求侧理论，从市场失灵/政府失灵理论入手，再转向契约失灵理论。

检验市场失灵/政府失灵偏好理论

对需求侧偏好理论中的市场失灵/政府失灵变异的早期测试，是不能令人信服的。根据 CNP 项目的初步数据，萨拉蒙和安海尔发现了这些偏好理论变异的跨国证据，但只适用于一些国家。[34]更重要的是，他们发现表面之下的实际动态与这个理论假设的情形不同。例如，荷兰既有一个可观的非营利部门，又存在相当大的宗教差异，以至于在 20 世纪初期引发了一场内战。但这两种现象之间的联系并没有遵循市场失灵/政府失灵理论所描述的路线。正如将在第 5 章全面探讨的那样，民主政府之所以不能提供足够的集体物品来满足公民的需求，不是由于不同宗教团体之间的对立，而是由于这些相互竞争的宗教团体能够达成妥协，并就他们各自想要的东西共同争取到政府的支持：一个由政府支持的学校系统，但在这个系统中，教育服务由非营利组织提供，这样家长可以自由选择天主教、新教或世俗学校。换句话说，政府支出与非营利部门的增长之间非但没有形成反向关系，而是出现了一种直接的正向关系。然而，这种情况在市场失灵/政府失灵理论中没有立足之地。

随着我们的分析获得更广泛的关于非营利部门的范围、规模和结构的数据，这一理论遇到了更多困难。如前所述，偏好理论的市场失灵/政府失灵形式假定了四个关键变量之间的因果关系。根据这个理论：（1）公共物品需求的异质性导致（2）政府没有足够的能力满足每个人对公共物品的偏好，这相应又导致（3）公民通过慈善活动筹集资金或采取其他方式资助，从而导致（4）非营利部门的增长。

如果这个理论是正确的，那么我们可以认为以下五种关系成立：

①人口的异质性越高，政府提供集体物品的水平就越低；

②政府提供的集体物品越少，慈善水平就越高；

③慈善事业越大，非营利部门就越大；

④政府提供的集体物品越多，非营利部门就越小；并且

⑤人口的异质性越大，非营利部门就越大。

为了验证这些关系，我们必须对这些变量进行测量。我们采取如下方法测量人口异质性：（ⅰ）不占多数的讲民族语言的少数族群所占人口比例；（ⅱ）宗教少数群体所占人口比例。政府提供集体物品的水平用政府社会福利支出占国内生产总值的百分比来衡量。非营利部门的规模衡量标准如下：（ⅰ）非营利部门全职当量劳动力占经济活动人口的百分比；（ⅱ）非营利组织总收入占国内生产总值的比例。

实证检验表明，在这个理论提出的因果链出现明显断裂。如表 3.3 所示，确实正如市场失灵理论所预测的那样，我们衡量多样性的两项指标中至少有一项，即 CNP 项目 41 国人口的民族语言多样性，与我们测量的政府公共物品支出呈负相关。不仅如此，民族语言多样性解释了 42% 的政府支出差异。然而，测量多样性的另一个主要指标，也是过去大多数研究中很有特色的一个指标——即宗教少数派在人口中所占的比例——虽然也与公共物品支出呈负相关，但与其相关性要弱得多，仅仅解释了差异的 1%。

表 3.3　　　　　检验偏好理论对 41 国非营利部门发展的解释力

变量之间关系	预期关系	实际关系	
		r	R^2（%）
1　宗教多样性与政府社会支出占 GDP 比例	−	−0.11	1
2　民族语言多样性与政府社会支出占 GDP 比例	−	−0.64	42
3　政府社会支出占 GDP 比例与慈善捐赠占 GDP 比例	−	+.07	1
4　宗教多样性与非营利部门劳动力规模	+	+0.12	1
5　民族语言多样性与非营利部门劳动力规模	+	−0.32	10
6　慈善捐赠占 GDP 比例与非营利部门劳动力规模	+	+0.48	23
7　慈善捐赠占总收入比例与非营利部门劳动力规模	+	−0.49	24
8　政府社会支出占 GDP 比例与非营利部门劳动力规模	+	+0.50	25
9　政府社会支出占 GDP 比例与非营利部门收入占 GDP 比例	−	+0.34	11

注：＊非营利部门劳动力规模＝全职当量员工，有偿和志愿员工占经济活动人口的比例。宗教及民族语言多样性＝除了最大的宗教或民族语言群体之外的其他人口占总人口的比例。

资料来源：宗教和民族语言多样性：CIA 世界实况，www.cia.gov/library/publications/the-world-factbook。政府社会支出占 GDP 比例：OECD，www.oecd.org/social/expenditure.htm。慈善捐赠占非营利部门总收入比例：约翰斯·霍普金斯非营利部门比较研究项目全球非营利数据文件。

　　更重要的是，这条因果链中的其他环节不成立。如表 3.3 第 3 行所示，几乎没有证据表明较低的政府社会福利支出水平与更高的慈善捐赠水平有关，就如偏好理论预测的那样。如果一定要找到一点关系的话，这种关系的方向也与预测相反，这种关系太弱了，并不足以指向一个明确的方向，如图 3.2 所示。

　　当这个环节断了，其他环节也随之分崩离析。如表 3.3 第 4、5 行所示，市场失灵/政府失灵理论假设人口多样性与非营利部门规模之间存在直接关系，但这个假设没有得到实证检验的支持。宗教多样性与非营利部门规模之间至少呈正相关，但相关性相当微弱，仅占差异的 1%。如表 3.3 第 5 行所示，民族语言多样性——该理论预测其与公共物品支持相关——与非营利部门劳动力的规模负相关，这与偏好理论的预测正好相反。慈善捐赠，以其占

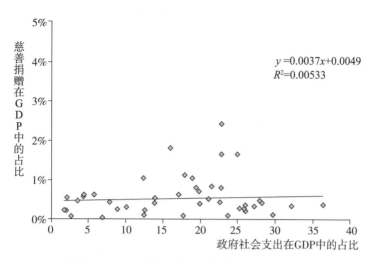

图 3.2　41 国政府社会支出与慈善捐赠的关系

注：r = 0. 07。

资料来源：政府社会支出，OECD（www. oecd. org/ social/ expenditure. htm），以及约翰斯·霍普金斯非营利部门比较研究项目全球非营利数据文件；慈善捐赠，约翰斯·霍普金斯公民社会研究中心全球非营利数据文件。

GDP 的比例来衡量，与非营利部门的规模正相关，与预测一致；但是，如图 3.3 所示，由于这个变量的变化相对较小，其影响程度相当小。当我们用慈善捐赠占非营利部门总收入的份额而不是 GDP 的份额时，二者关系变成了负相关，如表 3.3 第 7 行和图 3.4 所示。这给偏好理论预测的观点蒙上了一层阴影，偏好理论认为非营利部门增长的关键在于不满意的消费者采取的慈善行为，这些不满意的消费者企图得到公共物品，但是由于"中位选民"控制了政府，阻止了政府为他们提供公共物品。

　　市场失灵/政府失灵偏好理论构建的因果链中的最终关键环节也不成立。事实上，它败得很惨。这个环节是政府公共物品支出与非营利部门规模之间的联系。根据市场失灵理论，二者关系应该相反：更高的政府公共物品支出应该与较小的非营利部门相联系，反之亦然。因为根据这一理论，正是政府未能提供足够的公共物品，才导致了非营利组织的产生。但如表 3.3 第 8、9 行所示，数据不支持这一假设。相反，数据正好支持相反的结论。在政府公共物品提供水平（用政府社会福利保障支出在 GDP 中的占比表示）与非营利

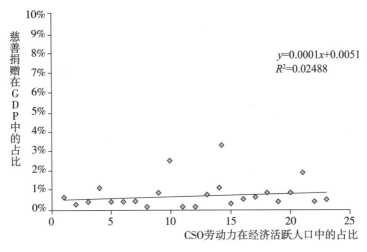

图 3.3　慈善捐赠与非营利部门规模的关系

资料来源：约翰斯·霍普金斯公民社会研究中心全球非营利数据文件

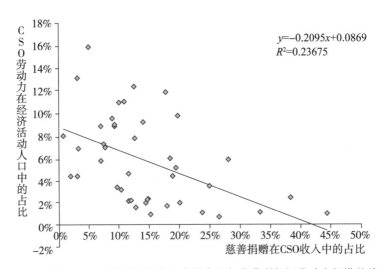

图 3.4　慈善捐赠在非营利部门收入中的占比与非营利部门劳动力规模的关系

资料来源：约翰斯·霍普金斯公民社会研究中心全球非营利数据文件。

部门的规模之间确实存在着很强的关系，但它与偏好理论的预测相反：实际上非营利部门的规模没有随着政府社会福利支出水平的增加而下降，反而是随之增加（见图 3.5）。如表 3.3 所示，无论非营利部门的规模以其劳动力或收入来衡量都是如此。

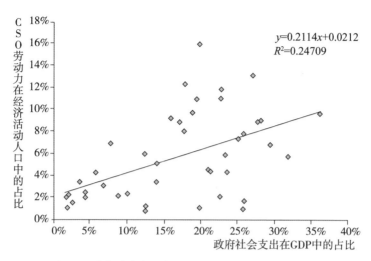

图 3.5 政府社会支出与非营利部门劳动力规模的关系

注：$r = +0.50$。

资料来源：政府社会支出，OECD（www.oecd.org/social/expenditure.htm）和约翰斯·霍普金斯公民社会研究中心全球非营利数据文件；CSO，约翰斯·霍普金斯公民社会研究中心全球非营利数据文件。

检验契约失灵偏好理论

检验偏好理论中契约失灵之说的解释力比检验市场失灵/政府失灵理论要复杂得多，至少从我们目前正在考虑的数据来看是如此。可以肯定，这种偏好理论与适用于市场失灵/政府失灵理论的一些限制因素相关：只有在此种情况下这种理论才真正具有现实意义，无论出于什么原因，政府都没有提供某种公共物品，需要决定信任非营利性还是营利性的供应商。信任理论方便地将这个条件视为完全外生的条件，但这并不意味着它是不存在的。

此外，偏好理论在考虑范围较窄的问题时，契约失灵理论在另一个层次上运作：它的分析单位不是总体上的非营利部门，而是特定的子领域，即正常市场机制不起作用的那些领域，要么是由于严重的信息不对称，要么是因为服务的消费者不是购买者而无法将实际消费有关产品或服务的经验信息用于购买决策。因此，要评估这一理论，就有必要将分析重点放在被认为信任问题特别尖锐的领域。

美国是少数几个消费者在需要信任敏感性（trust-sensitive）服务时，可能面临在营利性和非营利性服务提供机构之间做出选择的发达国家之一，现在可以获得有关这些信任敏感性服务领域的详细实地数据，美国的数据也许可以用来进行实证检验。信任理论描述的情况最有可能出现的两个领域是儿童日托和老年人照料。在这两种情况下，服务的消费者不太可能是购买者。更重要的是，在许多情况下，消费者可能无法提供有关服务数量或质量的清晰报告。因此，根据信任理论，这些服务似乎是由非营利机构主导的最佳场所。

然而，事实上，在美国这两个领域长期以来一直为营利性机构主导。例如，自20世纪50年代以来，养老服务在美国就是营利性机构最早大举进入的人类服务领域之一。截至2007年，将近80%的养老院都是营利性的，尽管营利性养老院的规模趋于变小，但它们雇佣的员工人数仍然占到该行业劳动力总量的三分之二和收入占比则略高于三分之二。[35]此外，尽管如此，信任方面的考虑与理论预测正好相反，随着时间流逝，营利性机构进入这个领域的积极性越来越高。

非营利组织确实在社会服务领域保持了稳固的地位，不过在最符合契约失灵理论的另一个领域，儿童服务领域，情况与养老服务领域如出一辙。70%的儿童日托设施是由营利性机构运作的，是营利性机构而不是非营利机构在这个领域占据主导地位。[36]如果，如同看起来那样，古典市场机制在这两个领域不起作用，那么指导消费者选择的似乎也不是非营利机构的不分配约束所提供的信任。

检验供给侧理论

供给侧理论依赖于政府失灵理论来解释之所以会出现有利于"道德企业家"的机会，由于政府对公共物品的资助不足，而使"道德企业家"吸引到追随者，然而，没有任何确凿的证据证明政府失灵理论在美国之外也有效，这削弱了供给侧理论的解释力。同时，道德企业家可能会找到其他机会来吸引追随者，而不仅是那些由政府对公共产品资助不足而产生的机会，因此也有理由以他们自己的条件来检验供给侧理论。为此，根据这一理论，我们聚焦于最有可能直接影响道德企业家供给的因素，即宗教多样性，其理论逻辑是，宗教异质性滋生竞争，促使企业家创办非营利组织提供服务，从而为自己的宗教信仰吸引更多的追随者。[37]迄今为止的研究发现，一国人口的宗教异质性与非营利组织的数量之间存在某种联系。然而，问题在于，一个国家的非营利组织数量是一个众所周知的不可靠的变量，因为这些组织的定义大相径庭，各国的登记要求各不相同，即便有登记也无法弄清楚。[38]相反，正如表3.3第4行所显示，我们在衡量宗教的异质性程度与非营利部门的劳动力规模之间的关系时，发现了正向的但非常弱的关系——这表明契约失灵这个版本偏好理论的实证有效性也很有限。

结　　论

我们如何解释盛行的情感理论和偏好理论的无能呢？盛行的解释非营利部门的规模和形态的情感理论和偏好理论无法解释我们的实证研究所聚焦的该部门的实际规模和形态。可以肯定，这些理论的解释逻辑是很强的，与其他理论（主要是经济学和哲学理论）也能配合得上。但显然还缺失了什么。

我们假设，缺失的因素可能是宏观经济环境和它不可避免地建立的权力关系。总之，上述流行理论可能存在"社会化不足"，用上文提到的马克·格兰诺维特（Mark Granovetter）发明的术语来说：它们没有考虑到迫使个人做出选择的更为广泛的社会背景。[39]在契约理论看似适用的领域，信任理论未能正确预测到非营利性和营利性机构之间的平衡，一个可能的原因是，这个理论只关注到个体消费者的偏好和选择，而忽略了可能约束这种选择的关键外部因素。这些因素包括各种各样的社会、经济和政治力量，从获得资本，到家庭结构及其变化，再到公共福利政策以及强大的政治意识形态和利益。

同样，市场失灵/政府失灵理论想当然地认为民主政治制度和自由市场经济制度无处不在并且到处灵验。归根到底，如果选民偏好通过少数群体利益集团的联盟而达成，或者真正的自由选举或自由市场不能运转，那么选民和消费者偏好就不能按照这个理论假设的方式运作。这个理论不仅没有将受控选举、受控或古老的市场纳入分析范围，而且还遗漏了许多发达的民主国家，这些国家已经发展出利金哈特所说的"共识民主"，[40]通过按比例提供少数群体利益代表名额，"共识民主"不同于政府失灵理论中包含的赢家通吃原则和"中位选民"想象。这一点很重要，因为少数群体利益的比例代表制通过建立不同利益集团之间的共识，提供比假设的"中位选民"想要的更广泛的公共物品，从而有可能克服中位选民暴政。这可以解释为什么现有的跨国数据如此有力地驳斥了偏好理论预言的政府社会福利支出与非营利部门规模之间的反向关系。

除此之外，偏好和情感理论只涉及非营利活动的一个方面：供给可交易的产品或服务，旨在提供集体物品或缓解有形问题，却几乎没有涉及非营利组织同样参与的重要的非服务性活动，比如发扬文化价值观、政策倡导、保护个人或群体权利，或代表集体利益。

从某种意义上说，在分析什么原因导致了非营利组织的崛起方面，偏好和情感理论提供了一个不完整的框架。这不仅让主要演员离开了舞台，而且还将缩水的角色分配给了许多介绍来的关系户。因此，情感理论在解释非营利部门发展时将宗教摆在中心位置，仅仅是为了表达慈善和利他主义观念。然而，由于每种宗教都有着几乎相同的慈善和利他主义价值观，因此不可能仅仅利用这个主体的某一方面的信息面来解释非营利部门在规模和特征方面的巨大差异。这些理论忽略了宗教带来的所有其他方面的影响。宗教也是与社会的其他要素相联系的组织体系。宗教机构可能是等级制的，也可能是联合制的，它们与其他社会要素的联系可能有助于维护财富和权威，也可能破坏财富和权威。简而言之，宗教也是社会权力的一个来源。

因此，供给侧理论也为非营利组织创办者的非金钱动机提供了重要的价值观。但是，这些创办者关注的动机范围在性质上是宗教的，在功能上是服务性的。他们在这些动机的驱使下可能破坏现有的权力和影响力结构、推动人权、提升环境，他们也可能抑制采取这些行为的冲动，这些动机远远没有得到足够的重视。然而，这也是非营利部门故事的组成部分。

尽管供给侧理论作为市场失灵/政府失灵理论的必然结果，在现有数据中没有得到支持，但这一理论在解释是什么推动了非营利组织的形成并支持其发展方面仍然显示了重要的洞察力。然而，只要供给侧理论与需求侧理论联系在一起，强调非营利部门作为集体物品生产者的角色，这种洞察力就不会充分体现出来。相反，供给侧理论强调的是，那些站出来创建非营利机构的人，通常主要并不是由物质目标驱动的，而是由非物质目标所驱动的，这些目标涉及价值观、社会权利、专业或职业利益，我们还要加上一个目标，那就是赋权。[41]换言之，推动非营利组织产生的机制可能既与物质福利的生产有关，也同样与社会权力动员有关，后者恰恰是传统的偏好理论忽略的东西。因此，供给侧理论架起了一座通往社会起源论的桥梁，我们在接下来的两章中讨论社会起源论。

　　简言之，主流理论未能充分解释非营利部门主要特征的广泛差异。一个核心原因似乎是，它们狭隘地侧重于个人主体的价值观、偏好和选择，使他们忽视了制约或塑造这些选择的宏观社会条件，不论个人偏好或最有效的实现手段如何，这些社会条件都是确定的。因此，在新古典经济学派的领军人物约翰·肯尼斯·加尔布雷思看来，这些理论是脆弱的，这种理论"最具破坏性的特征"是"将权力——个人或机构使他人屈从于其目的能力——从这个领域移除了……"。[42]

　　这表明需要一套不同的理论来解释我们所发现的非营利部门在范围、结构、职能和资金方面的显著差异，一套将权力带入这幅图景的理论。因此，我们现在转向阐明和检验这样一套理论。

4　解释非营利部门发展 II：社会起源论

莱斯特·M. 萨拉蒙，S. 沃伊切赫·索科罗斯基

寻找解释自然现象的规律的过程总是很折磨人。面对一些无法解释的事实，你必须试着想象许多一般性规律，这些规律与事实之间的关联总是躲避着你。然后突然之间，在意想不到的联系之中，在某个特定的情形之中，你发觉其中一条推理思路比其他思路更有说服力……但是，在你最终找到规律之前，你永远不知道在你的推理中应该引入或者忽略哪些判断。

——翁伯托·艾科，《玫瑰之名》，第 366 页

导论：引入权力

上一章我们检验了一些理论，试图解释在实证研究中呈现的各国非营利部门在各个维度上的差异，我们发现这些理论在很大程度上不足以胜任这项任务。我们认为，造成这种情况的一个主要原因可能是由于这些理论"社会化不足"。也就是说，它们对宏观社会条件考虑太少，但恰恰是宏观社会条件约束或形成了选择，而不论个人偏好或实现偏好的最有效方式如何。

实际上，在提供主要的人类服务时，是选择依赖市场、非营利部门、国家或亲属网络，并不仅仅是个人消费者或服务提供者依照利他主义原则或者在开放市场和完美运转的民主政治制度中做出的自由选择，就如偏好和情感理论所暗示的那样。恰恰相反，对人类行为的研究表明，这些选择在很大程度上受到现有社会、经济和政治结构的制约，这些结构建立在过去历史的基础之上，并受到社会阶层和社会机构之间复杂相互关系的影响。[1]因此，选择结果不仅受到情感和偏好的影响，而且还受到政治、社会和经济力量的影响。换句话说，这个温暖、模糊的慈善和非营利部门的世界，很难超脱于安东

尼·吉登斯的基本观点之外："权力之于社会科学，就像能量之于热力学。"[2]
它决定是否有运动，如果有，运动方向是什么。因此，在讨论情感和偏好理论的背景下，我们在这一章转向另一种解释体系，以将权力全面带进故事之中。

但是最有可能涉及权力的哪些方面和哪些形式呢？幸运的是，正如导论中所提到的，我们在识别一些可能的猜测方面并非完全茫然无措。更确切地说，学者们已经绞尽脑汁地研究过是什么因素导致了社会、政治和经济发展的不同历史模式这个有趣而复杂的问题，为我们提供了一些关于影响因素与可能结果的光明线索。尤其是其中三种理论看起来最为相关。

在本章中，我们首先回顾这三种替代性理论，然后阐述它们对非营利部门发展的"社会起源论"以及由其带来的非营利部门发展模式的含义。

理论化的三大前景

社会起源论与经济阶级关系

也许这些理论中最有说服力的一种与哈佛大学的社会学家小巴林顿·摩尔（Barrington to Moore Jr.）的著作有关。摩尔的《独裁与民主的社会起源》一书极大地改变了人们对于选择"通往现代世界之路"的影响因素的看法，他识别出三条截然不同的"通往现代世界之路"——民主的、法西斯主义的和共产主义的道路。[3]摩尔认为，这三条不同道路背后的主要驱动因素，是在工业发展的关键时期，不同社会中存在社会经济阶级关系的不同模式。不过，与传统的马克思主义对阶级关系的分析不同，摩尔把分析重点扩展到农村的阶级关系中，该书的副标题"现代世界形成过程中的地主与农民"就强调了这一点。

在摩尔的分析中，国家是演变为民主国家、法西斯主义国家，还是共产主义国家，或在贫困中打滚，从根本上取决于地主精英、乡村农民、城市工人、工商业中产阶级与国家之间特定的关系组合。如果地主精英建立了具有剥削性的农业生产方式，这种生产方式要求实行压迫性的劳动控制制度，并由政府机构来强制实施这些制度，在这种情况下，市场经济和民主政治体制的发展前景有限。在其他情况下，更有可能出现另外两种结果。第一种是

"自上而下的革命"，这将导致专制主义和军国主义制度。如果国家行政系统或军队中出现主张现代化的精英，对来自外国的威胁或底层的压力做出反应，废除旧秩序以及支持旧秩序的地主精英，建立现代化的但仍然专制的政权，推动快速工业化计划，这时就会出现这种类型的革命。根据摩尔的说法，这样的发展路径出现在德国、日本，根据其他学者的后续研究，这种情况也发生在土耳其、埃及和秘鲁。[4]摩尔认为，另一种选择要么是长期的经济停滞，比如印度，要么是在适当的情形下引发共产主义革命，比如中国。

摩尔指出，要想实现民主，就必须打破地主精英的统治以及压迫劳动者的农业生产方式，解决"农民问题"，巩固城市工商业群体，在工人阶级和中产阶级之间建立合理的平衡关系。[5]这可以通过革命来实现，比如18世纪的法国；也可以通过转向出口导向型农业，将地主精英转变为资本家农场主，比如英格兰；或者通过其他各种不同的方式来实现。但是无论通过什么方式达到目的，阶级关系的基本转型结果都是一样。

引入政治因素

社会起源论在解释通往现代世界的不同道路时，社会经济阶级起着中心的几乎是排他性的作用。这又激发了第二条理论思路，第二条理论思路认为引入阶级分析的原因是对政治制度，包括国家和政党，没有给予足够关注。因此，埃文斯等人认为，在没有考虑国家作用的情况下，以阶级为中心的或从宏观经济角度对政治结果的解释都是不完整的，他们认为，国家拥有相当程度的独立于阶级和其他利益集团压力的自主权，尽管这种自主权是不断变化的。[6]迪特里希·鲁施迈耶等人将摩尔的阶级关系分析与政治制度，尤其是政党和国际关系，对政治和经济结果的影响分析相结合，更充分地阐述了这一思路。[7]这群学者研究了大量欧洲和拉丁美洲国家的情况，指出强大的政党制度是一些拉美国家走向民主的关键因素，因为这些制度使得调解与缓和阶级冲突成为可能。当时，在拉美国家不断扩张的出口导向型经济中，传统上占主导地位的地主阶级与日益上升的新兴城市中产阶级之间的利益冲突日益尖锐。[8]在斯科波尔（Theda Skocpol）对美国和西欧不同福利政策结果的解释中也可以看到类似的思路，不过斯科波尔更强调政府本身的结构。[9]她认为，在美国，一种分割性的政府结构、一个相对较弱的联邦制官僚体系以及往往依赖于动员民众支持的主要政党之间的激烈竞争，再加上强大的女性非营利组织，导致美国实施了仅限于针对某些特定选民群体（如战争退伍军人或职业女性）的分散的社会政策。相比之下，欧洲国家的中央政府比美国联邦政府强势得多，它们在有组织的劳工施加的压力基础上，在实施普惠的、国家资助的社会福利政策方面扮演了关键角色。

各种福利制度

在我们对世界各国非营利部门特征的明显差异进行解释的探索过程中，出现了第三条潜在的理论思路，这个探索是对第二次世界大战后政府社会福利政策的研究。这项研究提出各种概念来描述福利制度的各种独特模式。比如，理查德·蒂特马斯（kichard Titmuss）区分了福利制度的三种类型，即"剩余型""制度型"和"工业成就型"。"剩余型"福利制度只提供与传统自由主义意识形态相一致的最少的社会援助；"制度型"福利制度努力确保全体人民享有适当的生活条件；"工业成就型"福利制度根据就业状况和收入水平提供相应的福利。[10]高斯塔·艾斯平-安德森（Gøsta Esping-Andersen）引入了另一种分类体系，将不同国家的福利制度分为"自由主义型""社团主义型"和"社会民主主义型"。"自由主义型"即极简主义型；"社团主义型"是对广泛的机构主体参与福利体系的回应；"社会民主主义型"是普遍主义的和基于权利的一种类型。[11]

放在一起：非营利部门发展的扩展的社会起源论

尽管这些不同的理论框架在很大程度上解释了权力关系在塑造现代制度中的作用，但它们充其量倾向于将非营利部门视为一个次要的独立变量，有助于解释更广泛的政治结果（例如政党的形成和随后的政治制度构建），但并不太关注形成非营利部门本身的那些因素。的确，一个引人注目的现实是有关福利国家的文献对非营利部门的漠视和忽略，尽管第 2 章中的数据清楚地表明，欧洲许多老牌的典型福利国家确实采取了"福利伙伴关系"形式。

因此，这些理论框架能在多大程度上帮助我们解释非营利部门自身的兴起、形态和作用？我们认为，它们非常有助于解释民主、法西斯主义、共产主义革命、持续不发达和各种福利制度产生的那些相同因素，可以为本书研究的中心问题提供有力的见解——具体而言就是，如何解释不同国家的非营利部门在规模和样态上的巨大差异？我们在本书中提出的理论方法基本是从小巴林顿·摩尔（Barrington Moore Jr.）的见解出发，我们认为这些差异及其由此产生的各种模式，最终可以追溯到国家发展的关键转折时刻关键社会经济阶级之间的不同权力安排。因此，我们将这个方法称之为非营利部门的社会起源论，或 SOCS 理论。

我们构建和检验非营利部门的社会起源论的研究方法包括以下三个步骤。首先，我们提出了因果模型，该模型识别出我们认为可能会影响非营利部门维度的社会力量。其次，我们确定了这些社会力量的构造或模式，并将这些构造与非营利部门结果的不同组合联系起来，提出了假设。最后，我们用现有数据来检验这些假设。我们将在本章讨论前两个步骤，然后在第 5 章进行检验。

非营利部门发展的因果模型之构成要素

社会起源论（SOCS）的主要论点是，非营利部门的各个维度是由不同社会群体和机构之间的权力关系塑造的。但是这些社会群体和机构是什么呢？为了回答这个问题，我们在广义上采用众所周知的社会经济阶级这个社会科学概念，但是更多采用韦伯的而不是马克思主义的阐释。与韦伯一样，我们将社会经济阶级视为一群人，他们不仅与经济资源有相似的联系（比如在经济产品的生产中扮演相似的角色），而且也拥有相似的社会地位或身份。[12]这些社会经济阶级，它们的各种组成部分或"片段"，[13]以及各种附属组织，在这里被定义为社会主体。由此，它们具有两个重要属性——即某种程度的共同利益，不论是否得到明确承认和明确表达，以及对这些利益采取行动的某种能力。对这种行为能力的一种衡量标准是某一社会主体的集体力量，也就是，在面对其他社会主体的反对时取得优势的能力。[14]

某一社会中社会经济阶级的类型，取决于该社会中普遍存在的经济活动的类型，而经济活动类型又取决于经济发展水平。在前现代社会中，农业是占主导地位的经济活动形式，主要的社会经济阶级包括贵族和地主阶级；农业劳动阶级，根据地理环境，采取自由农、农奴或奴隶的形式；中间阶级包括少量工匠、商人和专业人员；国家，包括统治者（如君主）、官员和军队；亲属群体，比如部落、氏族或家族；以及宗教组织，包括祭司、神甫、牧师、僧侣等等。在现代社会，工业成为经济活动的主要形式，新的社会经济阶级随之兴起，它们的兴起往往是以复杂的相互联系的形式，一些前现代阶级失去权力或消失了。以必要的简化形式来看，新兴阶级包括资本所有者和产业所有者（资产阶级），工厂和农场工人（工人阶级），高技能的专业人员（医生、律师、工程师、教师等），半专业的职业群体（技术员、办公室职员等），自由职业群体（小店主、工匠、艺术家等），以及专业的公务员和军人。

虽然我们在社会阶级权力中看到了非营利部门发展的重要驱动力，但我们也认识到权力不是自动起作用的。因此，在摩尔强调的社会阶级权力之上，我们再添加第二个要素，即鲁施迈耶（Dietrich Rueschemeyer）等人和斯科波尔所强调的一系列政治性因素，这些因素决定了各种社会阶级如何有效地利用其潜力。换句话说，社会主体的权力取决于几个因素，这些因素超出了社会群体的单纯数量或经济权重。还有一些因素也很重要，这些因素可以放大或者过滤并减弱社会阶级的权力与影响。这些因素可以包括某个阶级意识到其共同利益的程度，动员和组织起来实现这些利益的程度，具备有效领导力的程度，与潜在盟友的联系紧密程度，将其地位用文化信息有效包装起来的程度，以及何种程度上避免因种族、宗教或民族界限而造成内部分裂。这些因素存在与否可以提高一个阶级的相对地位，或者限制这个阶级发挥其潜在历史作用的能力。

此外，像斯科波尔和鲁施迈耶等人一样，我们承认政府本身就是一个关键的社会主体。传统的马克思主义认为政府只是占统治地位的社会经济阶级的"执行委员会"，与此相反，我们认为政府机构可以在塑造社会权力关系方面扮演重要角色。然而，政府并不是一个单一主体，而是不同主体的集合——包括不同分支（立法、行政和司法）、不同部门、执法机构（警察）、军队和政党——它们有时协调行动，有时独立行动，有时甚至相互对抗。这些不同的政府主体可能代表社会上多种利益群体，也代表其自己成员的利益。因此，我们认为政府是一个独立的社会主体，而不是其他社会经济阶级的代表。

在提醒注意社会经济阶级以及代表或反对其利益的组织和机构对非营利部门发展的影响时，我们并不认为这些主体是在社会真空中运作。相反，我们认识到，它们根植于社会规范、文化价值、宗教信仰和意识形态相互交织的背景之中。不过，社会群体与这些文化价值观之间存在互动关系。一方面，规范和价值观甚至可以约束十分强势的社会群体。与此同时，特定价值观或规范是否获得支持或赢得合法性可能会受到社会群体的影响，影响方式取决于这些价值观或规范是否符合社会群体的利益。马克斯·韦伯用"选择性亲和"这个概念表达了后面这个观点。"选择性亲和"指社会主体倾向于选择符合其自身特点和群体利益的文化规范和价值观。[15]因此，韦伯认为，15世纪、16世纪欧洲出现的新教教义之所以能够落地生根，在很大程度上是由于新教教义比传统的天主教所教导的放弃世俗之物更符合富商们的经济利益。

尽管第3章讨论的情感理论强调了社会价值观和文化信仰的重要性，但这些理论将它们视为不受约束的影响因素，而没有看到它们与特定社会群体或特定制度结果之间的因果关系。相比之下，这里提出的理论模型承认了这些因果关系。比如，历史悠久的天主教辅助原则，认为社会问题应该由最接近家庭的社会单位来解决，社会单位当然包括教区，这为保守派提供了一套方便说辞，在19世纪的德国，这套说辞用于抵抗工人阶级要求国家增加社会福利保护的压力，最终导致由原封不动的、附属于宗教机构的非营利组织来提供保护。因此产生了一种我们后来称之为"福利伙伴关系"的模式。

从上文介绍的第三条理论路线中，即艾斯平-安德森与其他研究福利国家的理论家以及摩尔的工作中，我们发现了新的重要见解，即由此产生的关系所导致的结果不是分散的或随机的，恰恰相反，它们是模式化的。它们产生了各种特征的特色组合，艾斯平-安德森将其称为"政体"，我们称其为非营利部门发展的特色"模式"。

最后，在这三种理论化线索之中贯穿着另一个重要见解，这个见解也是社会起源论（SOCS）的主要观点：社会阶级之间的权力关系在社会发展的关键转折点形成某些模式，这些模式一旦形成就会持续存在，即使最初产生它们的力量可能已经不复存在。这种持续机制在社会和经济文献中被称为"路径依赖"。在广泛的社会和经济现象中可以观察到路径依赖，从产业在地理上的集中[16]，到经济发展轨迹[17]，再到政治改革和制度转型[18]。路径依赖产生于如下事实，某些制度安排一旦建立起来，在其基础上继续扩展，要比从头创建全新的制度安排更容易，也更便宜。[19]

简言之，如图4.1所示，我们的非营利部门发展社会起源论认为，社会各阶层和各主体之间可视为相同的权力关系，在各种权力放大器和过滤器的调节下，给社会打上非营利部门发展的各种模式的影响深远的烙印。

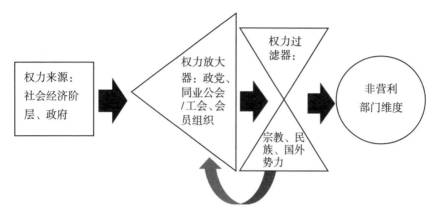

图 4.1　塑造非营利部门维度的社会和制度力量：社会起源模型

权力关系的相似配置及其对非营利部门的假定影响

但是，哪些类型的权力关系组合是可能的呢？社会主体、放大器或过滤器的何种结合导致了权力关系的这些组合呢？为了回答这个问题，我们从观察开始，虽然一国社会经济阶级的类型和数量随时期和地域而不同，但至少出于分析目的，可以利用"结构等价"概念，根据各个社会阶级的相对权力和社会地位，粗略地将它们分为三大类：上层、中层和下层阶级。[20]根据具体历史情景，不同社会群体可以适当对应于这三个结构等价类别中的某个类别，尽管历史上某些模式是最常见的。因此，上层阶级群体往往是贵族和地主阶级，或工商业精英，或两者兼而有之。中层阶级通常被工匠和商人、熟练专业人员、职业军人或政府官员占据。最后，下层阶级长期以来一直被农业劳工阶层、无地农民、工厂或服务业工人所占据。

然而，在不同的时间点，这些角色和关系可以发生显著变化，我们认为正是这些变化影响了非营利部门的规模、形状和轮廓，这种影响往往在角色和关系变化发生很久之后才显现出来。然而，出于探索性目的，可以在这些结构上具有等价地位的群体中辨别出三种明显的权力关系组合。第一种组合我们称之为"支配型"，在这种组合中，上层阶级群体几乎对所有其他群体都具有绝对的支配地位。第二种组合，我们称之为"竞争统治型"，上层阶级群体的力量在某种程度上受到较低阶级群体的挑战。最后，第三种可能的组合，我们称之为"多元主义型"，权力分散在上、中、下三个阶层的群体中。当然，由于历史、社会、经济、政治情景因素也有可能引起每种组合发生变异，但本理论框架的主要观点是，各国社会经济阶级之间的权力关系可以套用相对较少的几种模式，相应地，这几种权力关系模式会限定非营利部门发展的模式。

更具体地说，基于上述分类以及摩尔、鲁施迈耶等人和艾斯平-安德森的见解，可以假设至少存在五种类型的社会阶级权力关系，具体出现何种类型取决于哪些社会阶层和主体或其组合在社会中处于统治地位。社会起源论（SOCS）将这些社会阶级权力关系与非营利部门特征的可能模式联系起来。如表4.1所示，由于受到不同的社会阶级权力关系的驱动，具体的非营利部门特征会有所不同，因此有必要区分特定非营利部门模式的定义特征和潜在可变特征。因此，举例来说，以这些模式在历史上出现的大致顺序而论，非营利部门的"传统模式"与世界历史上曾经最盛行的社会阶级权力安排有关。这种关系的特点是贵族和地主精英的统治，他们对某个社会或一国的社会、经济和政治生活施加支配性影响。这种支配地位对于维持一种本质上以农业生产为主的剥削模式是必要的，这种剥削模式需要采取各种强迫劳动措施和牢固的庇护关系。在这种环境下，低层社会群体以任何形式组织起来都面临着严重障碍，因为它对精英统治霸权构成威胁。因此，在这种情况下出现的传统模式非营利部门往往规模较小，以服务功能为导向，主要由统治阶级的家长式慈善所支持，被地主或其他经济精英用于强化依附模式的情形也不鲜见。普特南生动地描述了这种模式在14世纪意大利南部的运作情况——限制社会中大部分群体的自由，并在此后的几个世纪里严重限制了所谓非营利部门的发展。[21]确实，一位敏锐的观察者发现，这里的基本环境在5个世纪后依然保存完好，他对1876年西西里的社会关系做了如下描述："每个当地贵族在其权力管辖范围内都是几乎所有社会情形下人际网络的头儿，在一种严密的类封建依附式等级关系中，这些人际网络依靠他获得经济生存和社会声望，在选举权方面给予其他合法的支持，并在诉诸暴力捍卫其特殊利益方面提供非法支持。"[22]

表 4.1　　　　　　　　　　权力关系模式及其对非营利部门的假定影响

模式	权力组合类型	对非营利部门的假定影响	假定的非营利部门维度				
			劳动力规模	志愿者占劳动力份额	主要功能	政府资助占总收入份额	慈善占总收入份额
传统模式	贵族/地主占支配地位	压迫劳动者以维持剥削性生产方式，限制非营利部门成长；庇护依赖关系和亲属关系盛行	小	大	服务	小	大
自由主义模式	资产阶级占支配地位	经济生产率和政治自由化促进非营利部门成长，但仅限于完全依赖慈善；自由主义教条限制政府角色	大	大	服务	较小	较大
福利伙伴关系模式	地主与工业精英的权力对抗面临工人阶级势力的增长	工人阶级的压力导致政府资助的社会支出增加，由"安全的"（宗教背景的）非营利组织提供服务	大	N/A	服务	很大	N/A
社会民主主义模式	成功的工人动员导致多元主义，与中间阶级分享权力的制度安排	工人权力导致支持政府资助并提供福利服务，强健的非营利部门关注表达和倡导功能	大	大	表达	N/A	N/A
国家主义模式	现代化精英发起"自上而下的革命"，支持军事化，加速现代化	限制自由以便推进工业化政策，限制非营利部门发展空间	小	小	N/A	小	N/A

尽管这种传统模式的持久性在很多地方都得到了证明，不过，它还是容易受到经济和意识形态变化的影响，正如阿塞莫格鲁（Acemoglu）和罗宾逊

（Robinson）所论证的那样，尤其是这种模式与极端不平等、糟糕的经济表现以及普遍贫困联系在一起。[23]当其他社会阶级获得权力和影响力之时，他们可以挑战地主阶级的统治权，寻求政治和经济变革。比如在英格兰就发生过这种情况，自17世纪开始，商业增长推动了富裕的商人和工业家阶层的兴起，他们寻求解除封建特权和土地支配权的限制，他们意外地受益于农业生产向出口导向型产品（羊毛）的转型，这种产品的生产过程不再需要大量农民，从而促使圈地运动产生，圈地运动消除了农村剩余劳动力。这些新的精英阶层坚持限制大政府的新自由主义经济思想，信奉崇尚节俭和鄙视贫困的新教社会价值观，他们的目标是在经济领域自由创业，在社会领域依靠私人慈善。我们假设，这些情形导致了非营利部门发展的独特的"自由主义模式"，其特点是出现了各种专业组织，但是，在对政府开支充满自由主义敌意的氛围中，以及下层阶级群体顺从于特权精英的悠久传统中，非营利部门受到了另外的制约，在顽固坚持个人责任原则的条件下，非营利部门高度依赖中、上层阶级的慷慨来尽量减少极端社会困境的发生。

当工业化和社会关系的部分自由化导致工人阶级和代表其利益的组织大量增长，但并没有取代土地、工商业精英的主导地位之时，第三种模式出现了。当组织起来的工人施加比自由主义模式下更加强大的压力，社会精英在这种情况下面临着多个选择。最常见的一种方法是通过采取措施，利用宗教、民族或种族界线将工人阶级的力量加以分割，从而减轻压力。在19世纪末的欧洲，通过建立更安全的天主教倾向的实体使工人放弃社会主义倾向的工会和政党，就是采取的这种策略。[24]但是，另一种典型的应对方式是19世纪末德国总理奥托·冯·俾斯麦采取的社会福利创新措施，用国家发起的社会福利保障措施来收买举行抗议活动的工人——但通过"安全的"附属于宗教的私人志愿组织来引导这些保障措施。我们假设这相应产生了非营利部门发展的另外一种独特模式，我们称之为"福利伙伴关系"模式。这种模式导致了一个相当大的非营利部门，主要集中于服务活动而不是抗议和倡导活动，由国家提供大量补贴，但由保守的宗教或其他机构牢牢地控制着。

然而，第四种模式可能发生在地主精英的力量被战争、内部冲突或者其他因素削弱的地方，这种情况为工业化开辟了道路，为更多元化的权力关系配置创造了条件，多样化的权力关系配置吸收了新的专业精英和商业精英，以及规模庞大的充满活力的工人阶级。如果这些下层阶级群体保持团结一致，能够为自身利益施加实质性影响，或者在那些关注社会苦难的公务员的帮助下施加影响，我们假设有可能出现另一种独特的非营利部门发展模式，可以称之为"社会民主主义模式"。在福利伙伴关系模式下，通过具有保守倾向的宗教慈善组织来提供服务，这些宗教慈善组织能够拉拢工人并且减少工人的抗议。与福利伙伴关系模式不同，在社会民主主义模式下，社会福利服务被视为所有公民的一项权利，而不是慈善机构恩赐的礼物，并且由公民控制的政府机构直接提供。在这种模式下，工人的政治权力催生了开放的政治体制，允许相当自由地组建非营利组织，但是这些组织主要集中在表达领域——艺术、文化、娱乐、体育和权利倡导等，并大量利用志愿者而不是有偿员工。

社会阶级和社会主体权力关系的第五种组合模式出现在进入现代社会后，前现代的地主阶级仍然保持着权力并且使得经济长期停滞，以至威胁到国家主权和民族自豪感的地方。在这种情况下，一般由包括军队领导人、高级公务员、城市专业人员或现代化革命者构成的中间阶层——由于担心来自经济发达国家的威胁，或受到激进的现代化意识形态的鼓动——接管国家机构以推动快速工业化和现代化进程。19 世纪的日本为这种模式提供了一个例子，在 19 世纪 50 年代美国海军强闯日本，日本武士阶层的一个支系对此深感屈辱，就与一些政治领导人联手夺取了政权，通过所谓明治维新打击封建领主的力量，进行快速工业化和军事化，并最终发起了争夺自然资源的战争。20 世纪初的俄罗斯提供了另一个例子，在这个例子中，在战争导致军队和传统精英同时被削弱的时刻，一个意识形态派系设法夺取了权力。

为了遏制民众势力，并且有可能将产生的任何盈余用于现代化而不是消费，这些现代化精英往往认为有必要限制个人自由，尤其是限制非营利组织的发展，因为非营利组织可能通过要求更大的政治发言权和更好的生活水准，而挑战政府的统治地位、破坏快速工业化进程。因此，我们假设有一个非营利部门发展的"国家主义模式"，其特征是相当小的非营利部门，几乎没有志愿者参与，活动仅限于服务领域。

结　　论

简而言之，非营利部门的社会起源论（SOCS）认为，在近代人类历史记录中，有可能辨别出至少五个不同的社会阶级和主体关系的组合，每种组合都与一个特定的假设的非营利部门发展模式相关联，每种非营利部门发展模式都有一组特有的定义特性。这些组合及其相应的非营利部门模式要么是在现代化进程中形成的，并且由于路径依赖而在很大程度上存活到近代，要么在一些社会中被固化在前现代时期，这些社会的现代化进程大大推迟，除了几座现代化城市算是点点绿洲。

可以肯定的是，这五种组合都是理想类型，具体细节可能会有所不同，正如结构等价概念所指出的那样。但是，社会起源论的核心观点是，一个社会中非营利部门的形态是可以预测的，从一个社会展现的社会阶级和主体权力关系的组合中可以预测出来，只是精确度有所不同而已。因此，对该理论的检验就是确定这些预测在经验记录中得到验证的程度。要做到这一点，这个测试必须解决三个相互关联的问题：

首先，非营利部门发展的五种假设模式能否在我们现有的实际经验数据中被观察到，如果能的话，可观察到的广泛性如何？

其次，如果可以观察到，这些模式假设的因果关系——受过滤器和放大器调节的五种权力关系组合——是否能够发现其在不同模式的国家中如同我们假设的那样运行？

最后，社会起源论（SOCS）能否对任何不符合上述模式的国家进行解释，从而展示其理解社会经济现实中的必然变化的能力？

我们将在下一章中讨论这些问题。

5 检验非营利部门发展之社会起源论

莱斯特·M.萨拉蒙和 S.沃伊切赫·索科罗斯基

我们必须仔细考虑，以便让我们的故事有条理。

——罗伯特·帕特南，《让民主运转起来》，第 148 页

前一章展现了对我们从全球 40 多个国家搜集的数据中观察到的非营利部门发展差异的另一种解释。这种解释的核心观点是，非营利部门的规模和轮廓根本上是由社会阶级关系的特定组合所塑造的，在社会演变的关键时刻，这些社会阶级关系被各种性质的背景因素放大或过滤。这些关系一旦形成，由于"路径依赖"现象，非营利部门的规模和轮廓特征就会长期存在下去。由此得出的假设是，在我们的数据中，至少可以找到五种不同的非营利部门结构模式，这些模式表现为非营利部门规模、对志愿者的依赖程度、功能和资金结构的不同组合。

这并不是说只可能有这五种模式。社会现实太不可预知，太变幻莫测，以至于不可能预测任何限定的"历史的终结"。实际上，正如我们将看到的，一些新的模式可能已经露出了地平线。因此，对社会起源理论的一个重要检验可能是，它不仅能够辨认和解释现有模式，而且还能够识别任何新的此类模式，并利用构成该理论现有核心驱动力的一组相同因素来解释这些模式。但是，很显然，在为该理论搜集的数据中，必须识别出最初的五种模式，并证明其表面效度。

本章的目的是对非营利部门发展的社会起源论进行实证检验。如前所述，这个检验必须分三步进行：

第一步，确定社会起源论提出的非营利部门发展的部分或所有模式实际上可以在我们仔细检查过的案例中识别出来；

第二步，确定假设的因果因素，即理论与每一种模式的关联，是否可以

在历史记录中得到证实；

第三步，弄清该理论是否不仅适用于符合理论的案例，也适用于那些看起来不符合理论的案例。

现在，让我们进行第一步。

检验社会起源论 I：确定是否存在假设模式

评估非营利部门社会起源理论有效性的第一个任务，是确定该理论假设的非营利部门发展模式是否确实出现在我们收集的数据中。为了客观地回答这个问题，我们必须根据理论假设的非营利部门维度建立操作性标准，以便对各个国家进行分类。这些维度是：（1）利用非营利部门劳动力占各国经济活动人口（EAP）的比例来衡量该部门的总体规模；（2）志愿者占劳动力的比例；（3）（各国非营利部门劳动力中）从事服务职能的人数与从事表达职能的人数的对比；（4）该部门的总收入中来自政府、私人付费和慈善捐赠（包括个人和机构捐赠）的份额。不过，如表5.1所示，非营利部门的不同模式在定义它们的各个维度上有所不同。

表 5.1　　41 国已被证实的非营利部门发展模式的发生率

模　　式	案　例　数			
	范围内	临界	范围外	总计
传统模式	6	1	—	7
自由主义模式	4	1	—	5
福利伙伴关系模式	6	2	—	7
社会民主主义模式	3	1	—	4
国家主义模式	7	2	—	10
小计	26	7	—	33
范围外			8	8
总计	26	7	8	41

在建立这些标准时，我们将每个维度上的值划分为四分位数和五分位数，

使用最高和最低的四分位数或五分位数作为"大"或"小"的粗略近似值。然后，我们将这些标准应用于我们有合适数据的41个国家，识别出符合前一章所预测的不同模式特征值的组合，从而识别出符合这些模式的国家（见表4.1）。因此，要符合"传统模式"，一个国家必须具备以下所有条件：（1）非营利部门的劳动力规模相对较小；（2）服务活动中的劳动力占很大比例；（3）财务支持主要来源于私人部门；（4）劳动力中志愿者的比例相对较高。如果不满足其中任何一条，都不能将一个国家分配到这种模式中。对某一个特定变量来说，如果四分位数或五分位数不能够清楚地划分为高或低的评级，我们将稍微改变分割点，以确保没有哪个国家被分配到一个以上的模式中，或者使得有的国家可能在逻辑上不属于任何一个确定的模式。对于确保我们有一个在逻辑上可能被证伪的真正可测试的命题而言，后一种情况是必要的。

表5.1报告了分析的总体结果。结果显示，在41个国家中，有26个国家，大约占总数的63%，可以清楚地确定为属于假设模式中的一种，而且是唯一一种。另外7个国家，占总数的17%，至少处于其中某种模式的边缘。这意味着41个国家中有33个（被调查案例的80%）与理论假设的某种非营利部门模式相符，或者非常接近。这提供了该理论预测能力的最初有力证据。

检验社会起源论 II：评估假定因果因素的有效性

评估非营利部门的社会起源论的有效性的下一步是确定这些国家是否属于这五种模式，因为社会起源论认为它们应该落入这五种模式。也就是说，如果这些国家的权力关系组合符合假设模式，它们就能够被划分到相应的非营利部门发展模式。为了确定这一点，我们依次研究每种模式，从历史上最早的模式直到最近的模式。因为显然不可能在一本书中，更不用说在一章的篇幅之内，详细叙述所有41国的历史，我们只能适度完成有限的任务，即检验每种模式的几个代表性案例，根据不同非营利部门的结果和不同的权力组合对这些案例做比较和对比分析，以便评估因果关系。这种方法很有名，被称作密尔差异法。[1]尽管这不是该理论的确切证明，但它仍将建立其所提出的观点的实证合理性。在本书第二部分，我们将这一理论以更有限的方式应用于新添加到该项目的一组国家，这些国家的数据尚属首次发布。

传统模式

我们从默认情景——非营利部门发展的"传统模式"开始讨论。表5.2列出了六个国家,其非营利部门具有传统模式假设的所有特征:非营利部门劳动力规模较小,非营利部门劳动力中志愿者比例较大,非营利组织劳动力的很大一部分从事服务活动,非营利组织的收入中政府资助占比较低。另外还包括一个靠近这个模式的国家——印度——它展示了四个关键特征中的三个,但有一个离群值,很可能是人为现象,可能是对该国的国际援助数据的处理方式造成的,下文将对此进行更详细的讨论。这一组国家中包括三个非洲国家、三个亚洲国家(包括印度)和一个南美国家。

表5.2　　　　　　　　属于非营利部门发展传统模式的国家

国　　家	定　义　特　征			
	劳动力占EAP的份额(%)	志愿者占劳动力的份额(%)	服务领域劳动力份额(%)	政府资助占总收入的份额(%)
预测值	≤4.5	≥34.8	服务>表达	<32.1
肯尼亚	2.1	39.1	59.0	4.8
巴基斯坦	1.0	44.6	76.9	5.9
秘鲁	2.1	38.2	94.9	18.1
菲律宾	1.9	62.0	56.9	4.5
坦桑尼亚	1.9	75.2	51.2	26.9
乌干达	2.4	59.3	67.8	7.1
6国平均值	1.9	53.1	67.8	11.2
41国平均值	5.7	40.6	59.1	35.3
临界:印度	1.5	56.0	82.8	36.1

根据社会起源论,可以这样解释非营利部门发展的传统模式,那些曾经受益于传统制度的阶级在进入现代社会时成功地保持了其权力和影响力。这可能是因为这些前现代社会力量十分强大,如君主或地主精英;可能是因为那些与之有利益竞争的阶级(如农村劳动者、资产阶级或产业工人阶级)先

天软弱或分裂；可能是因为有组织的宗教力量为前现代的权力关系撑腰并使之合法化；或者也可能因为存在外部主体（如殖民列强）可以从维系前现代传统和关系中获取利益，从而支持现有精英阶级。

将几个非洲国家纳入这一模式，强调了一个重要观点，即在这些情景下民间非营利组织的规模有限，但并不意味着在这些地方缺乏社会机构。相反，在这些情景下的社会机构采取了一种不同的形式，往往依赖于家庭或亲属关系以及韦伯所称的"传统权威"。[2]这往往伴随着丰富的社会纽带网络和强烈的团结情感。

但是，如果忽视这些非正式的前现代机构的重要性是错误的，那么将它们浪漫化也不对。就像所有的社会安排一样，这些安排往往是有代价的，其代价可能是这种限制机会和限制选择的社会关系一直顽固持续。摩尔提醒我们，为了维护传统及其价值体系，"人类受到殴打、欺凌、被送进监狱、被关到集中营、被诱骗、被贿赂、被变成英雄、被鼓励阅读报纸、靠墙站着被枪杀，有时甚至还被灌输社会学说。说到文化惰性，就是对通过教条、教育乃至文化世代传承的整个复杂过程所服务的固有利益和特权视而不见"。[3]事实上，这种前现代关系可能导致庇护关系和依赖模式，从而导致不信任，正如帕特南所描述的意大利南部的社会现实。[4]这种情形表明，无论是好是坏，为何保留传统体制必须解释清楚。

印度是这种模式的一个特别例证。直到最近，印度次大陆还被保守的农村精英所控制，他们严格控制着依附于土地的农民，并抵制大规模工业化。这种模式的持久性是由于三种因素：首先是莫卧儿帝国统治下的社会制度，其特点是柴明达尔或地主贪婪地压榨印度农民；其次是印度种姓制度的力量，它分裂了农民，从而削弱了来自下层的有目的、有组织的压力；最后，也是决定性的，英国的间接殖民统治体系，同样依靠柴明达尔或其继承者，从农民身上攫取维持殖民统治所需的税收。虽然英国人培育的出口导向型农业经济，及其建立的法律体系催生出印度中产阶级，但这是一个夹缝中生存的中产阶级，依附于英国殖民者，这些英国殖民者控制着经济活动创造的大部分盈余，并将其输送回英国而不是投资于印度的工业发展。[5]

可以肯定的是，英国的殖民体制为印度涌现出那些原本存在于英国的机构形式留下了空间，这些机构包括受慈善支持的志愿组织。但其中许多机构基本上是为了满足移居海外的殖民官员的需要，然而它也促进了当地志愿组

织的成长，这些组织旨在促进教育、经济发展、自治和民族独立，导致了
1885 年印度国民大会的形成。虽然这些活动为相当规模的非营利部门建立了
框架，但是，印度中产阶级的规模有限以及传统阶级的持续统治，使这些组
织仅仅局限于印度社会的一个狭窄范围内。事实上，由于英国人雇用了地主
阶级作为收税人和放债人，而构成印度中产阶级的律师、官僚和商人与工人
阶级结盟也希望渺茫，因此他们在寻求摆脱英国人的束缚时别无选择，只能
与下层社会阶级结盟并利用传统的权威来源。

　　这个联盟随着圣雄甘地的崛起得到巩固，成为第一次世界大战后独立运
动的主导力量。甘地非但没有宣扬快速现代化的优点，反而力主返璞归真回
到理想化的质朴的乡村生活——不过，甘地也主张消除乡村中一些最令人反
感的特征，比如不可接触性。按照摩尔的说法，甘地因此才能够“在不威胁
印度社会既得利益群体的情况下激励印度人反抗英国人”。[6]

　　这种模式一直延续到后独立时期。印度独立后成立的西式的民主政府一
直持续至今，这在很多方面都掩盖了一个事实，即真正的权力存在于邦层面，
在这个层面占统治地位的乡村群体仍然掌握控制权。[7]结果，尽管印度政府在
独立后不久就采取行动废除种姓制度最扎眼的方面，并建立了普选制度，但
传统的社会制度——包括种姓制度的非正式方面——依然继续存在。事实上，
75%的人口仍然居住在农村地区，大多数村民的生活与莫卧儿时代仍有许多
相似之处。在许多地区，土地仍然掌握在占统治地位的种姓手中，这些种姓
剥削低等级的无地劳工和工匠。中央政府自 20 世纪 60 年代起就承诺鼓励非
营利部门发展，但几乎没有取得任何进展，因为各级政府的社会支出总体水
平非常有限，而且政策实施的大部分责任都在邦一级，而邦一级政府中保守
派精英仍然非常有影响力。[8]

　　巴基斯坦在 1947 年成为一个独立的国家，但在非营利部门发展方面并没
有取得更好成绩。工业化进程缓慢使城市产业阶层的数量相对受限，而富裕
的地主则继续控制着乡村。[9]此外，政治持续不稳定以及外部矛盾导致一再宣
布戒严令，而对社会的军事管制则更全面地抑制了非营利部门的发展。

　　因此，按照国际标准，印度次大陆的非营利部门仍然很小，正好符合传
统模式的样态。巴基斯坦完全符合传统模式，而印度则在这种模式的临界状
态。在界定传统模式的三个标准中，印度满足了其中两个——规模小，志愿
者在劳动力中所占比例相对较大——但政府对非营利组织活动的财政支持水

平（占民间社会组织收入的36%）略高于这一模式的临界值（32%）。这一略高于预期的政府支持份额，至少在一定程度上反映了双边和多边发展机构资助的影响，但这也很可能是一个信号，表明印度所走的道路可能正在离开传统模式——这一问题将在本章后面更详细地讨论。

肯尼亚是另一个陷入传统模式的国家，尽管有其自身特点，但仍然演变出与印度次大陆类似的模式。在英国人到来之前，肯尼亚社会的特点是小型农村社区，从事农业维持生计，并按照部落组建社区，但社会发展经常由于受到来自桑给巴尔的阿拉伯奴隶贩子的入侵而中断。在19世纪末英国人到来之前，土地所有权模式一直是采取公社形式。虽然英国人建立了一套间接殖民统治制度，高度依赖一个很小的本土精英阶级实施殖民统治，但欧洲殖民者以个人方式实现了直接殖民模式，加强了殖民统治制度。从英国当局获得土地补助的欧洲移民，在利润丰厚的咖啡种植区形成了拥有土地的精英阶层，并将当地居民降格为殖民者的佃户。在随后几十年里，殖民土地所有者增加了对原住民的压榨，同时进一步侵占原住民获得土地所有权的机会，造成了大批失地农民，使得农村穷人向城市的移民不断增加。

就像在印度一样，传统部落的分裂和亲属的分离使得农村穷人和他们的城市同胞四分五裂。确实出现了一些重要的非营利组织，比如代表咖啡种植区的无地群众的基于亲缘的基库尤中央协会，后来并入东非工会大会的内罗毕和蒙巴萨的工会，以及同样基于城市的由效忠派和改革派组成的肯尼亚非洲联盟。但是日益增加的经济困苦和对这些本土组织的持续压制导致了对经济改革和政治表达的更高诉求。当这些诉求遭到抵制时，在20世纪50年代初爆发了所谓的茅茅起义，为了争取土地改革和政治自由，无地农民与内罗毕劳工运动中的激进分子联手推动了这次暴动。虽然这可能导致共产主义式的现代化革命，但英国人勾结本土改革分子残酷镇压了这次起义，然后发起了一系列收买反对派的改革，为乔莫·肯雅塔（Jomo Kenyatta）领导的改革派肯尼亚非洲民族联盟的独立和选举胜利铺平了道路。

就像甘地在印度一样，肯雅塔采取了温和路线，回归自助和社会团结这些传统的部落概念，这些观念体现在哈兰比或"齐心协力"的概念中，利用这些传统价值观动员当地居民建造学校、医疗卫生设施、社区中心和基础设施。然而，这些措施对于减少传统的族裔和亲缘群体之间的对抗没有发挥什么作用，由此导致的派系斗争和不稳定导致了肯雅塔及其独裁继任者阿帕·

莫伊（Arap Moi）对非营利组织的镇压。更重要的是，这些政策加上缓慢的现代化进程，使得传统的社会机构继续得势，而没有促进非营利部门的成长。

自由主义模式

有四个国家完全符合社会起源论假设的自由主义模式，还有一个国家（瑞士）处于这种模式的临界状态，如表 5.3 所示。这种模式的特点是，有一个相对较大的非营利性部门，得到私人部门的广泛支持——如市场销售、慈善事业和志愿工作——而来自政府的支持相对较少。至少从第二次世界大战以来，美国和英国是最鲜明地反映了这种模式的特点的国家，虽然澳大利亚和新西兰也非常相似。

表 5.3　　　　　　　符合非营利部门发展的自由主义模式的国家

国　　家	定　义　特　征				
	劳动力占 EAP 的份额(%)	志愿者占劳动力的份额(%)	服务领域劳动力份额(%)	政府资助占总收入份额(%)	慈善捐赠占总收入份额(%)
预测值	≥6.8	≥26.7	服务>表达	≤45.2	≥9.1
澳大利亚	8.8	33.5	57.3	33.5	9.5
新西兰	9.6	66.7	46.2	24.6	20.0
英国	11.0	53.0	50.1	45.2	11.3
美国	9.2	32.4	66.2	30.0	14.1
4 国平均值	9.6	46.4	54.9	33.3	13.7
41 国平均值	5.7	40.6	59.1	35.3	14.4
临界：瑞士	6.9	37.2	55.0	34.5	7.9

社会起源论假设，自由主义模式最有可能在这样的情况下发展起来：地主精英在进入现代社会时遭到削弱，城市中产阶级逐渐崛起，工人阶级被社会、种族或民族分裂所弱化。事实证明，这些因素明显地反映在英国和美国的社会史上。就英国而言，主要特点如下：

（1）英国农业在 16 世纪和 17 世纪经历了一场重大变革，占支配地位的农业精英围绕着羊毛产业转向了出口导向型农业，因此必须通过圈地运动迫使农民离开土地。这使地主变成了资本家，不再那么需要一个强大的国家来压迫农民和阻止农民获得权力。

（2）商业活动产生了一个强大的城市中产阶级，他们寻求摆脱王权对经济的控制。在 1642—1651 年内战期间，他们在地主资本家利益集团的帮助下，在议会中打破了王权的控制。

（3）英国工人阶级被地区（威尔士、苏格兰、爱尔兰等）和宗教派别（天主教与新教）所分割，工人阶级被灌输了强烈的顺从精神，这种精神阻止了他们对占统治地位的城市和乡村中产阶级实施猛烈攻击，直到英国参加两次世界大战时他们才鼓足勇气。[10]

（4）与天主教会决裂后，出现的新教宗教传统，确立了个人主义和个人责任的强烈民族精神，这与欧洲大陆福利伙伴关系国家的社会团结精神形成了鲜明对比。

（5）强大的资产阶级从根本上反对通过国家来扩大社会保护，因为这将增加其税收负担。新教向全国工人宣传自力更生的宗教传统，进一步强化了这一立场。[11]

结果，正如社会起源论所预测的那样，出现了一种自由主义的非营利部门模式，在这种模式下，非营利组织得以出现，但没有得到国家的支持。因此，较不富裕的人就只能靠民间慈善机构的怜悯，并与雇主进行不平等的直接谈判，直到两次世界大战后归来的士兵们最终在政治上造反，坚持要求一种不同的社会契约。

在美国，略有不同的情形产生出类似的权力关系。美洲殖民地是由于英国人对新世界土地的全面殖民而形成的，复制了有利于保护私人财产和民主治理的英国政治制度，从而为强大的工商业中产阶级的产生奠定了基础。至少在北部殖民地，小农场农业阻止了强大的地主精英的发展。虽然南方的种植园经济中确实出现了这样的地主精英，但它在内战中被打败了，尽管其遗迹一直残存到 20 世纪，并以社会起源论预测的方式影响了南方非营利部门的发展——直到 20 世纪 60 年代民权运动最终打破地主精英的权力之前，非营利部门的发展一直受到极大限制。[12]由于种族、族裔和宗教之间的激烈对抗，来自美国工人阶级的压力也被削弱了，以族群为基础的政党"机器"强化了这些对抗，这些因素共同导致了工人阶级的内部分裂。[13]由强大的中产阶级、弱势的地主精英和分化的工人阶级形成的这种组合，导致国家对社会保护的参与非常有限，使穷人在很大程度上依赖善意的慈善家，直到 20 世纪 60 年代中期实施伟大社会政策时才有所突破。正如社会起源理论所预测的那样，这一系列要素将产生非营利部门发展的自由主义模式。

此外，尽管后来出现了一些戏剧性的发展，但这一模式基本保持下来。有两个事件为国家扩大在提供社会福利方面的角色创造了机会。大萧条暂时使实力强大的工业家们感到震惊，也为国家实施新政打开了方便之门，通过新政，国家在提供社会安全网方面发挥了更大作用。然而，美国的联邦体制深刻体现在政党制度之中，这种制度允许南方的地主利益集团以及保守的中西部农场主和工业家阻挠由新政引起的社会改革，使社会改革仅限于养老保险和对无父亲儿童的有限支持。[14]对这一历史模式的第二次突破，发生在1960年代民权运动和城市暴力兴起之时。这次突破为政府打开了政治窗口，政府在1960年代借助实施反贫困战争和伟大社会政策，扩大了政府的社会福利保护。然而，这次抗议由于特定族群的不利处境而产生，也由于地区和种族分歧而被削弱，并且没有足够的政治权力能够做到如同其他发达资本主义民主国家那样，建立广泛的公共社会福利项目。因此，取而代之的是一种福利伙伴关系模式和自由主义模式的混合体——扩大公共部门对现有非营利机构的支持从而导致该国非营利部门的广泛扩张——尽管与欧洲福利伙伴关系国家相比，这一部门对慈善捐赠和收费的依赖程度更高，得到的政府支持要少得多。[15]

瑞士是一个边缘案例，因为它展示了自由主义模式的所有特征——规模庞大，志愿者在非营利部门劳动力中占显著份额，以及政府财政支持在总收入中占比相对较低——但它的慈善捐赠占比低了1.2个百分点（只有7.9个百分点，而不是这种模式预测的那样，占非营利部门总收入9.1个百分点）。正如将在第7章中更详细地讨论的那样，瑞士被支持自由主义的亲商政策和小政府的势力所支配。在19世纪，高水平的工业化强化了资产阶级的作用，而劳工力量一直很软弱，并且被宗教信仰所分裂。第一次世界大战后，随着工会成员的增加，这种情况开始发生变化。在没有任何重大动荡的情况下，逐渐产生了有利于有组织的劳工的权力关系，这种权力关系的特点是劳工和政府之间的全面合作关系，但它最终导致了一种政策转变，即在第二次世界大战后采用了福利伙伴关系模式的一些要素，从而在某种程度上背离了过去支配这个国家高度的自由主义模式。

福利伙伴关系模式

在41个国家中，有6个国家显示了非营利部门发展的"福利伙伴关系"模式的特征，另外两个国家达到了这一模式的边界，如表5.4所示。这一模式的显著特征包括相当大的民间社会部门劳动力队伍，这些劳动力主要从事服务职能，并得到政府的大力支持。

表5.4　　　属于非营利部门发展福利伙伴关系模式的国家

国　　家	定　义　特　征		
	劳动力占 EAP 比例（%）	服务领域劳动力占比（%）	政府资助占总收入比例（%）
预测值	>4.5%	>50%服务	≥50%
比利时	13.1	85.2	68.8
法国	9.0	62.0	62.8
德国	6.8	54.8	64.8
爱尔兰	10.9	80.3	74.5
以色列	11.8	81.7	63.6
荷兰	15.9	64.4	62.6
6 国平均值	11.2	71.4	66.2
41 国平均值	5.7	59.1	35.3
临界：智利	5.0	55.8	45.2
临界：加拿大	12.3	68.0	48.5

社会起源理论表明，这种模式往往产生于这样的情景之下：相当强大的地主或产业中产阶级开始受到来自较低社会经济阶层的巨大压力，从而希望国家和相关宗教机构充当中间人，协助他们达成进行某种妥协。这种模式的妥协特征是由国家出资提供社会福利保护，通过"安全的"、教会主导的或温顺的非营利组织来提供服务。可以预见但自相矛盾的结果是政府的社会福利保护和非营利部门二者同时增长——这是偏好理论没有预料到的结果。

这种因素组合显然符合德国的阶级、社会和政治关系的现实——德国是属于福利伙伴关系模式的六个国家之一，它完全符合这些特征。在19世纪下半叶推动德国统一的普鲁士王国，被一个东方地主贵族（容克家族）和西方重工业巨头（所谓的黑麦和铁的联姻）所控制。日益激烈的劳工斗争威胁到普鲁士王国的扩张主义政策，总理奥托·冯·俾斯麦诉诸政治威权主义，同时推行旨在收买工人阶级、使其脱离社会主义的社会计划。[16] 这个社会计划将福利与工作场所联系起来，通过支持保守政权的教会社会机构来提供社会援助。其结果是建立了国家主导的社会福利制度，该制度仍然保持着相当规模的宗教存在。作为社会政策的指导原则，天主教辅助性原则进一步使这种安排合法化。根据这一原则，社会保护应首先向最接近问题的社会机构——家庭、教区教会或当地慈善机构——寻求帮助，仅将国家作为最后手段。[17]

第一次世界大战之后，政党和非营利组织作为阶级利益的政治动员工具的作用大大加强。德国战败削弱了军队和霍亨索伦君主制的力量，再加上1917年俄国无产阶级革命的成功，为工人阶级的政治动员提供了强大动力。然而，德国的劳工运动充满了派系斗争。大多数人附属于社会民主党或天主教中央党，他们强调捍卫新成立的议会民主制抵抗反动攻击，并逐步实施社会经济改革。然而，以共产党人和其他各种社会运动组织为代表的激进派别则要求仿效俄罗斯，对政治经济体制进行彻底改革。与此同时，地主、工业家和军队中的反动分子建立了一个准军事组织网络，以恐吓其政敌，尤其是激进的左翼分子。在大萧条之后，这种极端的党派关系加剧了而不是调和了阶级冲突，并破坏了议会制度的稳定，为1933年纳粹接管铺平了道路。[18] 这与下章讨论的瑞典社会民主主义模式形成了鲜明的对比，在该模式中，代表城市工人阶级和中产阶级以及农场主的各政党联合起来，追求改革目标。

纳粹德国在第二次世界大战中失败之后，分裂为两个独立的国家。西方盟国控制着联邦德国，使联邦德国恢复了纳粹之前的议会民主制度和福利伙伴关系模式。苏联支持的民主德国，在战争之前就是土地贵族（容克家族）和霍亨索伦军人阶层的堡垒，在战后采取了苏维埃式的共产主义制度。在民主德国，容克家族的势力和军人阶层的残余被苏联支持的共产主义政府彻底摧毁。然而，1991年苏联撤离之后，民主德国随之解体，东部各州被联邦德国合并，联邦德国的各种机构——包括非营利部门——被全部转移到这一地区。

在荷兰，按照完全不同的顺序上演了类似的故事。[19] 在16世纪由新教改革引发的宗教战争中，荷兰作为一个独立的国家诞生，其人口被划分为新教徒多数派和天主教少数派。在拿破仑战争期间实现政教分离之后，天主教徒抵制普遍的世俗教育的扩展，并要求遵循 1864 年教皇通谕的教导，对其子女进行单独的忏悔教育。加尔文主义者也提出了类似的要求。

这两大宗教集团之间的冲突和竞争对社会服务供给制度安排产生了深远的影响。首先，每个宗教派别都建立了一个独立的学校和社会支持组织体系，专门为各自的教友服务。其次，这种宗教"柱化"将有组织的劳动分化成了两大阵营，常常是敌对的阵营，从而阻止了像瑞典那样的猛烈而统一的劳工运动的形成，当时瑞典宗教组织比较弱。

荷兰工人阶级的斗争精神随着工业化而增长，尤其是在该国北部和西部的城市工业区，形成了社会民主主义倾向的第三大支柱。斗争行为不仅遭到了该国城市中产阶级的反对，也遭到了天主教会的反对，天主教会在荷兰南部维持了特别强大的据点，而西班牙曾在该地区行使控制权。事实上，荷兰天主教等级制度不仅对社会主义工人组织怀有敌意，而且对新教徒工会也怀有敌意。荷兰天主教会禁止天主教徒参加这些组织，并承诺为现有工人组织提供保守的天主教替代方案。因此，尽管不像其他地方（例如在邻国德国）那样有地主精英阶层这种遏制劳工斗争的主要力量，但在荷兰制定社会政策方面，工人阶级的影响力要弱于其他具有类似阶级结构的欧洲国家（例如瑞典）。因此，在 1918 年德国爆发革命的鼓舞下，荷兰社会民主劳动党的领导呼吁进行革命时，保守派分子很容易就能通过一系列合作努力，从建立普遍的公共教育体系开始，来抵御更激进的劳工诉求。

然而，这种努力遭到了两个相互竞争的宗教团体的抵制——这两个宗教团体都建立了自己的教育体系，并且都抵制世俗的而不是以基于价值的由普通税来支付的教育体系。这场争论在 1919 年达到高潮，后来被称为"学校之战"，最终以传统的荷兰方式解决——双方达成了妥协，这为荷兰社会福利政策的未来演变定下了基调。由于国家扩大了由税收支持的公共教育体系，因此争论焦点落在私立学校（绝大部分是教会学校）的资金来源问题上。经过激烈的争论，新教、天主教和社会民主党达成了"和解"。按照"和解"的规定，国家将通过代金券性质的制度来支付普及教育的费用，让父母可以选择其子女就读何种类型的学校——私立天主教学校、私立新教学校或公立世俗学校——但不论学生选择哪所学校，这所学校都将得到国家为每个学生提供的等额资助。荷兰人认为教育妥协是如此重要，以至于将它写进了宪法。[20]

就我们的目的而言，更重要的是，这一决定为荷兰进一步扩展由国家资助的社会福利保护奠定了基础，在第一次世界大战后和第二次世界大战后，荷兰历届政府使用同样的模式来应对愈演愈烈的劳工斗争，采取由国家财政资助但由广泛的私人非营利机构来提供服务的方式。其结果是形成了非营利部门发展的"福利伙伴关系"模式——庞大的非营利部门主要从事服务供给，并由政府提供大量资助。

在此过程中，荷兰案例提供了一个与第3章讨论的市场失灵/政府失灵理论提出的偏好论点完全相反的事实。偏好理论将非营利部门的增长归因于缺乏公共资金来提供集体物品，这种情况又是由于集体物品的需求多样性造成的，由此导致市场和国家应对的"失灵"。然而，在荷兰案例中可以看到正好相反的动力在起作用。由于社会起源理论所描述的政治和权力关系发挥了作用，公共资金的扩大导致了一个强壮的非营利部门。在充满冲突的环境下，荷兰历届政府迫于扩大社会福利服务的压力，明智地将对此类服务资助提供给为各派系服务的非营利组织，从而避免了旷日持久的政治冲突，并为这些项目动员了广泛的支持。

智利是一个边缘性案例，因为它符合福利伙伴关系模式的两个标准——大规模的非营利部门，服务活动相对于表达活动占主导地位。尽管没有达到界定该模式的最低政府资助特征（至少占非营利部门总收入的50%），但对于一个拉美国家来说，智利政府对非营利部门活动的财政资助水平已经非常高——达到了45%，而在我们的数据所涵盖的其余五个拉美国家（阿根廷、巴西、哥伦比亚、墨西哥和秘鲁）中，政府资助平均只占13%。正如将在第11章中详细地讨论的那样，这种低于预期的政府资助水平，是奥古斯托·皮诺切特（Augusto Pinochet）将军通过军事独裁在智利强行实施新自由主义政策的残余结果。但是，在皮诺切特发动政变之前，智利是一个议会民主国家，政党通过采取与西欧非常相似的福利伙伴关系政策来调解下层阶级和精英阶级之间的冲突。

加拿大是另一个边缘性案例，因为政府对非营利部门活动的财政资助水平（约49%）比界定福利伙伴关系模式的阈值（50%）低一个百分点。加拿大采取福利伙伴关系政策的原因，可能是政府努力调解某种不同类型的利益冲突——魁北克省讲法语的人口和其余省份讲英语的人口之间的利益冲突，这种冲突威胁到该国的国家统一。

社会民主主义模式

我们数据中确定的非营利部门发展的第四模式是"社会民主主义"模式。在我们的研究对象中，仅有三个国家展示出这种模式，这表明了发展这种模式之困难。不过，还有第四个国家处于这种模式的边缘。

如表5.5所示，这种模式的特点是相当规模的非营利劳动力队伍，主要由志愿者组成，并主要面向表达功能。奥地利和几个北欧国家最生动地体现了这一模式。

表5.5　　　属于非营利部门发展的社会民主主义模式的国家

国　　家	定　义　特　征		
	劳动力占 EAP 比例 （％）	志愿者占劳动力比例 （％）	服务领域劳动力占比 （％）
预测值	>4.5%	≥56%	<50%服务
奥地利	7.8	72.2	48.7
挪威	7.3	62.2	37.9
瑞典	9.6	73.7	29.9
3 国平均值	8.2	69.4	38.9
41 国平均值	5.7	40.6	59.1
临界：芬兰	5.7	53.8	40.9

非营利部门的社会起源论声称，这种模式往往出现在地主精英和资产阶级的权力被下层阶级有效削弱的情况下，政府扩大对公共福利服务的资助，这些服务由政府提供，而不是像福利伙伴关系模式那样由民间非营利机构提供。

瑞典也许是社会民主主义模式的经典例子。其非营利部门的规模相对较大，但以志愿者为主的非营利部门劳动力主要关注表达功能。它有力地展示了社会起源论假设的社会条件，这些社会条件导致这种模式的出现。

在工业化之前，瑞典由中央集权的但非专制的君主制统治，主要社会经济阶层包括软弱的地主贵族、新兴的城市资产阶级和自由的农民阶级。由于农民从事的是非农业生产——包括在通常由集体所有的工厂中从事金属加工，以及开采铁矿和铜矿，这些都是政府政策所鼓励的——与其他欧洲国家相比，瑞典农民阶级的社会地位和自治程度相对较高。[21]随着工业化的进展，雇主和劳工之间的矛盾激化。在社会主义思想的影响下，工人运动演变为与社会民主工人党紧密联系的高度集中的组织，追求改良主义而不是革命。[22]这又强化了新兴的非营利部门的表达功能，并使它们转化为进一步变革的强大推动力。

劳工运动力量不断增强的另一个原因，是瑞典没有出现压迫劳工的生产方式，瑞典人同文同种，并且较早建立国教，避免了出现邻国那样的情况，即宗教组织（特别是天主教会和新教之间的对立）对有组织的劳工产生的分裂性影响。此外，工人阶级领导人采取的改良主义策略使他们能够与倾向改革的公务员密切合作，公务员为社会福利服务制订了一系列意义深远的方案，强化了劳工运动提出的类似诉求。[23]因此，社会民主党与农业党联合在 1932 年的选举中取得了胜利，为制定和实施改革派公务员提出的由国家支持的大规模社会福利保护开辟了道路，社会福利保护成为一个权利问题。非营利部门愿意将其在若干关键领域的服务职能移交给国家机构，但在文化、娱乐和公民权利保护等领域保留重要的表达职能。

瑞典与意大利、葡萄牙（第 16 章）和西班牙的对比，提供了其他证据来支持工人阶级主导地位对"社会民主主义"模式的出现所起的关键作用。在 20 世纪初的工业化起始阶段，这三个地中海国家经历了充满斗争精神的劳工与根深蒂固的地主精英和资产阶级之间的激烈冲突。然而，在瑞典，有组织的工人农民几乎没有受到资产阶级和地主阶级的抵制，而在意大利、葡萄牙和西班牙，有组织的劳工却遭到了保守的地主精英和资产阶级分子的强烈抵制，以至于这些既得利益集团愿意支持军事政变，最终导致墨索里尼、萨拉查和佛朗哥法西斯独裁统治，对这些国家的非营利部门产生了灾难性影响。[24]

然而，还必须指出的是，工人阶级的主导地位是发展社会民主主义模式的必要条件，但不是充分条件。我们还需要研究阶级利益放大器（图 4.1）的角色，阶级利益放大器在阐明和优先考虑阶级利益并在政治舞台上追求这些利益方面发挥作用。就瑞典而言，工人阶级利益的主要放大器是工会，工会受到提供集体保障安排的社会主义目标的强烈影响，这在政治上推动了福利国家的建立。[25]将瑞典与其他国家对比，可以看到支持阶级利益放大器的关键作用的证据。在这些国家，工会虽然有时很强大，但未能产生在瑞典观察到的结果。与瑞典一样，新西兰和澳大利亚也有强大的工会和工党控制的政府，然而，这些国家的工人阶级利益放大器追求一套不同的政策目标，强调在提供公共福利方面与私人部门合作的安排，而不太重视集体保障安排（第8、9章）。这套政策使非营利部门长期在提供服务方面发挥作用，而没有将其挤出到休闲和表达活动中去。因此，社会民主主义模式区别于自由主义模式的一个关键特征——表达功能而不是服务性功能占主导地位——未能在新西兰和澳大利亚得到发展，这两个国家与采取自由主义模式的国家非常相似。

芬兰处于这种模式的边界，因为它符合定义社会民主主义模式的两项标准，但仅比志愿者在劳动力中所占比例的下限低两个百分点（54%对56%）。尽管如此，芬兰的非营利部门劳动力仍然是由志愿者主导的——这是社会民主主义模式独有的一个特征，在任何其他模式中都看不到这个特征。此外，芬兰的权力关系与瑞典相似，因为直到19世纪，芬兰一直是瑞典帝国的一部分。

国家主义模式

最后，有七个国家展示了非营利部门发展的国家主义模式的假设特征，国家主义模式中，非营利部门活动几乎所有方面都受到限制。因此，如表5.6所示，在这种模式下，非营利部门的总体规模有限，志愿者在劳动力中所占比例很小，政府对该部门活动的支持程度也很低。

表5.6　　　　属于非营利部门发展的国家主义模式的国家

国　　家	定　义　特　征		
	劳动力占 EAP 比例（%）	志愿者占劳动力比例（%）	政府资助占收入比例（%）
预测值	≤4.5%	≤38%	≤36%
巴西	3.3	18.5	5.7
哥伦比亚	2.3	24.0	14.9
墨西哥	3.1	32.7	11.0
波兰	0.9	21.2	24.1
俄罗斯	1.2	36.3	15.2

续表

国　　家	定 义 特 征		
	劳动力占 EAP 比例（%）	志愿者占劳动力比例（%）	政府资助占收入比例（%）
斯洛伐克	1.0	27.7	22.1
西班牙	4.3	34.8	32.1
7 国平均值	2.3	27.9	17.9
41 国平均值	5.7	40.6	35.3
临界：罗马尼亚	0.7	56.6	6.5*
临界：韩国	4.2	40.4	35.5

注：＊表示不包括来自欧盟和其他发达国家的资助。

根据社会起源论，这种结果很可能会出现在经济发展受到阻碍的地方——通常是那些受益于剥削性农业生产方式的保守的地主精英——导致经济停滞并且受到来自更先进国家的军事威胁。这种外部威胁为中产阶级集团实施"自上而下的革命"提供了动力。中产阶级集团包括军官、知识分子、专业人士以及国家官僚体系中的改革派等，他们控制国家行政机构，启动以国家为中心的快速工业化和现代化进程。这种情况之所以会发生，是由于精英之间的冲突、战争失败或其他屈辱事件，这些情况引起关键主体的防御反应、外国干预或其他危机。

后发现代化国家尤其容易出现这种结果，因为关键的现代化精英们对他们国家相对经济落后感到沮丧，感到迫切需要实现现代化，然而，作为现代化代理人的社会经济阶层——工业家和产业工人阶级——还没有完全成形。在这些主体尚未出现的情况下，国家承担起现代化代理人的角色，通过实施行政控制的计划，来推动工业基础设施建设和促进工业生产。[26]然而，为了取得成功，这些做法必须通过"压榨"工人农民，才能限制消费产生投资资本，而这样做又可能引发民众骚乱。因此，这种政权倾向于压制任何有组织的潜在反对者——特别是工会、倡导团体和政党——并往往会创建亲政府的骨干组织来动员民众支持其政策。这些措施反过来又阻碍了非营利部门的发展。

日本——由于其最近进展，在我们收集最新数据时已朝着福利伙伴关系的方向发展，因此没有分配到任何模式——20 世纪 90 年代中期的权力关系组合提供了一个特别惊人的例子。19 世纪下半叶，在美国舰队抵达日本后（史称"黑船事件"——译者注），面对外国入侵的威胁，武士阶层的不满加剧，日本精英阶层的现代化倡导者们拉开了"自上而下革命"的序幕，这场革命旨在废除日本的封建秩序并恢复天皇统治。这使得睦仁天皇（以明治为年号）得以实施所谓的明治维新，明治维新涉及日本社会经济的现代化、打破国家的封建制度以及发展军队和军事力量。采取这些大胆举措的不是某个拥有支配权的社会阶级，而是国家机器本身，日本由此建立了国家支配经济和社会的传统，这种传统一直延续到最近。[27]

然而，要实现这一目标，就必须限制土地所有者和城市资产阶级的独立权力，抵制来自下层的要求社会福利保护的压力，并限制可能对国家权力构成威胁的公民组织的成长。实现办法是拒绝给予任何没有得到国家有关部门明确授权的公民组织以合法地位。结果是，尽管日本经济已经实现了工业化，但只有一个高度受限的、与国家密切合作的非营利部门。1995 年神户大地震动摇了公众对国家机器无所不能的信心，此后日本才为更有活力的非营利部门开辟了道路，即便如此，也只是部分地打开了大门。

直到 20 世纪 70 年代，日本显然一直遵循非营利部门发展的国家主义模式。该部门的活动仅限于由大公司赞助的几个基金会，以及几个小型社会运动组织。到 20 世纪 70 年代，日本实际上已经完成追赶西方的进程，此时情况开始发生变化。由于日本经济日益国际化以及许多社会和环境问题的全球化，非营利组织的空间得以扩大。政府和民间对非营利组织能做什么和该做什么的期望都有了显著提高，从而使得公众对这一部门的支持大大增加。[28]

19 世纪末和 20 世纪初的俄罗斯完全符合国家主义模式，俄罗斯这个时期非营利部门的发展与日本十分类似。正如在第 14 章中更详细地讨论的那样，压迫劳动者的封建主义残余在俄罗斯一直延续到 20 世纪，限制了工业的发展。[29]俄罗斯军队在第一次世界大战中的失败为革命运动提供了机会，最终导致布尔什维克接管了国家。布尔什维克摧毁了该国封建结构的残余，并进一步集中控制经济，以促进快速工业化。[30]尽管这场革命为公民运动主义创造了契机——这导致了大量自助团体和文化团体的出现——但随后斯大林主义政权压制了这些活动，先发制人对付潜在的反对派，并且取而代之的是由政府控制的群众组织，旨在促进公民对政权的忠诚。苏联在第二次世界大战中取得胜利后，该模式被"出口"到其他东欧国家。斯大林去世后，非营利部门经历了缓慢的复苏，在 20 世纪 80 年代末戈尔巴乔夫发起的激进政治改革之后，非营利部门复苏进程加快，但在弗拉基米尔·普京执政下，非营利部门的发展又受到限制。

在两大洲之外，拉丁美洲也出现了类似的权力关系模式。墨西哥（第 15 章）是另一个明显符合国家主义模式的国家。墨西哥也许是最明显的例子——尽管在拉美大陆其他地方也有类似明显的例子。同大多数其他拉美国家一样，墨西哥曾经是西班牙殖民地，继承了西班牙的封建制度，其中贵族和天主教神职人员发挥着重要作用。19 世纪中期由独立战争引发的长期内乱导致了经济精英的分裂，国家在不同精英群体之间扮演调解人角色。19 世纪 60 年代，贝尼托·华雷斯（Benito Juarez）的政治改革进一步加强了国家权力，遏制了天主教会的势力，巩固了政府对军队的控制。[31]这使得军方主导的国家革命党（后来更名为制度革命党）在 1911 年夺取政权，利用国家机器促进经济变革，包括重大的土地改革和促进工业化的努力。为了巩固其政治地位并防止来自下层的反对，制度革命党将代表下层阶级的组织整合到单一政党结构中，从而拉拢并削弱了任何反对其统治的力量，没有为独立的非营利部门留下了什么空间。[32]

对比墨西哥和智利（第 11 章）可以证明国家的行政控制对非营利部门发展的作用。这两个国家历史上都是西班牙殖民地，都在 19 世纪获得了国家独立，并且都有在西班牙统治下发展起来的强大的地主贵族阶层。在墨西哥，在争取民族独立的斗争中，地主贵族阶层的权力受到严重削弱，导致国家在经济和社会事务中处于支配地位。相反，在智利，地主贵族阶层在工业化过程中设法保住了权力。因此，智利的情况与德国类似，地主和实业家与不断壮大的工人阶级缠斗不休，政党及其衍生机构在维持这些相互冲突的阶级利益的政治平衡方面发挥了关键作用。因此，智利发展出一个较大的——以拉美标准来衡量——非营利部门，它更接近于在西欧国家观察到的福利伙伴关系模式，而不是在拉美其他地方看到的模式。相比之下，墨西哥的一党统治产生了一个小型的、国家控制的非营利部门，具有国家主义模式的特征。

这一模式也有两个边缘性案例：罗马尼亚与韩国。两者都符合国家主义模式的两个定义标准——规模小和政府支持少——但志愿者在劳动力中占比都超出了界线。2003 年前后在我们收集数据之时，韩国的志愿活动激增。在 1997 年，志愿者仅占非营利部门劳动力的 27%，完全落在国家主义模式的范围之内。罗马尼亚是这项研究覆盖的所有国家中志愿服务比率最低的国家之一，约占成年人口的2%，而国际平均水平为10%。[33]志愿服务占罗马尼亚非营利部门劳动力约57%的原因很可能是一种统计中的人为现象，可能是一种非常保守的估算非营利部门有偿就业的方法造成的，[34]这种方法计算出来的就业人数非常少——约3.8万名员工或占经济活动人口的0.3%——可能低估了实际就业人数。不过，20世纪下半叶，两国为了改变经济落后的面貌，都推行了国家主义的经济发展政策，社会起源论声称这一因素是导致非营利部门发展的国家主义模式的主要原因。

小 结

这里回顾的证据为非营利部门发展的社会起源理论提供了有力的验证，即有可能通过参考国家发展关键转折点社会阶层之间权力关系的历史模式，来解释世界各地非营利部门各个维度的大部分差异。权力关系的某些配置方式为非营利部门的蓬勃发展开辟了道路，而另一些则严重限制其发展，有时还以笨拙的方式塑造了非营利部门。因此，这个部门的规模、所采取的形式及其所起的作用，似乎在很大程度上取决于社会起源理论所强调的社会中特定的可定义的权力关系结构。

检验社会起源论Ⅲ：解释异常值

归根结底，对理论的真正考验不仅在于它是否有能力解释与其一致的现象，而且还在于它能够对那些看似与其不相符的现象的成因提供一些暗示。因此，在我们满足于上一节得出的结论之前，还有必要更仔细地研究那些不符合我们理论预测的模式的案例。

如表5.1所示，在41个案例中，有26个或63%完全符合我们的理论所预测的非营利部门发展的假设模式，并且符合这些假设模式的所有假设维度——对于试图解释如此复杂的社会现象的理论来说，这是非常令人满意的结果。不仅如此，在其余15个案例中，有7个或17%都是"几乎命中"，即除一个维度外符合假设模式的所有其他维度，真的只差一点就命中了。比如，瑞士几乎完全落入自由主义模式之中，除了慈善捐赠占总收入的份额与分类标准之间差1个百分点之外。类似的，加拿大由于其政府资助占总收入的份额比分类标准差 1 个百分点，而不完全符合福利伙伴关系模式。另外两个案例中，芬兰和罗马尼亚由于非营利部门劳动力中志愿者的比例与目标值差 2 个百分点，未能完全符合相应的假设模式。还有两个案例中，由于统计误差而造成了不符合假设模式的情况——印度非营利组织得到了国际发展机构的大量援助，而这些援助被计入了印度政府的资助；罗马尼亚的非营利部门劳动力队伍的规模被明显低估了，从而使得志愿者占劳动力的份额被夸大。此外，在上述每一种情况下，我们都能证明，社会起源论所预测的社会起源使一个国家恰好错过某种模式的情况事实上是存在的。总之，似乎可以合理地认为，这七起近误案例进一步证实了这个理论的解释力，从而将社会起源论的解释力提高到占被检验案例的 80%。

这就留下了八个"明显脱靶"而不是"几乎命中"的案例。我们对此如何解释呢？一种可能的解释是，我们的理论根本无法解释这些案例。这显然表明了该理论的局限性。尽管如此，一个能够解释所研究案例 80% 的理论仍然相当值得尊重，尤其是考虑到它试图解释的社会现实的复杂性。

但还有另一种可能性。尽管有路径依赖的力量，但社会现实总是处于不断变化之中。社会经济模式处于社会阶级、族群或宗教群体以及政治派别之中，期望各国永远锁定在社会经济关系的僵化模式中显然是不现实的。因此，这一理论或任何其他理论的威力的真正考验，在于它是否也能解释任何处于转型之中的异常值的轨迹以及任何可能已经成形的混合物的轨迹，并按照理论中列出的前提来解释。在可能的范围内，它将展示这一理论的动态性质，甚至有可能展示其预测能力。因此，在本章的剩余部分，我们转到这项任务。

表 5.7 列出了至少两个维度上未符合任何初始假设模式的 8 个有异常值的国家。这些国家分为两组。第一组由可能归入国家主义或传统模式的国家组成，根据社会起源理论，考虑其社会经济关系的历史模式，我们期望这些国家落入这两种模式。然而，他们任何一个似乎都没有表现出我们的理论设定的非营利部门特征。第二组国家都表现出意想不到的维度组合，这些组合意味着某些半永久性混合特征的类型。比如，丹麦显示了社会民主主义模式的许多属性，但政府资助占总收入的份额以及志愿者占劳动力的份额都低于我们为该模式确定的标准。类似地，意大利和阿根廷也有着意想不到的属性组合。我们的理论能在多大程度上为解释这两组国家的状况提供线索呢？

表 5.7　未分配到五个模式中任一模式的国家，按照明显的演化模式分组

国家	特　征				
	劳动力占 EAP 比例(%)	志愿者占劳动力比例(%)	服务领域劳动力占比(%)	政府资助占总收入比例(%)	慈善捐赠占总收入比例(%)
延迟民主模式					
匈牙利	2.0	19	60	52	12
捷克	1.7	16	69	65	18
葡萄牙	4.5	27	63	40	11
日本	8.0	19	79	38	1
南非	3.4	49	52	42	25
混合模式					
丹麦	8.8	44	51	40	7
意大利	4.3	43	59	36	3
阿根廷	5.9	46	54	17	19
41 国平均值	5.7	40.6	59.1	35.3	14.4

延迟的民主化

第一组国家有一个重要的共同点，可能为回答这个问题提供了一条重要线索：他们在最近几年都经历了不连续的、系统性的社会或政治变革。这种不连续的变化正是社会起源理论所预测的转折点，它可以改变理论所假定的社会阶层和制度权力关系的类型，正是这些因素塑造着非营利部门的规模、职能和资金状况。鉴于这些转变的时间如此之短，在收集此处报告的数据时，其全部影响只有部分可见，因此，在我们的数据中尚未看到这些转变的全部后果，也就不足为奇了。因此，这些离群值非但没有反驳社会起源论，反而可能进一步证实它——尤其是如果我们在这些转变的记录中发现，这个理论所确定的社会阶级和制度权力关系中的关键性变化实际上是有效的，并产生了预期的效果。

在捷克和匈牙利的例子中，似乎确实是这种情况。当然，这两个国家的转型发展始于苏联解体。然而，从社会起源论的角度来看，特别重要的是这

两个国家所发生的不仅仅是政权更迭，还涉及主要社会主体和机构之间权力关系的重大变化。[35]这在很大程度上是由于欧盟、国际货币基金组织和其他主体的影响，它们协助推动了合理透明的私有化进程，导致了工商业和专业中产阶级的出现；还导致了促进独立非营利部门发展的法律和政治变革；并且导致国家在经济和政治事务中的权力大大缩小。其结果是，苏联时期非营利部门发展的国家主义模式已经让位于另外一种模式，这种模式已经有点类似于福利伙伴关系模式，福利伙伴关系模式是主要欧盟国家普遍采用的一种非营利部门发展模式。虽然仍能看到前期国家主义模式的残余，如表 5.7 所示的相对较少的非营利部门劳动力，但这些国家非营利部门的其他特点——如政府对非营利部门的支持大幅增加——标志着这些国家正在朝另一个方向迈进。

其他一些苏联加盟国（包括俄罗斯）的经验，进一步支持了社会起源论的观点，即主要社会主体之间基本权力关系的变化，而不仅仅是政权更迭，导致了非营利部门发展模式的持久改变。尽管所有苏联集团国家都经历了政治转型，但并不是所有这些国家都伴随着国家权力的大幅缩小——这是打破国家主义模式的关键条件。俄罗斯不同于匈牙利和捷克。在匈牙利和捷克，新的社会力量能够制定限制国家权力的法律和程序，而在俄罗斯，国家权力几乎保持不变——当然是在弗拉基米尔·普京接替鲍里斯·叶利钦之后。因此，捷克和匈牙利的非营利部门（非营利部门）的面貌发生了变化，它脱离国家主义模式转向欧盟国家普遍存在的福利伙伴关系模式，而俄罗斯的非营利部门仍然完全属于国家主义模式，尽管那里也有一些风向变化。[36]

葡萄牙也发生了类似的权力关系变化（第 16 章），不过时间较早。20 世纪 20 年代，葡萄牙处于国家主义模式支配之下，当时旧制度解体引发的政治动荡不断加剧，导致了萨拉查（Salazar）的威权主义政权崛起，非营利部门受到严厉限制。威权统治一直持续到 1974 年，被一场军事政变所结束，由于对日益沉重的殖民战争负担感到不满，左翼军人发动了所谓康乃馨革命。康乃馨革命使权力关系朝着有利于城市中产阶级的方向转变，促使葡萄牙进一步融入欧洲，并最终加入欧盟。结果，在萨拉查政权下受到严重压制的非营利部门开始发展，并趋于转向在欧盟占主导地位的福利伙伴关系模式。使葡萄牙有别于福利伙伴关系模式的唯一方面，是政府资助占非营利部门收入的份额相对较低（40%）——这很可能是处于过渡期的一个迹象。[37]

相比之下，邻国西班牙在 1975 年之前也一直处于威权主义的专制统治之下，在独裁者弗朗西斯科·佛朗哥（Francisco Franco）去世后，经历了较慢的政治变革。与葡萄牙不同的是，西班牙成为君主立宪制国家，军队对新生的民主制度仍然怀有敌意。直到 1981 年一群军官发动未遂政变之后，民主制度才得到坚定的支持。这表明，在佛朗哥政权下发展起来的权力关系并没有像其在葡萄牙那样发生戏剧性变化。因此，在 1995 年为本研究收集数据时，西班牙的非营利部门仍处于国家主义模式范围内。[38]

因此，这些案例表明了非营利部门发展的第六种模式，我们称之为"延迟民主化"模式。这一模式包括那些过去奉行经济发展的国家主义模式的国家，但这些国家在经历系统性变革的过程中偏离了国家主义道路，朝着西方民主社会方向发展。在此讨论的所有三个案例似乎都在朝着福利伙伴关系模式的方向转型，但过渡尚未完成。因此，延迟民主化可能是过渡状态，而不是终点。

表 5.7 第一组中列出的另外两个国家——日本和南非——似乎也符合这种延迟民主化模式，尽管最终变革的方向更不确定。正如我们前面指出的那样，日本长期以来一直是经济社会发展的国家主义模式的一个明显例子，其特征是国家主导了市民社会的所有方面。[39]由于日本在第二次世界大战中战败并被美国占领，其国家主义模式被部分打断。美国占领日本的主要目标之一，是通过实施一套包括促进市民社会在内的自由化政策，来瓦解日本高度集中的国家权力。[40]第二股打破日本国家主义模式的力量来自神户地震，它动摇了公众对全能国家的信心，并为独立的市民社会活动开辟了更大空间。然而，目前尚不清楚日本是在向福利伙伴关系模式过渡，还是更倾向于自由主义模式。该国非营利部门规模之大表明了前者，但政府支持力度有限又预示了后者。一个关键的决定因素很可能是公民的反对力量，公民反对国家最近在应对经常性危机和经济停滞方面行动迟缓。

最后，南非是一个延迟民主化过渡模式的特别有趣的例子，说明了权力关系在非营利部门发展过程中的关键作用。荷兰从 17 世纪中期开始对南非殖民统治，将农业和奴隶制引入了该地区。1795 年，英国人接管了开普敦。19 世纪 80 年代，南非经济快速发展带来了大量移民的涌入。每个民族、文化和宗教群体都成立了服务于自身利益的组织，但这些群体很少联合起来为共同利益而斗争。1910 年成立的南非联盟和持续的工业化激起了大规模的劳工运动，通过了新的劳工法，赋予除非洲人以外的所有族群组建工会的权利。这使劳工运动，更广义地来说是非营利部门，沿着种族界线发生了分裂。

在盎格鲁-布尔战争之后，获胜的英国当局巩固了对前布尔人殖民地的控制，将殖民地合并为一个国家，即南非联盟。在此过程中，英国人利用种族分裂和排斥非白人人口的手段——最终导致了 1948 年种族隔离制度的实施，并且福利保护的扩大只及于白人。因此，黑人基于更为传统的社会组织形式建立了独立的自助团体，比如丧葬俱乐部和非正式储蓄俱乐部，以及反对种族隔离制度的工会和秘密政治组织。结果出现了两种不同的非营利部门模式并存的特殊情况——白人的福利伙伴关系模式与黑人的传统模式。经过非洲抵抗运动的长期斗争，以及国际社会加大对种族隔离政权的孤立，种族隔离法终于在 1991 年被废除，随后开始了影响深远的民主改革，使权力平衡显著地朝着黑人倾斜。因此，南非的非营利部门形态也开始发生变化，转向福利伙伴关系模式，这种模式在种族隔离时代仅限于白人少数族群。不过，南非发展模式有一个独特之处，就是企业慈善水平相对较高，这体现在南非非营利部门收入中高达 25% 来自慈善事业，这大概是企业对种族隔离时期对黑人的歧视行为的某种补偿。[41]

混合模式

其余三个国家——阿根廷、丹麦和意大利——似乎是半稳定的混合模式。这个结果在多大程度上可以用我们的理论来解释呢？丹麦提供了一个有用的测试案例。作为北欧国家之一，丹麦在历史上符合该地区其他地方普遍存在的社会民主主义模式，其社会条件与此处考虑的其他国家相同。[42]但在 1990 年代，具有新自由主义倾向的群体在政治舞台上的影响力越来越大，并阻止了国家提供的社会福利的进一步扩大。[43]这些群体成功地推动了改革，将更多的社会福利供给负担从国家转移到非营利组织，产生了兼具社会民主主义和福利伙伴关系特征的混合物，[44]第 13 章将更详细地说明。

意大利也可以被认为是一个半稳定的混合型案例。然而，正如普特南，[45]还有其他人所证实的那样，这种局面是由该国划分南北的尖锐的社会经济断层线造成的。在研究过程中，意大利显示了贯穿我们分析方法的一个局限性：我们的所有数据都将国家视为有意义的分析单位。可以肯定，我们有时注意到内部分歧在不同地方的影响——比如荷兰绝大多数新教人口在北部而天主教人口在南部，加拿大讲法语的天主教魁北克省和以新教徒与英语人口为主的其他地区，美国历史上严重分裂为北方和南方。但是，我们的所有数据都使用了国家平均数而不是地区平均数，因此有可能掩盖了重大的地区差异。

意大利这个案例特别明显地暴露了我们研究方法的局限性。实际上，意大利并存着两种截然不同的非营利部门发展模式，每种模式都与各自的社会阶级和制度权力关系组合相关联。工业化的北方在历史上代表着自由主义模式，强调非营利部门的重要角色但国家支持程度比较有限，符合中产阶级主导的阶级结构。但南部农村仍然被传统社会制度的残余力量所主导，显示出传统模式下普遍存在的庇护主义特征。这两种迥然不同的现实状况融合到我们的数据之中，难怪意大利不完全符合我们的任何模式，而是凸显为一个稳定的混合体。

最后，阿根廷也有一段动荡的历史，留下了一种非常混乱的组织残渣混合物。在整个 20 世纪的大部分时间里，阿根廷在庇隆主义者的民粹主义和军事独裁之间摇摆不定，没有留下任何明确持久的非营利部门发展模式。[46]

结　　论

因此，这里所回顾的证据为非营利部门发展的社会起源理论提供了充分的依据，社会起源论作为解释市民社会发展的不同模式的一种理论，在已经获得可靠经验数据的 41 个国家中得到了证实。这一理论超越了那些注重情感或偏好的非营利部门发展的流行解释，强调非营利组织制度在社会主导性权力关系中的嵌入性，社会中的主要权力关系是在关键历史时期形成的，并随时间推移而持续存在。该理论指出，在迥然相异的各种社会的历史记录中，非营利部门的发展具有持久的共性，这使我们不仅能够用描述的方法发现共同模式，而且能够用分析的方法解释它们是如何以及为什么出现的。在此过程中，该理论提供了在更广泛的意义上理解非营利部门的一些启示，还有助于理解非营利部门在本研究范围之外的地区和国家的未来演进。因此，我们现在转向这些更广泛的含义和我们的最后结论。

6　结论与启示

莱斯特·M.萨拉蒙，S.沃伊切赫·索科罗斯基

如前几章所述，非营利部门的社会起源论已经带领我们，在解释各国非营利部门的不同规模、形态、功能和收入结构的道路上走得很远了，比现有理论所做的要好得多。分析显示，虽然非营利部门可能是一个承载利他主义情感与个人偏好的渠道，但该部门的规模及形态高度依赖社会中更广泛的权力关系结构。因此，如果我们要理解非营利部门发展所走的道路，当务之急是重新考虑将权力作为非营利部门的分析中心。

当然，一些代表性案例展示的证据不足以提供确切的证明，还需要通过进一步调查提供更多证据，并检验替代性的解释和因果关系。本研究尚未涵盖的国家的数据可能会产生新的证据，这将需要对社会起源理论（SOCS）做出修改，甚至进行重大修订。

然而，就其现状来看，社会起源论超越了对非营利部门发展的主流解释，主流解释强调是否存在不同的情感或偏好，而社会起源论强调非营利组织在社会主导性权力关系中的嵌入性，这些权力关系随着时间推移不断变化。在此过程中，社会起源论证明了其能够解释其他理论所不能解释的发展情形。情形之一是，在提供慷慨的公共福利项目的国家中非营利部门的增长强劲。另一种情形是，在很少或几乎不存在政府公共福利项目的国家中非营利部门相对较小。另一些情形是，从一个地方到另一个地方，该部门在职能、收入来源以及志愿者参与水平等方面的特殊变化。

在重新解释非营利部门发展的框架中，特别有趣的是非营利部门的增长与劳工运动的力量及其政治影响之间的重要联系。公众的认知常常忽略这种联系，因为非营利部门和劳工组织往往被视为两种单独的社会机构，追求完全不同（如果不是相互对立）的目标。但是，劳工运动对非营利部门发展作出了巨大的贡献，这种贡献有两种不同的形式。首先，有组织的劳工建立了一系列广泛的自助团体和俱乐部,服务于工人阶级的需要。其次,有组织的劳工的需求常常利用政府政策的杠杆效应,为非营利部门的增长创造有利条件。这让我们回想起第 2 章中引用的夸梅·恩克鲁玛(Kwame Nkrumah)的观察,这有助于解释我们对非营利组织核心的重视。正如恩克鲁玛所说:"我们必须空前地组织起来,因为组织决定一切。"[1]

这个分析的最终含义是,人们认识到,广义的非营利组织不仅可以为社会经济金字塔底层的人群提供保护和支持,而且还可以作为不给最需要帮助的人提供援助的方便借口,或者更糟糕的是被当作压制社会和政治激进主义的工具。在其鼎盛时期,非营利部门发展的自由主义模式以前一种方式发挥了很大作用,而福利伙伴关系模式在其早期发展中则具有后者的要素,最近在俄罗斯出现了这种模式以相同方式演变的危险。

社会起源论似乎不仅能够解释为什么一些文化迥异、相距遥远的国家落入了同样的非营利部门发展模式,而且也能解释为什么其他某些国家会偏离最初假设的模式。对这两组国家做出解释的关键,是分析主要社会主体、社会经济阶级以及代表或调解阶级利益的机构之间的权力关系动态。

然而,非营利部门的社会起源理论的真正前途可能最终在别处。因为,如果这一系列因素能够解释过去发生的事情,那么,如果当前趋势持续下去,它也有可能对未来做出合理的预测。

换句话说,社会起源论不仅可以解释过去,还可以帮助预测未来。这可以为世界上迅速变化的地区可能出现的结果提供宝贵的见解。例如,社会起源论对诸如中亚、东亚或中东等动荡地区的非营利部门可能出现的发展有何建议?在中亚,一些苏联加盟国脱离了俄罗斯联邦,形成新的主权国家,并有可能为非营利部门的发展打开新的空间。与此同时,中国实施了一系列改革,激进地实现了经济自由化。中东出现了截然不同的发展情形。在 20 世纪 50 和 60 年代,许多中东国家效仿土耳其,建立了国家主义体制,以促进其传统社会和经济的快速现代化。但与土耳其不同的是,由于国际国内因素的综合影响,它们中大多数国家未能实现这一目标。未能兑现承诺的结果是损害了国家主义政权的合法性,加剧了民众的反对意见,这在"阿拉伯之春"和其他地方的宗教运动中都得到了体现。

尽管这两个地区的性质截然不同,但这两个地区的发展重新激发了它们对非营利部门潜力的兴趣,引起了对其在亚洲和中东未来发展的乐观情绪。

然而，社会起源论对这些地区的形势提出了更冷静或许也更现实的看法。这个地区的许多国家尽管发生了影响深远的政治变革，但权力关系并没有发生太大变化。在新近独立的中亚国家，国家在 20 世纪后半叶仍然维持着支配地位。在中东，不论是世俗政权统治的国家（譬如埃及）还是神权统治的国家（譬如伊朗或沙特阿拉伯），军方都掌握着支配性权力。因此，社会起源论预测，在可预见的未来，这些国家的非营利部门将继续面临制约，并可能继续停留在国家主义模式——其特点是非营利部门规模小、志愿参与有限和政府支持程度低。另一方面，在利比亚、叙利亚或伊拉克等国家，中央政权的崩溃使其可能会延续传统的非营利部门发展模式，或者可能是宗教激进主义的变体，其特点是教会当局的严格控制，私人慈善是主要的但有限的收入来源，越来越依赖以宗教为基础的慈善组织，这些组织利用人类服务作为社会控制和宗教动员的工具。

但是，如果社会起源论在当前权力结构不发生变化的情况下能够预测未来结果的话，那么，它也可以为改变当前轨迹需要采取的步骤提供指导。如果本书通过为理解全球非营利部门这一重要社会现象引入一套新见解，成功地弥合了非营利部门研究与对社会现实更广泛的动态研究之间长期存在的鸿沟，因为二者是如此密切地交织在一起。那么，本书就达到了目的。无论如何，这就是我们的希望。

下　编

案例分析——十个“新”国家

莱斯特·M. 萨拉蒙, S. 沃伊切赫·索科罗斯基
梅根·海多克，及其他合著者

本卷下编的任务是以前各卷一直关注的重点，也就是报告约翰斯·霍普金斯非营利部门比较研究项目的研究结果：[1]即对新加入该项目的国家以及通过实施联合国《国民账户体系中的非营利机构手册》或其他方式获得新数据的国家，深入、集中地描绘其非营利部门的范围和形态。

但是，鉴于本卷重点在于分析，我们在本卷中将实证结果的讨论扩展到本项目新添数据的 10 个国家，确定每个国家的非营利部门发展模式，并且至少简要地探讨本书主体部分建立的社会起源论如何解释这些模式。由于其中一些国家获得了较早数据，因此讨论这些国家时，我们还可以评估社会起源论的解释能力，是否不仅可以解释现状，还可以解释发生任何显著变化的原因。如同本书主体部分，我们按照各国非营利部门发展模式在历史上出现的顺序来安排各章内容，首先分析那些具有自由主义模式主要特征的国家，然后依次研究分别属于福利伙伴关系模式、社会民主主义模式和国家主义模式的国家。我们还将清楚地看到，其中一些国家似乎正在从一种模式过渡到另一种模式，社会起源论可以帮助我们理解其过渡方式。

7 瑞士：欧洲的自由主义异类

伯恩·赫尔米格，马库斯·古默尔

克里斯托夫·巴洛克，乔治·冯·史努本

伯纳德·德根，迈克尔·诺勒特

S. 沃伊切赫·索科罗斯基，莱斯特·M. 萨拉蒙

瑞士提供了一个机会来证明社会起源论如何解释一种乍看起来出乎意料的非营利部门发展模式。我们可能预期，瑞士作为西欧的一个德语国家，其非营利部门的发展模式将与德国和北欧其他大部分地区的发展模式相似，即福利伙伴关系模式，其特点是拥有由政府大量资助的、主要从事服务活动的、庞大的非营利部门。然而，从社会起源论的角度来看，瑞士可能是欧洲大陆上唯一表现出自由主义模式主要特征的国家——这种模式在盎格鲁-撒克逊国家中更为常见。特别是，尽管瑞士有相当大的非营利部门，但与福利伙伴关系国家的非营利部门相比，其规模较小，政府资助水平较低，志愿者参与度高，而且更加注重表达功能。与西欧邻国相比，我们如何解释瑞士非营利部门的这种独特结构？更重要的是，就我们的目的而言，社会起源论在多大程度上将我们引向合理的解释？

社会起源论将非营利部门发展的自由主义模式的出现和持久性归因于以下情况：工商业因素异常强大，并且只受到来自劳工的有限压力。如本章所示，瑞士确实存在这种情况，劳动力的相对弱势、工商业雇主及其结社组织的强大政治影响力，加上普遍繁荣、政治结构分散和公民自我管理的悠久传统，是推动瑞士非营利部门自由主义模式发展的关键社会力量。尽管在 20 世纪初就已出现福利伙伴关系模式的要素，但类似于德国和其他欧洲国家的全面福利伙伴关系模式并未在瑞士实现。这恰好是社会起源论所指出的社会因素造成的：那些国家在工业化的关键时期，没有出现工人阶级的强大压力。

为了探究这些现象，本章首先概述了瑞士非营利部门的一些显著特征，

这些特征通过我们的数据变得显而易见，然后评估了社会起源理论在多大程度上可以解释这种模式。

瑞士非营利部门的维度

劳动力规模

非营利部门是瑞士经济的一个重要组成部分。截至 2005 年，瑞士非营利组织雇用了超过 180000 名全职当量（FTE）员工，约占总就业人数的 4.5%。此外，这些组织还雇用了 160 万名志愿人员，他们每年平均贡献约 155 个小时，可以折算为 107000 个全职当量工作，使瑞士非营利组织的劳动力总数达到 287500 个全职当量员工，占全国从事经济活动人口的 6.9%。

图 7.1 测量了瑞士非营利部门的劳动力规模与瑞士的四大产业（农业和渔业、制造业、建筑业和交通运输业）的劳动力规模。在瑞士，非营利部门的劳动力规模仅次于制造业（671000 人）和建筑业（294000 人）、超过交通运输业（241000 人）以及农业和渔业（160000 人）。

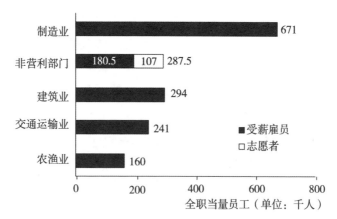

图 7.1　2005 年瑞士非营利部门与选定行业的全职当量（FTE）劳动力对比

与其他国家相比，瑞士的非营利部门相当庞大。如表 7.1 所示，瑞士非营利部门的劳动力占到经济活动人口（EAP）的 6.9%，高于可获得数据的 41 国的平均水平（5.7%）。

表 7.1 非营利部门劳动力在 EAP 中占比，瑞士与国家集群和 41 国平均值对比

国 家 集 群	劳动力占 EAP 的份额（％）
瑞士	**6.9**
41 国	5.7
传统模式	1.9
自由主义模式	9.6
福利伙伴关系模式	11.2
社会民主主义模式	8.2
国家主义模式	2.3

同时，如表 7.1 所示，瑞士非营利部门的劳动力比例远远低于其属于福利伙伴关系模式的欧洲邻国的平均水平，后者占从事经济活动人口的 11.2%，比瑞士高出 60%。因此，瑞士在这方面更接近于自由主义模式。

志愿者参与

截至 2005 年，瑞士超过 26% 的成年人都会从事某种形式的志愿工作，仅在该年就为非营利组织贡献了 2.5 亿小时以上的工作时间。如上所述，这相当于超过 107000 个全职当量工作，占经济活动人口的 3.3%。因此，志愿服务时间约占整个非营利部门劳动力的 37%。

如表 7.2 所示，瑞士非营利部门劳动力中的志愿者所占比例略低于 41 国平均水平（41%）。这使得瑞士在这方面远远高于福利伙伴关系模式的平均水平，但在某种程度上低于自由主义模式国家的平均水平。

表 7.2　　　志愿者在非营利部门劳动力中所占份额，瑞士与
国家集群和 41 国平均值对比

国 家 集 群	志愿者占非营利部门劳动力的份额（％）
瑞士	**37.2**
41 国	40.6
传统模式	53.1
自由主义模式	46.4

续表

国 家 集 群	志愿者占非营利部门劳动力的份额（%）
福利伙伴关系模式	29.1
社会民主主义模式	69.4
国家主义模式	27.9

服务与表达活动

瑞士非营利部门的大多数（55%）劳动力（受薪雇员和志愿者）从事服务活动，特别是社会服务（26%）和医疗卫生（20%）。表达活动则利用了43%的劳动力，仅文化、体育和娱乐活动就占了29%（见表7.3）。

表7.3　　**2005年按领域划分的瑞士非营利部门劳动力分布状况**

领 域	份额（%）
服务领域	**55**
教育和研究	7
社会服务	26
医疗卫生	20
经济发展	2
表达领域	**43**
文化、体育和娱乐	29
宗教	5
倡导	7
专业协会和工会	2
环境保护	1
其他领域	**2**
慈善中介机构	0
国际组织	1
其他分类	1
样本总量（N）	**287491**

如表 7.4 所示，瑞士在服务和表达活动之间的劳动力分布，与自由主义
国家集群的平均分布相当接近，但与福利伙伴关系模式国家有很大差异。

表 7.4　　　　　按职能类别划分的非营利部门劳动力分布情况，

瑞士与国家集群和 41 国平均值对比 *

国家集群	按职能类别划分的非营利部门劳动力占比（%）		
	服务	表达	其他
瑞士	55	43	2
41 国	59	37	4
传统模式	68	24	8
自由主义模式	55	36	9
福利伙伴关系模式	71	25	4
社会民主主义模式	39	59	2
国家主义模式	50	47	4

注：* 由于四舍五入，数字加总可能不等于 100%。

收入来源

2005 年，瑞士非营利部门的总收入超过 100 亿瑞士法郎（86 亿美元）。
其中一半以上（近 58%）来自收费（见表 7.5）。收入的第二大来源是政府，
占近 35%，而私人慈善捐赠提供了其余的 8%。在所有活动领域中，非营利部
门收入中政府所占的份额都相对较低，即使在政府资助水平最高的领域（医
疗卫生和社会服务部门为 45%），政府也不是主要收入来源。虽然私人慈善捐
赠对整个部门的支持相对较少，但它是国际活动的主要来源（47%），也是宗
教（43%）和环境保护（20%）的主要来源。

表 7.5　　　　2005 年瑞士按领域划分的非营利部门收入来源

领　　域	政府（%）	慈善（%）	收费（%）
所有领域	35	8	58
服务领域	41	5	54

续表

领 域	政府（%）	慈善（%）	收费（%）
医疗卫生	45	3	52
教育和研究	29	1	70
社会服务	45	9	46
经济发展	24	4	72
表达领域	**13**	**16**	**71**
环境保护	15	20	65
文化、运动和娱乐	22	14	64
宗教	0	43	57
专业协会和工会	5	2	93
倡导	11	6	83
其他领域	**21**	**24**	**56**
慈善中介机构	1	10	89
国际组织	33	47	20
其他分类	22	1	77

瑞士非营利部门的收入中政府所占份额为35%，远低于欧洲福利伙伴关系国家的水平，也不在界定自由主义模式的范围内（占总收入的45%或更少）。然而，慈善收入占总收入的比例为8%，略低于界定自由主义模式的范围（9%或更多），这使得瑞士在这个维度接近匹配。然而，瑞士非营利部门的收入结构与自由主义国家集群中的平均水平十分相似，如表7.6所示，就自由主义国家集群收入分布的平均值是政府支付占33%，收费占53%，慈善捐赠占14%。

表 7.6　　　　　　按来源划分的非营利部门收入结构，瑞士与
国家集群和 41 国平均值比较[*]

集 群	政府（%）	慈善（%）	收费（%）
瑞士	**35**	**8**	**58**
41 个国家	35	14	50

集　　群	政府（%）	慈善（%）	收费（%）
传统模式	11	24	65
自由主义模式	33	14	53
福利伙伴关系模式	66	8	26
社会民主主义模式	38	10	52
国家主义模式	18	18	64

注：＊由于四舍五入，数字加总可能不等于100%。

小　结

简言之，瑞士的非营利部门与那些我们所谓的非营利部门发展的自由主义模式的国家有着许多共同点。这使瑞士成为欧洲大陆国家中的一个例外，欧洲大陆国家往往属于福利伙伴关系模式或社会民主主义模式。鉴于瑞士与邻国德国在文化上比较接近，宗教组织在两国历史上起着相似作用，因此，按照（在第3章中讨论过的）情感模型来预测，这两国的非营利部门发展也应具有同样的轨迹，瑞士应该像德国一样出现福利伙伴关系模式。社会起源论在多大程度上能够解释瑞士出现的另类结果呢？

解释瑞士的非营利部门发展模式

答案是，这个理论似乎相当有效。从社会起源论的角度来看，瑞士出现自由主义模式是完全合理的，因为在瑞士见到的社会经济阶层之间的权力关系与社会起源论预测的情况完全一致。具体而言，这包括软弱的地主贵族，长期培育起来的各州商人和实业家主导的强大的地方自治传统，以限制中央集权国家对商业的控制或干预，最终导致强调有限政府的自由主义的意识形态占据支配地位，以及相对软弱和分裂的劳工运动无法有效推动广泛的公共福利方案。总之，这些因素合起来产生了有利于城市商人和工业家的阶级权力结构，社会起源理论将这种权力结构与自由主义模式联系在一起。[2]

商人势力的兴起

瑞士非营利部门发展的自由主义模式的一个关键因素出现在中世纪末期，彼时瑞士邦联打败了哈布斯堡军队，并获得了神圣罗马帝国的支持。卢塞恩市和苏黎世市在瑞士邦联城市地区中的主导地位，导致了地主贵族的衰落和城市阶级的崛起。瑞士在政治和宗教方面四分五裂，地方司法机构（州）拥有相当大的主权。这为行会的出现开辟了道路，行会可以被认为是瑞士现代非营利组织的先驱。这些新兴行会的主要目的是通过市场的自我调节来保护商业和行会利益，但它们也履行了许多社会职能，包括维护社会团结和为其成员提供社会安全网。

在启蒙运动时代，瑞士社会日益世俗化，为建立由商人、专业人士和地方精英组成的市民协会创造了新的机会。这些协会包括科学和教育协会、促进社会或教育改革或向穷人提供救济的公益组织、旨在将理论知识与农业或贸易方面的实际改良联系起来的经济协会，以及从事历史研究、促进共和国公民教育和军事制度改革的政治团体。这些社团在传统公司和市民组织之间扮演着过渡角色。[3]这一时期发展起来的另一种组织形式是共济会，它是维护精英团结的工具。共济会的成员来自地位不同的群体（贵族、显贵或平民），他们在定期聚会中建立高度仪式化的友谊。

赫尔维第共和国时期

拿破仑战争在一定程度上动摇了这种由商人和实业家控制的舒适的地方化模式，当时法国军队占领了瑞士领土，并建立了一个名为赫尔维第共和国的中央集权国家，从 1803 年持续到 1813 年。虽然这些努力导致出现了一个单一的瑞士国家，但中央政府仍然相对薄弱，各州保留了相当程度的主权。尽管赫尔维第共和国存在的时间很短，但它对所有类型的法人实体产生了巨大影响。一开始，共和国就在社会上撕开了深深的裂痕，甚至分裂了相对民主的组织。例如，公司、行会和类似的法人团体失去了重要性，旧式精英的权力基础也被连根拔起。俄罗斯、奥地利和法国军队在瑞士领土上发动战争，出现了新的组织来减轻战争所造成的糟糕局面。救济组织在巴塞尔、苏黎世和伯尔尼等地成立。赫尔维第共和国还促进了在全国范围内开展活动的非营利组织的建立。

工业化、自由化和非营利部门的成长

19 世纪的高度工业化使瑞士的工商阶层重新确立了自己的地位，恢复了自由主义的政策，限制政府的作用，并依靠强大的非营利部门来解决社会问题。在 1830 年震撼欧洲的社会革命浪潮的鼓舞下，这种自由的政治气氛使瑞士自由党在最重要的州掌权，并最终在 1848 年制定了新宪法，这部宪法为推进经济和社会的自由化创造了新的机遇。反过来，这又促进了非营利组织的迅速发展，在那个时期建立了大约 3 万个社团。[4] 工业化及其对传统社会网络的削弱，也促进了互助协会的发展，这些互助协会的主要作用是向其成员提供社会安全网。20 世纪初，在国家没有提供服务的情况下，互助协会日益重要，其成员超过 50 万。

尽管工业化在瑞士造就了一个规模庞大的工人阶级，但由于种种原因，这一阶级无法对其对立面——德国或奥地利的中产阶级力量构成挑战，更不用说瑞典和丹麦了。一方面，尽管 1874 年宪法扩大了联邦政府的权威，并使国家能够在减轻工业化所带来的社会压力方面发挥更加积极的作用，但强大的公民自我管理原则，牢固地嵌入瑞士公共服务之中，使政府干预的范围相对较小，并依靠私人社团在公共政策中发挥重要作用。

瑞士经济和政治生活中的强大力量也削弱了工人阶级的反对力量，这些力量存在于瑞士联邦和州一级的商业协会中（如瑞士工商业联合会、瑞士机械制造商协会和瑞士化学工业协会）。

最后，19 世纪后半叶出现了劳工运动，最初仅限于熟练的工匠，如排印工、厨柜工、木匠、石匠、裁缝和鞋匠。工业化过程中，工会扩展到其他职业，工人们成立了自己的协会，即瑞士工会联合会。但是，劳工仍然是分裂和软弱的，不仅有宗教改革和约翰·加尔文教义导致的宗教分裂，还有更近一些由于意识形态和身份地位而产生的分裂。1907 年，在瑞士工会基督教社会联合会的保护下，成立了独立的天主教工会，这就是一个证明。工会及其附属文化协会（如体育或音乐社团）的成员资格与宗教和意识形态派别相关，尽管柱化程度没有达到荷兰那样的水平（见第 10 章）。

第一次世界大战后，工会会员人数进一步增加，但劳工需求集中在与雇主协商集体谈判协议上，没有包括更激进的政策目标。由于联邦当局就其政策与劳工代表进行了协商，因此劳工与政府之间的关系通常是合作性质的。

然而，与不同宗教派别相联系的互助协会继续在提供社会安全网（例如失业或老年保险）方面发挥关键作用，因此，要求政府提供德国等其他西欧国家所实行的那种全面社会福利政策的呼声被压制了。

第二次世界大战后，瑞士社会经济一片繁荣，为工商业资产阶级偏爱的自由经济政策创造了有利环境，这些政策使政府只能发挥有限的作用。20 世纪 80 年代，这些自由主义倾向得到了强化，由于新自由主义的影响，许多国家职能面临着私有化或商业化的压力。[5]

总之，劳工的相对弱势地位、雇主及其社团的强大政治影响力、普遍繁荣以及由此产生的公民自我管理的牢固传统，是瑞士产生非营利部门发展的自由主义模式的关键性社会力量。在 20 世纪，虽然瑞士确实出现了政府和非营利性组织合作提供社会服务的福利伙伴关系模式的要素，但由于瑞士的公共福利范围有限，无法形成类似于德国和其他西欧国家的全面的福利伙伴关系模式。

结　　论

非营利部门是当今瑞士经济的一个重要组成部分，也是人类服务的重要提供者。按照欧洲的标准，它得到的政府支持较少，主要依靠收费收入。尽管瑞士的私人慈善活动和志愿活动的水平一定程度上低于自由主义模式的标准，瑞士非营利部门的这些特征与那些界定自由主义国家集群的特征非常接近。

从瑞士历史上可以找到这种模式的起源，尤其是贵族的弱势地位早期在城市商人和实业家中产生了重大影响，并由此导致中央集权国家的发展受阻。资产阶级意识形态的支配地位、由此产生的根深蒂固的地方自治传统以及瑞士社会相对富裕的状况，都进一步有利于由私人而不是国家行动来解决社会和经济问题。

工业化在其他欧洲国家造成了激烈的阶级冲突和斗争，这是通过福利伙伴或社会民主主义方案来解决社会问题的背景原因，但是工业化在瑞士却走上了不同的道路。相反，工业化在瑞士产生的工人阶级更依赖于自助以及直接与雇主合作，而不是依靠国家提供集体保障。同时，宗教、意识形态和地位方面的分歧分割并削弱了劳工运动。

因此，可以把瑞士看作本书前几章所讨论的两种理论模型的一个测试案例。情感模型预测瑞士出现邻国德国类似的非营利部门发展轨迹，因为德国与瑞士有着十分相似的文化和宗教情感。然而，社会起源模型从历史角度审视社会和经济群体之间的权力关系结构，由于工商业资产阶级处于强势地位，国家作用有限，劳工处于相对弱势地位，这个模型准确地预测了瑞士非营利部门发展的自由主义模式。因此，与替代情感理论相比，本章介绍的瑞士经验证明，社会起源理论比情感理论对非营利部门发展的不同模式的解释更为可信。

8 新西兰：不寻常的自由主义模式

S. 沃伊切赫·索科罗斯基，莱斯特·M. 萨拉蒙

对于社会起源理论而言，新西兰是一个具有挑战性的案例。它的社会经济阶层结构更像瑞典，而不是 19 世纪曾殖民于此的英国。与英国不同，新西兰的地主精英阶层相对较弱，新西兰是英语世界中最平等的国家之一。更重要的是，在 20 世纪初，新西兰是世界上拥有最多工会的国家之一。有组织的劳工受到社会主义思想的强烈影响，1935 年就选出了第一届工党政府。然而，与瑞典不同的是，新西兰属于非营利部门发展的自由主义模式，拥有大量的非营利部门劳动力，政府支持相对有限，私人慈善水平很高。这对社会起源论提出了挑战，因为社会起源论是将劳工相对于其他社会经济阶层的强势地位与非营利部门发展的社会民主主义模式联系起来的。

但是，社会起源论认为存在强大的工人阶级可能是社会民主主义模式的必要条件，但并不是充分条件。同样重要的还有权力放大器和权力扩散器，前者比如工会和政党，用于组织、表达和代表工人阶级的利益，后者比如民族、宗教、种族或意识形态的分裂，它们会削弱工人的团结。

事实证明，在瑞典和其他斯堪的纳维亚国家，这种权力放大器不仅能够统一城市工人阶级，而且能够与其他政治力量特别是农村政党结成更广泛的联盟，从而产生足够的政治支持，通过劳工利益群体所寻求的全面社会福利保护政策。然而，在新西兰，在最初的激进经济改革失败之后，新西兰工党选择追求较为适度的目标和不太全面的社会福利保护。更重要的是，在 20 世纪 80 年代，工党戏剧性地转向右倾，引入全面的新自由主义改革，被称为"罗杰经济学"（以财政部长罗杰·道格拉斯命名），这些改革大幅度地减少了社会支出，将经济重心从制造业转移到金融业，并高度依赖市场竞争作为政策工具。1990 年代初，右翼的国民党继续推行这些政策，导致在新西兰建立起自由主义模式。正如本章稍后将更详细论述的那样，工党的这些政治决

定是由多种因素造成的，包括城乡选民之间缺乏团结、新西兰社会的富裕以及向上流动的巨大期待，以及后来新西兰日益融入全球经济所带来的压力。

但是首先，让我们建立新西兰非营利部门的轮廓，然后，我们可以评估社会起源理论是否能够帮助我们解释所看到的现象。

新西兰非营利部门的维度

劳动力规模

非营利部门是新西兰经济的一个重要组成部分。截至 2004 年，也就是可获得数据的最近一年，新西兰的非营利组织雇用了近 67000 名全职当量（FTE）受薪雇员，占总就业人数的 3.3% 以上。此外，这些组织还雇用了 134000 全职当量（FTE）志愿者，使新西兰非营利部门组织的劳动力总数达到 200000 全职当量员工，约占该国经济活动人口（EAP）的 9.6%。

图 8.1 估计了新西兰非营利部门的劳动力规模，并与四个主要行业（农业和渔业、制造业、建筑业和交通运输业）的劳动力规模进行对比。如图所示，新西兰的非营利部门劳动力规模为 200000 人，仅次于制造业（超过 295000 人），但超过建筑业（153000 人）、农业和渔业（150000 人）和交通运输业（121000 人）的就业人数。

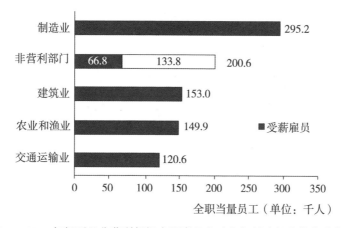

图 8.1　2004 年新西兰非营利部门全职当量劳动力与所选行业的劳动力比较

新西兰的非营利部门不仅与国民经济的其他组成部分相比规模很大，而且与其他国家的非营利部门相比规模也相当大，新西兰非营利部门的劳动力（占EAP 的 9.6%）位居前列，大大超过了 41 个国家的平均水平 5.7%（见表 8.1）。

表 8.1　　　非营利部门劳动力占 EAP 的份额——新西兰与
国家集群以及 41 国平均值比较

国 家 集 群	劳动力占 EAP 的份额（%）
新西兰	**9.6**
41 国	5.7
传统模式	1.9
自由主义模式	9.6
福利伙伴关系模式	11.2
社会民主主义模式	8.2
国家主义模式	2.3

新西兰非营利部门的这个特点属于定义自由主义国家模式的范围（占EAP 的 6.8% 或更高），如表 8.1 所示，新西兰非营利部门的规模正好等于自由主义模式的平均值（9.6%）。

志愿者参与

如上所述，新西兰志愿者向非营利组织贡献了 134000 万个全职等价工作，约占非营利部门劳动力（33% 为受薪雇员）的三分之二（67%）。

新西兰的志愿者投入比例明显高于 41 个国家 41% 的平均水平（见表8.2），更接近社会民主主义集群的平均水平（70%），而不是自由主义集群的平均水平，尽管新西兰与自由主义集群有许多共同特点。

表 8.2　　　非营利部门劳动力中的志愿者份额——新西兰与
国家集群以及 41 国平均值比较

国 家 集 群	非营利部门劳动力中志愿者的份额（%）
新西兰	**66.7**
41 国	40.6

续表

国 家 集 群	非营利部门劳动力中志愿者的份额（%）
传统模式	53.1
自由主义模式	46.4
福利伙伴关系模式	29.1
社会民主主义模式	69.4
国家主义模式	27.9

服务与表达活动

如表 8.3 所示，在新西兰，截至 2004 年，从事服务和表达活动的非营利组织劳动力所占比例几乎相等（分别为 46% 和 45%）。[1]就业比例最大的领域是文化、体育和娱乐，占该部门全部劳动力大约 25%。倡导是另一种表达功能，占部门就业的 16%，一旦加入宗教和职业，从事表达功能的就业占比就达到了 45%。在教育、研究和社会服务的带动下，从事服务职能的人数几乎占该部门劳动力总数的 46%。

表 8.3　　**2004 年按领域划分的新西兰非营利部门劳动力分布**

领　　域	比重（%）
服务领域	**46**
教育和科研	16
社会服务	16
医疗卫生	8
经济发展	7
表达领域	**45**
文化、体育和娱乐	25
宗教	3
倡导	16
专业协会和工会	1
环境保护	0.3

续表

领　域	比重（%）
其他领域	9
慈善中介	0.2
国际活动	0.2
未分类	8
样本总量（*N*）	200605

在这方面，新西兰非营利部门与其他自由主义国家的平均水平也存在差异。因此，如表8.4所示，新西兰非营利部门从事服务活动的劳动力占46%，而自由主义集群的平均值为55%。只有另外一个国家集群（即社会民主主义集群）的非营利部门劳动力参与服务职能的水平较低。

表8.4　　　　按功能划分的非营利部门劳动力比重——新西兰与

国家集群及 **41** 国平均值比较[*]

国 家 集 群	按功能分的非营利部门劳动力比重（%）		
	服务	表达	其他
新西兰	**46**	**45**	**9**
41 国	59	37	4
传统模式	68	24	8
自由主义模式	55	36	9
福利伙伴关系模式	71	25	4
社会民主主义模式	39	59	2
国家主义模式	50	47	4

注：＊由于四舍五入，数字加总可能不等于100%。

收入来源

2004 年，新西兰非营利部门的总收入超过 80 亿新西兰元（49 亿美元），其中政府付款占25%，[2]私人捐赠占20%，[3]其余55%来自非营利组织向受益人提供产品和服务时收取的费用，如表 8.5 所示。

表 8.5　　**2004 年按领域划分的新西兰非营利部门收入来源**

领　域	政府（%）	慈善捐赠（%）	收费（%）
所有领域	25	20	55
服务领域	**49**	**13**	**38**
医疗卫生	67	12	21
教育和科研	40	8	51
社会服务	48	16	36
经济发展	29	24	47
表达领域	**6**	**29**	**65**
环境保护	25	13	62
文化、体育和娱乐	8	22	70
宗教	1	71	28
专业协会和工会	4	2	94
倡导	7	8	85
其他领域	**2**	**15**	**82**
慈善中介机构	0	6	94
国际活动	9	72	19
未分类	13	40	48

　　新西兰非营利部门的收入结构，使其属于典型的自由主义模式国家，这种收入结构的特点是收费占主导地位，政府资助水平不太高，慈善支持水平很高。事实上，正如表 8.6 所示，新西兰的政府支持水平（25%）远低于自由主义集群的平均水平（33%）。新西兰非营利部门总收入中政府占比相对较低的一个原因是，参与表达活动的非营利部门所占比例相对较大，平均而言，其收入的 65% 来自收费和慈善，而政府支持仅占 6%（见表 8.5）。然而，在医疗卫生和社会服务等关键服务领域，政府支持在非营利部门收入中所占份额分别为 67% 和 48%，接近福利伙伴关系水平。

表8.6　　　　非营利部门收入来源分布——新西兰与
国家集群以及 **41 国平均值比较***

国家集群	政府（%）	慈善（%）	收费（%）
新西兰	25	20	55
41 国	35	14	50
传统模式	11	24	65
自由主义模式	33	14	53
福利伙伴关系模式	66	8	26
社会民主主义模式	38	10	52
国家主义模式	18	18	64

注：＊由于四舍五入，数字加总可能不等于100%。

小　结

总之，新西兰的非营利部门展现了自由主义模式的许多定义性特征，包括庞大的非营利部门劳动力以及政府支持相对有限而慈善捐助比重较大的收入结构。然而，研究也发现新西兰的非营利部门劳动力中志愿者比例较高，从事表达活动的劳动力相对较多，这两点使其接近界定社会民主主义模式的范围。这表明新西兰不是自由主义模式的典型案例，让我们来看看社会起源理论是否可以解释这种有点偏差的案例。

解释新西兰非营利部门的意外维度

英国殖民时期：播下种子[4]

1840 年，英国王室和土著毛利酋长之间签订了《怀唐伊条约》，新西兰成为英国的殖民地。该条约确立了英国对该岛的主权，并承认毛利人对其土地的所有权及其作为英国臣民的权利。新西兰的殖民化最初也为盎格鲁殖民者发展非营利部门创造了社会、法律和政治方面的条件。新西兰是盎格鲁殖民世界中的后来者，当欧洲人（大部分是英国人）开始大量移民到新西兰殖民地之时，18 世纪末始于英国和欧洲的"结社革命"正如火如荼地进行。殖民者非常熟悉各种各样的志愿社团，但当地的环境还是给新殖民地出现的社团混合物添加了特殊风味。

新西兰借鉴英国普通法的先例，为非营利部门提供了便利的法律环境。从历史上看，政府对该部门的监管相对宽松，尽管早期政府对该部门的某些领域提供了财政援助。最初的立法旨在简化用于慈善目的的信托土地所有权，以便接受政府补贴，并在 1908 年的《社团法》中保护非营利组织的资金和财产。比较容易获得与慈善机构相关的优惠税收待遇，治理非营利组织的一些（为数不多）法律执行也很宽松。

19 世纪下半叶，新西兰人口迅速增长，加上通讯和交通的改善，也促使欧洲移民建立了许多志愿协会。这些组织不仅包括慈善和福利组织，还包括政治协会。以 1887 年成立的自由党、1909 年成立的农民主导的改革党和 1916 年成立的工党为起点，这些发展促进了全国性政党的形成。[5]

然而，与英国不同的是，土地所有者的权力受到英国殖民政府批准的宪法以及殖民者政府治下的特许权扩张的制约。[6]这些发展不仅为有组织的劳工的迅速崛起创造了有利条件，而且也为 19 世纪末 20 世纪初非营利组织（尤其是工会）的蓬勃发展创造了有利条件。工会的数量从 1888 年的 50 个增加到 1890 年的 200 个，会员人数可能增加了 20 倍。[7]到 1913 年，新西兰已经成为世界上工会最多的国家之一，其 70000 名工会成员中约有 15000 人附属于激进的劳工联合会，[8]该联合会受到社会主义思想的强烈影响。与工党合作的工会成为新西兰迅速兴起的政治力量，并在议会中形成了越来越强大的劳工群体。

工党的战略选择：国家-公民的社会伙伴关系

这些结构性条件——地主精英相对软弱，以及受社会主义影响的劳工组织的力量不断增强，有点类似于在瑞典的发展中看到的组织（见第 5 章）。然而，两者也有显著差异。其中最主要的是与当时欧洲国家相比新西兰的富裕程度。新西兰工人的工资比英国工人的工资高很多，工作条件也好很多。正如一位观察家指出的那样："对一个劳动者来说，这是一个光荣的国家！！！没有饥饿，没有恐惧，没有济贫法联盟，工资高，工作时间短，奶牛有无限的草。"[9]其次，新西兰提供了向上流动的巨大机会。新西兰资产阶级几乎完全来自工人、农民和工匠。他们大多数是农场主或企业主，亲自参加生产经营。[10]

因此，在新西兰，通过社会保护来减轻资本主义发展的消极影响的呼声比较弱。当然，这并不意味着没有劳工骚乱，但有组织的劳工的需求更有限，需求集中在更好的工作条件和更高的工资。

有助于改变未来工会行动的事件是1912年怀希镇（Waihi）金矿工人的一场大罢工，这场罢工暴露了新生的劳工运动中激进派和温和派之间的裂痕。罢工使这两个派系相互对立，导致了暴力冲突，最终警察介入，杀死了一名激进的工会主义者。此后，人们努力弥合工人运动中的这种分歧，其结果是，支持罢工的社会党和没有参加罢工的温和的联合工党合并为社会民主党，后来转变为目前的新西兰工党。这场合并缓和了工会及其代表性组织的立场。

类似的关键事件也有助于塑造工党的政治立场。工党在1919年赢得相对较少的议会席位后，大胆推出了一项所谓的用地政策措施，试图通过将新西兰的农田国有化，并让公民以永久租约形式从国家获得土地，从而消除土地投机行为。然而，这项政策在选民中并不受欢迎，导致工党在1925年大选中失利。这次失利从根本上影响了工党内部的权力平衡，并使温和派占了上风。[11]

面对挫折，工党做出了战略选择，放弃了用地政策，转而在实施社会保障计划时，寻求在国家和私人部门之间建立更加调和的伙伴式关系。1938年，首届工党政府通过了《社会保障法》，该法大大扩展了社会安全网，使其更符合福利伙伴关系模式，但没有像社会民主主义模式的国家那样使医疗卫生和社会服务完全国有化。医院服务是通过公共和私人提供者免费提供的，因此，政府支持在非营利医疗机构收入中占很大比例。公立学校免费提供初等和中等教育，高等教育主要通过公立大学提供。就读该国四所大学的学生要交学费，不过在1937年之后，通过（或被认可）全国大学入学考试的学生获得了四年免学费待遇。总而言之，尽管公共福利项目不断扩大，但这种政策导向还是留下了私人非营利部门提供社会福利服务的空间。

由于第二次世界大战时期和战后对集中计划的强调，使福利国家制度得以强化。然而，非营利组织继续积极与专门领域的主要政府机构合作，展示了强大的国家和蓬勃发展的非营利部门如何共存而且互补。该国规模较小，加大了政府部门的影响力，但也让它们与非营利组织（尤其是在社会服务部门）的交往变得亲密无拘。因此，许多组织获得并延续了政府的财政支持，其中包括直接拨款和合同，以及由内务部掌管的国家彩票提供的补贴。例如，从 1950 年开始，卫生部向愿意为长者提供居家照护的宗教和世俗非营利性福利组织提供补贴，有意减少公共部门在该领域的参与。20 世纪 50 年代和 60 年代，司法部的资助同样使得婚姻指导或囚犯救助与改造等领域的福利组织焕发了青春，它们获得法定授权代表政府进行试验和开展新的活动。[12]

表达组织和毛利人群体的成长[13]

除了自身服务功能之外，新西兰的非营利组织也高度参与各种表达功能。1885 年出现了促进妇女选举权的组织，随后又成立了妇女联盟和戒酒组织，[14] 导致了支持妇女选举权的大规模全国请愿活动。[15] 很大程度上由于这些活动，新西兰于 1893 年 9 月成为第一个赋予妇女选举权的国家。除这些政治活动外，19 世纪末还出现了全国性的娱乐和体育社团，这些表达性社团非常受欢迎，吸引了成千上万的会员。

在新西兰，从事表达活动的组织发展背后的一股重要力量，是毛利人日益增长的维护其文化认同的政治意识。在 19 世纪，毛利人借鉴殖民者的政治和组织形式建立了新的机构，尽管这些组织本质上仍然保持着毛利人的独特性，通过家庭纽带和部落属性联系在一起。其中包括诸如 19 世纪 50 年代后期形成的金吉坦加运动或国王运动之类的泛部落运动；1882 年成立的帕雷马塔毛利人或毛利人议会；以及 1892 年成立的由特奥特大学的学生会发展而来的青年毛利党。[16] 前两种机构是"与殖民者议会平行和平等的机构"，旨在为毛利人实现某种程度的宪法自治。[17] 这种建设性地借用和改用殖民者组织形式以满足毛利人需要的趋势一直延续到了 21 世纪。

在 20 世纪 70 年代，各种社会运动（如女权主义者、残疾人、老年人、和平运动和毛利人民权运动）成立了倡导组织，从而加速了表达活动的扩大。表达活动的扩张使人想起了社会民主主义模式的特征，新西兰的非营利部门似乎与此相似。新西兰观察到的社会民主主义模式的另一个特点是志愿者的参与程度很高，这主要是由于表达活动的扩大，吸收了 57% 的志愿者劳动力。[18]

新自由主义政策的扩张

在 20 世纪 80 年代，新西兰由于政府借款成本上升和本币汇率的不利变动导致了一场金融危机，工党采取了右倾措施来应对这场金融危机，从而把新西兰非营利部门的发展模式从自由主义与福利伙伴关系的混合模式推向了更为明显的自由主义模式。工党财政部长罗杰·道格拉斯（Roger Douglas）推行彻底的新自由主义改革，大幅削减社会支出，从直接补贴服务提供者转向利用市场化的代金券补贴受益人，并对政府官僚机构实施了一系列其他"新公共管理"导向的改革。[19]激进的政策转变可能是由于政治体制的集权化和宪法审查的有限性所导致的，但在普通民众中却非常不受欢迎。结果，工党在1990年的选举中输给了中右翼的国民党，这是自1935年以来第一次。

但具有讽刺意味的是，国民党继续并扩大了新自由主义的政策路线，其结果是对公共服务进行了大规模的重组，破坏了政府部门和非营利组织之间的长期关系，并撤裁了许多了解志愿活动和社区部门的官员。到20世纪80年代后期，相对短期且经过激烈谈判的购买服务合同取代了直接拨款，成为政府为非营利部门提供资金的主要机制。[20]在这个过程中，仍然很明显的福利伙伴关系模式的关键特征受到挤压，而自由主义模式的重要特征，如对慈善事业的高度依赖，则开始凸显出来。

结　论

因此，新西兰的非营利部门以典型的自由主义方式起步，体现了早期英国殖民者所赋予的关键特征。然而，在短期内，新西兰非营利部门呈现出更多福利伙伴关系和社会民主主义模式的特征，特别是它们对政府资金的高度依赖，最后由于政策的急剧转变而进入了自由主义模式，这要归因于工党为了应对威胁岛国经济的汇率挑战而采取的新自由主义政策。

社会起源论通过关注两组重要因素来帮助我们理解这个混杂的故事：第一，关键社会阶层之间的权力平衡；第二，各种权力放大器和权力扩散器如何影响社会阶层权力的组织、表达和转化为具体的社会行动。就第一点而言，新西兰案例特别值得注意的是工会的强大力量。在其他地方，这一因素往往导致了社会民主主义模式。但在新西兰，工党远远没有实现这种模式，反而终结于更接近福利伙伴关系的模式，近年来由于工党在国际金融市场压力下的急剧右转，甚至福利伙伴关系模式也在倒退。

劳工权力在某种程度上被削弱了，这在很大程度上与其权力放大器（工会和政党）在20世纪初对一系列失败举措的反应方式有关。其一是破坏性罢工，它使劳工运动的重要成员对直接的产业行动产生怀疑。另一个原因是土地国有化的失败，这很可能让工党对坚持社会福利的完全国有化产生疑虑。此外，新西兰社会存在各种向上流动的机会，这可能使工人更倾向于接受渐进主义的方式。工党能够推动政府为社会福利提供大量公共资金，但却无法推动政府完全接管社会福利供给；后者更多地掌握在私人非营利组织手中。到了 20 世纪 80 年代，日益壮大的中产阶级社会愿意逐步减少一些保护性措施，亲商业的保守派势力接管了政府权力，推行激进的新自由主义议程，给福利伙伴关系中的非营利伙伴带来了新的压力。

9 澳大利亚：身不由己的自由主义模式

马克·里昂斯，S. 沃伊切赫·索科罗斯基和莱斯特·M. 萨拉蒙

澳大利亚非营利部门代表了非营利部门发展的自由主义模式的典范，它拥有庞大的非营利部门劳动力，政府资助所占份额相对较小，而且私人慈善捐赠在其收入结构中占有重要地位。然而，对于社会起源理论来说，这是一个颇具挑战性的案例，因为该国历史上有组织的劳工相对强大，地主上层阶级相当软弱，这种条件有利于发展社会民主主义模式。我们如何将自由主义模式的发展与劳工在澳大利亚国家政治中的相对强势地位调和起来呢？

这个问题的答案在于，社会起源理论认识到中介机构或权力放大器在表达和追求阶级利益方面所起的作用。特别是，本章将表明，澳大利亚非营利部门发展的自由主义倾向，在很大程度上是由代表劳工运动的组织所奉行的政策方针所决定的。1910 年，随着首届工党政府的当选，劳工力量达到了顶峰。工党迅速实施了一系列亲劳工的政策措施，包括提供社会保障、养老金和残疾抚恤金、改善工作条件（包括生育津贴和工人补偿金等）。然而，随着工党内部分裂为激进派和保守派，保守派脱离工党，与自由主义者、反社会主义者和民族主义者联合起来，使后者在 20 世纪的大部分时间里控制了澳大利亚政府。因此，工党的残余分子别无选择，只能把重点放在改良主义政策上，要求更高工资而不是社会保护。这与瑞典和丹麦形成了鲜明对比，这两个国家的劳工不仅内部是统一的，而且还与农业政党结成联盟，要求进行符合社会主义理想的广泛的社会改革。20 世纪 80 年代新自由主义的兴起最终严重削弱了工党的工资政策，从而进一步巩固了澳大利亚在自由主义国家集群中的地位。

澳大利亚非营利部门的维度

劳动力规模

审查澳大利亚非营利部门的主要维度可以明显看出，澳大利亚非营利部门具有自由主义模式的特点。首先，以国际标准来看，这个部门的规模相当大。截至 2007 年，即可获得数据的最近年份，澳大利亚非营利组织有 948000 全职当量（FTE）员工，约占全国经济活动人口（EAP）的 8.8%。其中，大约有 631000 受薪雇员，另有 317000 名志愿者。[1]

图 9.1 将澳大利亚非营利部门的劳动力规模与澳大利亚四个主要产业（农业和渔业、制造业、建筑业和交通运输业）进行了比较，如图所示，澳大利亚的非营利部门劳动力为 948000 全职当量员工，仅次于制造业（110 万人），超过建筑业、交通运输业、农业和渔业的就业人数。

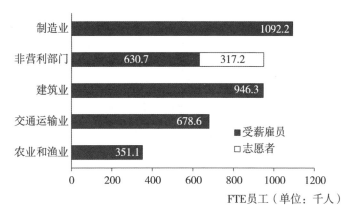

图 9.1　2017 年澳大利亚非营利部门与选定行业的全职当量劳动力规模比较

然而，澳大利亚的非营利部门不仅与澳大利亚经济的其他组成部分有关，而且与其他国家的非营利部门有关。2007 年澳大利亚非营利部门的劳动力占经济活动人口（EAP）的比例为 8.8%，远远高于 41 国 5.7% 的平均水平（见表 9.1）。但这让澳大利亚略低于邻国新西兰（9.6%），也低于其他属于自由主义模式的英语国家——加拿大（12.3%）、英国（11%）和美国

（9.2%）——尽管这一比例处于界定自由主义模式（占 EAP6.8%或更多）的范围内。如表9.1所示，澳大利亚非营利部门劳动力占 EAP 的比例介于自由主义模式和社会民主主义模式的平均值之间（分别为9.6%和8.2%）。

表9.1　非营利部门劳动力占 EAP 的比例，澳大利亚与国家集群和 41 国平均值比较

国 家 集 群	劳动力占 EAP 的比例（%）
澳大利亚	8.8
41 国	5.7
传统模式	1.9
自由主义模式	9.6
福利伙伴关系模式	11.2
社会民主主义模式	8.2
国家主义模式	2.3

虽然与自由主义模式集群中的其他国家相比，澳大利亚非营利部门的规模仍然较小，但值得注意的是，澳大利亚的非营利部门是一支日益壮大的力量。将 2007 年的数据与 1995 年约翰斯·霍普金斯非营利部门比较研究项目产生的数据进行比较可以发现，1995 年至 2007 年期间，澳大利亚非营利部门的劳动力增长了 40%（平均每年 2.8%），几乎是同一时期澳大利亚就业人数增长率的两倍。[2] 如下文所述，这一显著增长很可能是最近政策转变的重要部分，该政策将公共福利服务从政府提供转向民间非营利部门提供。

志愿者参与

如表9.2所示，澳大利亚的志愿者在非营利部门劳动力中所占比例为34%，远远低于 41 个国家 41%的平均水平。

表9.2　志愿者在非营利部门劳动力中占比，澳大利亚与国家集群和 41 国均值比较

国家集群	志愿者占非营利部门劳动力的份额（%）
澳大利亚	33.5
41 国	40.6

国家集群	志愿者占非营利部门劳动力的份额（%）
传统模式	53.1
自由主义模式	46.4
福利伙伴关系模式	29.1
社会民主主义模式	69.4
国家主义模式	27.9

澳大利亚非营利部门劳动力中的志愿者比例如此之低，可能是由于上文提到的公共政策转变（涉及政府更多地依赖非营利组织提供公共服务）导致了该部门有偿就业的快速增长。有趣的是，1995 年澳大利亚非营利部门劳动力中志愿者占 39%，[3]这表明在随后几年中志愿者参与的增长速度根本赶不上有偿就业的增长速度。

服务和表达活动

按劳动力比重衡量，服务活动在澳大利亚的非营利部门活动中占主导地位，截至 2007 年，大约有 57%的非营利部门劳动力（受薪劳动力和志愿者）参与服务活动，其中社会服务是最大的服务领域（25%），如表 9.3 所示。

表 9.3　　**2007 年按领域划分的澳大利亚非营利部门劳动力分布状况**

领　　域	份额（%）
服务领域	**57**
教育和研究	18
社会服务	25
医疗卫生	14
经济发展	57
表达领域	**25**
文化、体育和娱乐	20
宗教	3

续表

领　　域	份额（%）
专业协会和工会	2
其他领域	**18**
样本总量（N）	**947923**

　　相比之下，澳大利亚非营利部门劳动力中从事表达活动和其他活动的劳动力占比（43%）要小得多，其中文化、体育和娱乐活动就占 20%。在这两方面，澳大利亚的非营利部门接近 41 国平均水平，总体上与自由主义模式最接近，尽管该国非营利部门从事服务职能的劳动力占比高于自由主义模式的平均水平，而从事表达活动的劳动力占比低于自由主义模式的平均水平，如表 9.4 所示。

表9.4　　　按职能类别划分的非营利部门劳动力分布，澳大利亚与
国家集群和 **41 国平均值比较** *

国 家 集 群	按职能类别划分的非营利部门劳动力占比（%）		
	服务	表达	其他
澳大利亚	57	25	18
41 国	59	37	4
传统模式	68	24	8
自由主义模式	55	36	9
福利伙伴关系模式	71	25	4
社会民主主义模式	39	59	2
国家主义模式	50	47	4

　　注：* 由于四舍五入，数字加总可能不等于 100%。

收入来源

　　2007 年，澳大利亚非营利部门创造的总收入约 760 亿澳元（598 亿美元）。如表 9.5 所示，澳大利亚非营利部门总收入中收费占 57%，政府资助占

34%，慈善捐赠占 10% 左右。[4]

表 9.5　　　　2007 年澳大利亚按领域划分的非营利部门收入来源

领　　域	政府（%）	慈善捐赠（%）	收费（%）
所有领域	34	10	57
服务领域	**51**	**3**	**46**
医疗卫生	47	2	51
教育和研究	51	3	45
社会服务	55	4	41
表达领域	**7**	**13**	**80**
文化、运动和娱乐	7	9	84
宗教	7	38	55
专业协会和工会	7	2	91
其他领域	**26**	**20**	**54**
未分类	26	20	54

这种收入结构，特别是相对较低的政府资助份额，使澳大利亚稳稳地落在界定自由主义模式的国家集群范围之内，如表 9.6 所示。

表 9.6　　　　按来源划分的非营利部门收入结构，澳大利亚与

国家集群和 41 国平均值比较[*]

国　家　集　群	政府（%）	慈善捐赠（%）	收费（%）
澳大利亚	**34**	**10**	**57**
41 国	35	14	50
传统模式	11	24	65
自由主义模式	33	14	53
福利伙伴关系模式	66	8	26
社会民主主义模式	38	10	52
国家主义模式	18	18	64

注：＊由于四舍五入，数字加总可能不等于 100%。

小 结

总之，从这些发现中得出的结论是，澳大利亚非营利部门与本研究涉及的其他英语国家的自由主义模式最为相似。这种模式的特点是，非营利部门规模较大，志愿者参与水平相对较低，服务活动占主导地位，澳大利亚非营利部门享有所有这些特点。此外，自由主义模式的另外两个特点在澳大利亚也很明显：在非营利部门收入来源中，政府资助份额相对较低（至少按照发达国家的标准来看），收费收入和私人慈善捐赠所占份额较高，尽管后者在澳大利亚不如自由主义集群国家总体上明显。此外，在 1995 年至 2007 年可获得数据的 11 年间，这组特征保持相对稳定，尽管在此期间，非营利部门的增长速度远远快于整体经济。

解释澳大利亚的非营利部门发展模式

乍一看，上面描述的自由主义模式的结果似乎印证了非营利组织发展的情感理论，我们在第 3 章中对此提出了严重保留意见。毕竟，占领澳大利亚的殖民者是来自英国的难民，他们可能会带来相同的节俭、勤劳和私人慈善等新教情感，这些情感在英国创造了自由主义模式。然而，仔细观察澳大利亚的发展情况就会发现，正在起作用的是比这种简单的文化解释更为复杂的事物，尽管这在某种程度上构成了社会起源理论的悖论。这种悖论源于以下事实，社会起源理论将非营利部门发展的自由主义模式的出现与城市工商业阶层占主导地位的情况联系起来。然而，在澳大利亚，却是劳工因素在非营利部门形成的大部分时期处于优势地位，而社会起源理论本来将这种情况与非营利部门发展的社会民主主义模式联系在一起。

我们如何解开这个悖论？社会起源理论本身在多大程度上有助于这种理解？答案是，社会起源理论认识到，一个经济阶级的存在并不能自动确保该阶级认识到自己的利益，并证明能够根据这些利益采取行动。相反，有一些干预因素，尤其是表达和促进阶级利益的机构，我们称之为权力放大器。这些机构设定议程的角色受到支持它们的社会团体内部的团结程度、派系之间存在的特殊权力平衡以及这些组织面临的环境挑战等因素的影响。从现有证据来看，这组动力似乎可以解释澳大利亚的自由主义模式。让我们简要地看一下这个证据。

英国殖民时期：早期自由主义思潮

和其他英语国家一样，现代澳大利亚诞生于英国人对新大陆的殖民统治。作为英国犯人的殖民地，澳大利亚最初发展了以大型牧羊场和劳改犯为基础的劳工压迫型农业经济。但是，由于存在强大的下层阶级（小地主、前罪犯、城市工人阶级和中产阶级）以及英国王权对殖民国家的控制，土地寡头从未获得对政治机构的控制。[5]因此，地主精英对于强劲的劳工运动和庞大的城市中产阶级而言并不是一种强大的对抗力量。

在 19 世纪中叶，英国给予澳大利亚人有限的自治权（大多数是民选的立法委员会），但保留了对殖民政府和土地管理的控制权。殖民地政府复制了英国有利于保护私有财产和民主治理的政治体制，从而增强了工商业中产阶级以及小农阶级的政治权力。

这种有限的自治导致各利益集团为争夺对殖民地政府的影响力而进行的激烈竞争，而英国殖民当局则充当调解人。这反过来又巩固了温和派自由主义分子的影响，为私人社团和自助团体的成立创造了有利环境，这些机构为疾病或灾难性事件提供社会服务和保险，并组织娱乐和体育活动。

有组织劳工的兴起

19 世纪 80 年代，澳大利亚出现了声势浩大的劳工运动。遵循英国传统，澳大利亚的早期劳工运动建立了自助社团网络（所谓的友爱社团、建筑社团和信贷协会），以便在发生疾病或失业的情况下向其成员提供支持和社会援助。1901 年，澳大利亚联邦成立后，组织劳工的努力使工会成员人数大幅增加。作为回应，政府通过了《1904 年调解和仲裁法》，该法案授权工会对劳资纠纷进行登记和仲裁。直到 20 世纪 90 年代，该法案一直规范着澳大利亚的劳资关系，该法案支持那些追求有限需求的小型商店和特定行业的工会，使它们相对于那些追求更激进的政治目标的大型产业工会具有明显的优势。

劳工运动也转向了直接的政治活动。1910 年，工党赢得了第一次选举胜利。工党政府迅速实施了一系列有利于劳工的政策措施，包括社会保障、养老金和残疾抚恤金、改善工作条件（包括产妇津贴和工人补偿）、启动大型公共工程（例如修建跨澳铁路），成立国有澳大利亚联邦银行，打破土地垄断，规制工作时间和工作条件，以及劳动立法允许产业工会在劳管纠纷中发挥更大作用。

但是，劳工运动内部分裂为激进派和保守派，激进派赞成罢工和其他形式的直接产业行动，而保守派则赞成更狭隘的基本工资和工时谈判。第一次世界大战的爆发为分裂提供了动力，因为激进分子站在普通工人一边，反对澳大利亚为英国的战事而进行征兵和提供支持，并促使保守派在1916年脱离工党，与澳大利亚自由党中的自由派、反社会主义者和民族主义分子一起加入军队。这个事情再加上直接的产业行动取得的成功十分有限，这些激进的工会主义者被边缘化了，而根据《调解和仲裁法》享有法律优势的主流工会则从未超越对工资增长的有限要求。结果，20世纪的大部分时间里，劳工在澳大利亚始终是一支相对保守的力量，工党被削弱，民族主义者或自由主义政党控制着中央政府，工党掌权只是短暂的插曲。

这与斯堪的纳维亚国家（如瑞典）发展的模式形成了鲜明对比，在斯堪的纳维亚国家，劳工运动不仅内部更加团结，而且形成了一个强大的社会党，与农业政党结成联盟，以追求共同的政治利益，特别是在执行广泛的社会福利措施方面。这就解释了为什么尽管澳大利亚有相对强大的、有组织的劳工运动和相对较弱的上层阶级，但澳大利亚并没有发展出社会民主主义模式，在形成了社会民主主义模式的国家中，劳工更加团结并且能够与代表其他社会经济阶层的组织结成更广泛的联盟。

新自由主义对澳大利亚非营利部门的影响

虽然澳大利亚的自由主义模式从未受到过严重挑战，但当重大事件改变了公众舆论的方向时，工党确实有三次成功地组建了多数派政府（1929—1932年、1941—1949年和1972—1975年）。但是，在20世纪80年代，新自由主义的兴起及其对福利国家的破坏，使工党政府取得的任何成果都前功尽弃，因为澳大利亚的中央政府和州政府都采取了新自由主义的政策取向，试图限制工会的影响力，重新界定社会服务的提供方式。因此，自由党/国民党联合政府（1977—1983年和1996—2007年）对就业法进行了全面修改，大大降低了工人的集体谈判能力。在社会服务领域，这些国家的政府用购买服务合同（要求非营利组织竞标新合同）来取代对非营利组织的直接支持。这加剧了来自营利性部门的竞争，尤其是在高度依赖服务收费的领域（如儿童保育）。

另一方面，自 1996 年当选以来，保守的自由党/国民党政府与其主张自由市场的意识形态背道而驰，采取了福利伙伴关系模式特有的政府—非营利伙伴关系政策。这一政策鼓励非营利性学校的发展，而以牺牲由州政府全额资助和运营的公立学校为代价，并增加了对非营利性学校的补贴，以此作为妥协措施来平息工党对营利性公司办学并获得政府补贴的反对。

更广泛地说，新自由主义的政策重点包括：鼓励在若干服务领域建立非营利组织与企业的伙伴关系，形成了鼓励与社会服务非营利组织建立商业伙伴关系的《总理社区商业伙伴关系》政策，以及对法律法规进行了一些小改动以便利和鼓励高收入和高财富的个人向非营利组织捐款。结果，在最近这段时间，对非营利组织的慈善捐赠（自由主义模式的标志性特征之一）一直在增长。

结　　论

澳大利亚代表了本书提出的社会起源理论的一个有趣案例，因为即便工人阶级在 20 世纪的大部分时间里都是重要的经济和政治力量，澳大利亚仍然形成了非营利部门发展的自由主义模式。但是，社会起源论认为必须发挥权力放大器作用，才能产生非营利部门发展的社会民主主义模式，然而在澳大利亚，这种权力放大器在思想和战术上被严重分割，大大削弱了工人阶级的权力和影响力。结果，工党无法达成那些劳工运动更加团结的国家所实现的社会民主主义政策目标，反而使经济和政治上更为保守的集团受益，并产生了自由主义模式。

10　荷兰：经典的福利伙伴关系模式

S. 沃伊切赫·索科罗斯基，莱斯特·M. 萨拉蒙

荷兰拥有庞大的非营利部门，雇用了超过 130 万全职当量员工（受薪雇员和志愿者），占经济活动人口总数近 16%，成为约翰斯·霍普金斯非营利部门比较研究项目研究的 43 个国家中非营利部门最大的国家。[1]近三分之二的劳动力从事医疗卫生、教育和社会救助等服务职能。从表面上看，这似乎令人费解，因为荷兰是一个富裕的国家，向其人民提供了相当慷慨的公共资助的社会福利服务。为什么这个国家的非营利部门在经济中，更具体地说，在提供社会和教育服务方面扮演如此重要的角色？荷兰人比其他国家的人更具有利他精神吗？

第 4 章概述的社会起源理论提供了另一种解释，可以帮助我们拼凑出这个谜底的关键部分。该理论将我们的注意力引向了 17 世纪荷兰天主教徒和新教徒之间激烈的宗教对抗。正如我们在第 4 章指出的那样，两大宗教组织之间的冲突和竞争对社会服务供给体系的制度安排产生了两个深远的影响。首先，每一个宗教派别都创建了一个单独的系统，由学校和社会支持组织构成，排他性地为各自的信徒服务。其次，这种宗教柱化将组织化的劳工分为两个通常是敌对的阵营，从而阻止了发生瑞典那样的情况。在瑞典，由于有组织的宗教势力较弱，形成了强大而团结的劳工运动。因此，在荷兰，要求从根本上改变制度以改善工人阶级生活条件的呼声减弱了，在某些情况下甚至遭到抵制。最值得注意的是，当政府提议建立一个由普通税收资助的免费公共教育体系时，两个宗教团体以武力进行抵制，造成该国近乎永久的分裂，只是由于所谓的"和解"才得以避免。"和解"是一个关键的交易，它确立了未来所有社会福利项目的模式，建立了一个代金券方案，由政府支付所有儿童的中小学教育费用，但却让家长决定是上公立学校还是上私立的、非营利的宗教教派学校。其结果是形成了非营利部门发展的福利伙伴关系模式。

在以下各节中，本章将首先概述荷兰福利伙伴关系模式的关键维度，然后再稍加详细地回顾支撑社会起源论的权力关系，权力关系可以解释这些关键维度从何而来。在结论部分，我们将讨论这些研究结果的含义，以便理解非营利部门在荷兰这样的现代社会中的角色。

荷兰非营利部门的维度

劳动力规模

荷兰非营利部门最显著的特征或许是它的庞大规模。截至 2002 年，非营利组织雇用了 840000 全职当量（FTE）受薪雇员，约占全国受薪雇员总数的 10.7%。并且，这些组织使用了近 479000 全职当量志愿者，使荷兰非营利部门组织的劳动力总数超过 130 万全职当量员工，占该国经济活动人口（EAP）的 15.9%。如图 10.1 所示，这一数字超过了该国四个主要行业的就业人数：农业和渔业、制造业、建筑业和运输业。与其他国家相比，荷兰非营利组织的巨大容量十分醒目。在本书涉及的 43 个国家中，荷兰的非营利部门是最大的。事实上，按照经济活动人口的份额来衡量，荷兰的非营利组织远远超过了 41 个国家的平均值（5.7%），两者比值几乎达到 3∶1（与所有 41 国比较，见图 2.7）。

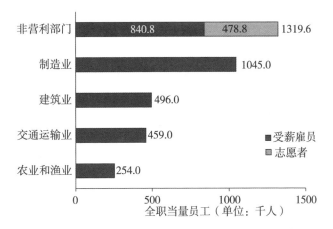

图 10.1　2002 年荷兰非营利部门与所选行业的 FTE 员工数量之比

即使与同属福利伙伴关系集群的其他国家相比，荷兰非营利部门的规模也很大。如表 10.1 所示，在该集群中，非营利部门劳动力占经济活动人口（EAP）的份额平均值为 11.2%，大大高于任何其他集群的数值。然而，荷兰的数值达到 15.9%，甚至在福利伙伴关系集群中也名列前茅。

表 10.1　　**非营利部门劳动力占 EAP 比重，荷兰与国家集群及 41 国平均值**

集　　群	劳动力占经济活动人口的比重（%）
荷兰	**15.9**
41 国	5.7
传统模式	1.9
自由主义模式	9.6
福利伙伴关系模式	11.2
社会民主主义模式	8.2
国家主义模式	2.3

表达和服务活动

如表 10.2 所示，荷兰庞大的非营利组织劳动力的大多数（64%）从事服务活动，特别是在提供医疗卫生（占劳动力的26%）、教育（20%）和社会服务（17%）方面。相比之下，表达活动只雇用了 30% 的非营利部门劳动力，其中文化、体育和娱乐活动占一半以上（18%）。

表 10.2　　　**2002 年按领域划分的荷兰非营利部门劳动力分布**

领　　域	份额（%）
服务领域	**64**
教育和研究	20
社会服务	17
医疗卫生	26
经济发展	1
表达领域	**30**

领　域	份额（%）
文化、体育和娱乐	18
宗教	7
倡导	1
专业协会和工会	2
环境保护	2
其他领域	**6**
慈善中介机构	4
国际组织	2
样本总量（N）	1319587

提供服务的非营利组织占主导地位是福利伙伴关系模式的特点，也是该部门负责提供由国家授权和国家资助的服务的直接后果。

如表 10.3 所示，荷兰 64% 的非营利组织劳动力分布在服务领域，非常接近福利伙伴关系集群国家 71% 的平均水平。

表 10.3　　**按功能类别划分的非营利部门劳动力分布状况，荷兰与国家集群和 41 国平均值**[*]

国　家　集　群	按功能类别划分的非营利部门劳动力占比（%）		
	服务	表达	其他
荷兰	**64**	**30**	**6**
41 国	59	37	4
传统模式	68	24	8
自由主义模式	55	36	9
福利伙伴关系模式	71	25	4
社会民主主义模式	39	59	2
国家主义模式	50	47	4

注：＊由于四舍五入，数字加总可能不等于 100%。

收入来源

如表 10.4 所示，2002 年荷兰非营利部门（非营利部门）总收入（660 亿欧元，即 568 亿美元）中，① 有近三分之二（63%）来自政府。第二大来源是收费，占总收入的 32%，而私人慈善捐赠只占总收入的 5%。

表 10.4 **2002 年荷兰按领域划分的非营利部门收入来源**

领域	政府（%）	慈善捐赠（%）	收费（%）
所有领域	63	5	32
服务领域	**68**	**2**	**30**
医疗卫生	81	2	17
教育和研究	89	3	8
社会服务	83	1	16
经济发展	3	0	97
表达领域	**28**	**22**	**51**
环境保护	40	59	1
文化、运动和娱乐	41	11	48
宗教	0	70	30
专业协会和工会	0	0	100
倡导	5	46	49
其他领域	**25**	**40**	**35**
慈善中介机构	14	33	53
国际组织	44	52	3

在政府社会政策支持的典型服务领域中，政府资助所占比例更高，如教育（89%政府）、社会服务（83%）和医疗卫生（81%）。然而，除了环保（40%）和文化、体育和娱乐（41%）之外，政府对表达领域的支持要低得多（28%）。

---

① 此处欧元对美元汇率似乎有误，但原文如此。

　　荷兰的非营利组织的收入结构类似于福利伙伴关系集群内其他国家的收入结构。因此，如表 10.5 所示，荷兰政府资助在非营利组织收入中所占份额为 63%，与福利伙伴关系集群 66% 的平均值近似，而荷兰 32% 的收费收入略高于福利伙伴关系国家的 26% 平均值，但仍远远低于任何其他集群的平均水平。

表 10.5　　　　　　按来源划分的非营利部门收入结构，荷兰与
　　　　　　　　　国家集群和 41 国平均值对比 *

国　家　集　群	政府（%）	慈善捐赠（%）	收费（%）
荷兰	63	5	32
41 国	35	14	50
传统模式	11	24	65
自由主义模式	33	14	53
福利伙伴关系模式	66	8	26
社会民主主义模式	38	10	52
国家主义模式	18	18	64

注：＊由于四舍五入，数字加总可能不等于 100%。

志愿者参与

　　作为政府在提供社会服务方面的合作伙伴，荷兰的非营利部门形成了某些特征，虽然这些特征并非福利伙伴关系模式的定义属性，但显示了这种模式往往会对非营利组织的结构和运作产生影响。其中一个重要特征是，受薪雇员在非营利组织的劳动力中占主导地位。近三分之二（64%）的非营利组织的全职当量员工是受薪雇员。不过，由于荷兰非营利部门的总体规模如此之大，占到非营利部门劳动力 36% 的志愿者队伍也是一支不容小觑的力量。事实上，按志愿者占经济活动人口（EAP）的比例（而不按其占非营利组织劳动力的比例）来衡量，荷兰的志愿活动总量相当高，是国际平均水平的两倍多（5.8% 比 2.2%，按 EAP 百分比计算）。如表 10.6 所示，尽管志愿者占荷兰非营利组织劳动力的比例低于 41 国平均水平（36% 比 41%），但仍然高于福利伙伴关系国家的平均水平（29%）。

表 10.6　　　　非营利部门劳动力中的志愿者比例，荷兰与
国家集群和 41 国平均值对比

国　家　集　群	非营利部门劳动力中的志愿者比例（%）
荷兰	**36.3**
41 国	40.6
传统模式	53.1
自由主义模式	46.4
福利伙伴关系模式	29.1
社会民主主义模式	69.4
国家主义模式	27.9

受薪雇员和志愿者的分布也因领域而不同。几乎所有的受薪雇员（89%）都集中在三个主要服务领域——教育、医疗卫生和社会服务——略高于 60% 的志愿者集中在表达领域——其中，约 43% 在文化、体育和娱乐领域，另有 17% 在宗教领域。

小　结

福利伙伴关系模式牢固地建立在荷兰的体制框架内，近年来一直保持相对稳定的状态。实际上，尽管全世界都呈现出削减政府社会支出的趋势，但从 1995 年到 2002 年，荷兰的政府资助在非营利组织收入中所占的份额上从 58.5% 增加到 62.6%，而收费收入占比则从 38.4% 下降到 32.4%。私人慈善捐赠收入占比从 3.1% 增加到 5.1%，这可能与该国慈善组织能力的显著提升有关，该领域劳动力的急剧增加表明了这一点。

由于政府的持续支持，非营利部门劳动力的增长速度总体上明显高于同期经济增长速度（分别为 21% 和 15%）。另一方面，服务活动的劳动力占比从 72% 下降到 64%。这可能是由于非服务领域，特别是国际活动、慈善事业和宗教领域快速增长的结果，而不是服务领域的下降，服务领域也在增长，但增长速度较慢。不过，尽管各个领域的增长率不同，服务仍然是荷兰非营利部门的主要活动领域。

解读荷兰的非营利部门发展之路[2]

荷兰非营利部门之福利伙伴关系模式的历史渊源是什么？我们如何解释非营利组织劳动力的庞大规模、服务功能的首要地位以及政府资助在非营利组织收入中的主导地位？根据社会起源理论，这种模式的发展和巩固可以归功于荷兰近代史上主要社会力量之间的相互作用。以下三种力量尤其重要：第一，一场声势浩大但内部分裂的劳工运动不断挑战地方权力机构；第二，两个强大的宗教机构和信徒团体进一步分裂了劳工运动，并对政府施加压力，要求通过宗教附属机构而不是公共机构来承接社会福利支出；第三，一个总体上宽容的政府，在这种宗教和劳工压力面前，利用一股势力来对付另一股势力，避免了由劳工运动中的极端主张所推动的更为激进的政府解决办法，代之以比较温和的宗教附属渠道来提供救助。让我们更仔细地研究这三个因素。

社会经济阶级利益

工业化激发了荷兰工人阶级高涨的战斗精神，特别是在荷兰北部和西部的城市工业地区。然而，劳工运动内部分裂为两派，激进分子组成了社会民主联盟（SDB），人数更多的温和派则建立了荷兰工人总会（ANWV）。社会民主联盟内部又分裂为社会主义者和无政府主义者，最终分裂为两个较小的团体——较为温和的社会民主工人党（即现代社会民主党的前身）和激进的无政府主义辛迪加派。后者试图发起一场无产阶级革命以取代资本主义制度，并倾向于抵制参与"资产阶级"议会进程，而主张产业工人直接采取行动。

有组织的宗教的角色

国内尖锐的宗教分歧进一步加剧了劳工运动内部的意识形态分裂。在16世纪宗教改革所引发的宗教战争期间，荷兰作为一个独立的国家诞生了。从一开始，荷兰的人口就被分裂成了新教徒多数派和天主教少数派。在国家未曾提供基本医疗卫生、教育和相关社会服务之时，这两个宗教派别各自建立了单独的学校和社会支持组织系统，分别专门为天主教徒或新教徒提供服务。正如上文第3章所讨论的非营利部门的供给侧理论所说的那样，这两个教派有效地利用这些组织，来维护信徒的支持，这种现象被称为"柱化"。

这种宗教冲突自然蔓延到劳工运动中，并最终影响到为了应对劳工斗争而提出的社会福利措施的设计。因此，劳工运动中的好战派遭到了荷兰工人总会中温和的新教徒分子以及天主教会的反对。天主教会在曾经由西班牙控制的荷兰南部地区维持着强大的据点。罗马教皇新事通谕要求为社会主义劳工组织提供更保守的替代方案，天主教等级制度明令禁止天主教徒工人参加新教或社会主义劳工组织。

政府的中介作用

劳工运动中的这些内部分歧及其激进分子的反体制立场，再加上天主教会和加尔文教派的宗教当局强烈反对国家提供社会和教育服务（因为教会当局更愿意通过自己的宗教附属慈善机构来提供这些服务），这些因素深刻影响了荷兰的社会福利供给形式，并有效地切断了在瑞典或挪威所推行的（社会民主主义模式）道路。

在 20 世纪 20 年代所谓的学校大战中，这个问题戏剧性地引起了人们的关注。当时，天主教和新教的宗教官员都召集信徒反对一项政府倡议，这项政府倡议主张建立一个由国家出资、完全通过税收提供资金、但是世俗的公立学校系统。[3]荷兰政府习惯于在解决相互冲突的利益和诉求方面扮演中介角色，甚至在不断努力遏制劳工斗争的过程中依然如此。[4]荷兰政府最终通过妥协解决了这场危机，妥协方案包括为所有儿童提供免费或近乎免费的中、小学教育，无论他们是上世俗的公立学校，还是上宗教派别的学校或某种意识形态的附属学校，只要学校达到最低资格标准即可。在经济萧条和战争结束之后，随着国家对社会福利服务的支持不断扩大，这一模式也扩展到了社会福利供给的新领域，两个教派都单独建立了基于信仰的支柱，提供由国家资助的服务，服务范围包括从学前教育到高中教育、医院护理、养老院护理、高等教育，更多地通过公共机构和民间非营利机构的结合来提供服务。[5]

诚然，在第二次世界大战后，社会和教育服务场所的宗教性减少，主要原因是社会民主主义者和自由主义分子对这种柱化体系的政治反对。然而，国家提供资助、民间提供服务的制度模式仍然牢牢地嵌入荷兰的制度框架之中，并扩展到其他服务领域，包括医疗卫生、老年护理和社会服务，创造了荷兰独特的由政府资助、民间提供的社会福利制度模式。

总之，荷兰形成福利伙伴关系模式的关键因素，是工人阶级组织和运动的内部分裂，这种分裂又被根深蒂固的宗教分裂和强大的宗教权威所强化，宗教当局力图通过自己的基于信仰的制度结构来提供关键的社会福利服务。这一点可以通过将荷兰与挪威和瑞典进行对比得到证明。在挪威和瑞典，劳工更加团结，政治上更强大，有组织的宗教受到国家的压制。这种差异可以解释社会福利政策和非营利组织角色的不同结果：瑞典和挪威采用了以国家机构为中心的社会民主主义福利模式，而荷兰则通过建立福利伙伴关系模式实现了社会妥协，在荷兰模式中，非营利部门提供了大部分由政府资助的社会援助。

结　　论

因此，荷兰的非营利部门以戏剧性的方式展示了我们所界定的福利伙伴关系模式的核心特征，体现为政府资助在该部门的收入中占主导地位，庞大的组织规模和普遍的服务活动。此外，这种模式的出现可以追溯到一组权力关系，这些权力关系非常接近于社会起源论中的假设：一个被内部意识形态分歧削弱了的劳工运动，这些分歧又被根深蒂固的宗教分歧所加剧；一个阻挠公共利益的教会，当公共利益不利于宗教附属机构时，教会等级体系就会阻止这种公共利益；以及一个强烈倾向于妥协的政府，这个政府在面对更为激进的劳工诉求时，愿意支持宗教机构所持的较为温和的立场。

这些研究结果表明，非营利组织非但不是政治中立的和仁慈的，而且还可以成为行使政治权力的重要角色，成为政治争端中的一个重要战场。它们可以巩固对特殊利益集团的忠诚，也可以分裂具有相似经济利益的群体。通过充当提供社会服务的主要场所，它们还可以帮助融合民众，使之建立对宗教和政治运动的归属感。

然而，对于当今的非营利部门来说，从荷兰案例中得出的最重要的教训或许是，它通过实证研究有力地反驳了仍占主导地位的解释非营利组织发展的市场失灵/政府失灵理论。正如在第3章中更全面概括的那样，该理论提出了非营利部门与政府之间关系的一幅零和图景，假设非营利组织是在宗教或其他异质性力量阻碍政府行动的情况下出现的，正好填补了由此产生的空白。但在这里，宗教的异质性刺激了政府的卷入，从而极大地扩大了非营利部门的规模和影响范围。

导致这一结果的机制不是一种替代性的经济理论，而是一种替代性的政治安排，这种安排在市场失灵/政府失灵理论中没有得到承认，但是在政治学家阿伦特·利金帕特（Arendt Lijhpart）的著作中到处都可以读到，在许多西欧国家也可以看得到。利金帕特称之为"共识民主"，这是一种促进不同利益集团之间进行合作的制度安排，通过这种制度安排对看似棘手的问题达成妥协方案。[6]从某种意义上说，荷兰政府曾是共识民主的大师，找到了一种制度安排，这种安排可能违反了古典经济学的某些基本信念，但却务实地解决了民主规范崩溃的潜在危机，从而形成了一种模式，这种模式在荷兰已经证明是能够持久的，也被越来越多国家所效仿。

11 智利：拉美福利伙伴关系模式

伊格纳西奥·依拉拉扎瓦尔，S. 沃伊切赫·索科罗斯基和莱斯特·M. 萨拉蒙

　　智利的非营利部门在拉丁美洲（以下简称拉美）国家中是一个例外。其劳动力规模大大超过除阿根廷以外的所有其他拉美国家。而且，志愿者在劳动力中所占的份额也比拉美其他地区大得多。更重要的是，在智利，政府资助占非营利部门收入的比重很大，是其他拉美国家，甚至几个西欧国家的两倍多。同时，智利是不符合第 4 章所界定的非营利部门发展五种模式中的任何一种模式的条件的两个拉美国家之一（另一个例外是阿根廷）。我们如何解释这一例外呢？

　　社会起源理论将我们的注意力集中在 19 世纪末和 20 世纪初在智利出现的各种社会团体和相关机构上，为这种解释提供了一些关键要素。特别值得注意的是，智利的采矿业及其产业分支的早期发展，吸引了农民迁移到由此产生的矿区、工业区和城市，形成了一个早期的工人阶级。为应对恶劣的工作和生活条件，这些工人开始组织起来，敦促改善社会福利。这些要求得到了天主教会的支持，1891 年教皇新事通谕呼吁教会领袖支持改善工人和工人自发组织的条件；他们也得到了城市商业和专业团体的支持，这些团体也对当权的地主精英的政策感到愤愤不平。分别代表国会和总统的两股力量之间爆发了短暂内战，最后以国会一方的胜利而告终，并为代表工人阶级的政党进入国家政治领域打开了一扇机会之窗。结果，在这些存在潜在利益冲突的土地所有者、中产阶级商业和专业团体以及工人阶级之间，出现了一种不寻常的社会妥协。在一系列新兴政党的代理下，并在教会的支持下，这一妥协创造了一段相对和平的政治稳定时期，建立了一个将公共资金输送给附属于主要政党和教会的非营利组织的再分配机制，让它们代表国家开展服务活动。在 20 世纪的大部分时间里，这种准福利伙伴关系安排在智利持续存在，使得非营利部门的能力大幅增强。尽管在 20 世纪 70 年代和 80 年代具有破坏性的

军事控制时期，该部门不得不经受一些挫折，但在此之后，该部门的能力在很大程度上得到了加强。

为探讨这些主题，这里分三步进行。首先，我们用实证工作找到的证据，来检验智利非营利部门的主要维度。然后，我们研究智利的社会和经济发展动态，以寻找对这个模式的解释。最后，我们就智利案例的更广泛含义提出一些结论。

智利非营利部门的维度

劳动力规模

该项目收集的数据表明，智利的非营利组织雇用了相当多的劳动力，并对智利经济作出了重要贡献。截至2004年，即有数据可得的最近一年，智利非营利组织的就业超过165000全职当量（FTE）工作，约占全国经济活动人口（EAP）的2.6%。此外，这些组织还拥有另外157000名全职当量的志愿者，使智利非营利部门的劳动力总数超过323000全职当量员工，约占全国经济活动人口的5%。如图11.1所示，非营利部门劳动力总数与智利两个关键产业（即交通运输业和建筑业）的就业总数相当，仅仅略低于此。它也相当于所有制造业就业人数的三分之一以上和农业就业人数的近一半。

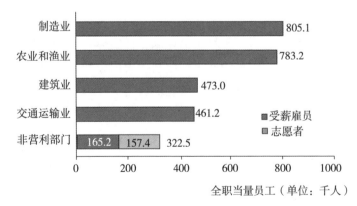

图11.1 2004年智利非营利部门与选定行业的FTE员工

与其他国家相比，智利非营利部门的规模处于中等水平。以经济活动人口的份额来衡量，截至 2004 年，智利非营利部门的劳动力占 5.0%，略低于有此类数据的 41 个国家的平均数（占经济活动人口的 5.7%），如表 2.1 所示。

尽管这使得智利低于欧洲和北美的大多数高收入国家，但它在拉美位居第二，仅次于阿根廷，还超过了一些西欧国家（如西班牙、意大利和葡萄牙）以及本书涵盖的所有发展中国家。虽然智利非营利部门的规模在略低于界定福利伙伴关系模式的范围（占经济活动人口的 6.8% 或以上），但它大大高于国家主义模式和传统模式国家的平均水平，后两种模式主要见于发展中国家（见表 11.1）。这表明智利是一个发达国家模式的临界案例。

表 11.1　　　　**非营利部门劳动力在 EAP 中所占份额，智利与**

国家集群和 41 国平均值的比较[*]

国　家　集　群	劳动力占 EAP 的比例（%）
智利	**5.0**
41 国平均值	5.7
传统模式	1.9
自由主义模式	9.6
福利伙伴关系模式	11.2
社会民主主义模式	8.2
国家主义模式	2.3

正如本章后面将更详细地解释的那样，如果智利的非营利部门在 1973 年至 1989 年期间没有遭遇军事统治的重大挫折，它的规模还会大得多。这就为将智利视为发达国家的某种模式的边缘性案例提供了进一步的论据。

志愿者参与

2004 年，智利约 7% 的成年人贡献了部分时间从事志愿工作。在一年中，每名志愿者平均为非营利组织工作了大约四分之一个工作日。这意味着该部门创造了 157000 个全职工作，相当于智利经济活动人口的 2.4%，与邻国阿根廷（2.7%）以及爱尔兰（2.3%）、瑞士（2.6%）和澳大利亚（2.9%）相当。在整个非营利部门劳动力中，近一半（49%）由全职当量的志愿者员工组成。

在智利非营利部门的劳动力中，志愿者的投入占比接近49%，按国际标准来看，这一比例相当高，超过了41个国家的平均水平（41%）。这也使智利大大高于大多数其他拉美国家的国家主义模式平均值（28%）　（见表11.2）。

表 11.2　　　　　志愿者在非营利部门劳动力中占比，智利与
国家集群和 41 国平均值的比较

国 家 集 群	志愿者占非营利部门劳动力的份额（％）
智利	**48.8**
41 国平均值	40.6
传统模式	53.1
自由主义模式	46.4
福利伙伴关系模式	29.1
社会民主主义模式	69.4
国家主义模式	27.9

志愿者在非营利部门劳动力中所占比例如此之高，进一步证明智利是拉美国家中的一个例外。

服务和表达活动

如表11.3所示，大多数（约56%）的智利非营利部门劳动力（受薪雇员和志愿者）从事服务活动。

在智利，教育和研究组织占有的非营利部门劳动力比例特别高（29%），这是拉美国家非营利部门的一个典型特征。同样值得注意的是，以国际标准来看，智利与职业和劳工利益相关的非营利部门活动占比特别大（18%比5.3%的平均水平）。这表明了智利职业和劳工利益集团的相对重要性。

表 11.3　　**2004 年智利按领域划分的非营利部门劳动力分布状况**

领　　域	份额（%）
服务领域	**56**
教育和研究	29
社会服务	16
医疗卫生	2
经济发展	9
表达领域	**42**
文化、体育和娱乐	15
宗教	6
倡导	3
专业协会和工会	18
环境保护	1
其他领域	**3**
慈善中介机构	1
国际组织	0
未分类	2
样本总量（N）	**322521**

从事服务职能的非营利部门工作人员所占比例较高，使智利处于界定福利伙伴关系模式和传统模式（服务比重超过表达比重）的参数范围内，尽管它低于这两种模式的平均值（分别为 71% 和 68%），如表 11.4 所示。

表 11.4　　**按职能类别划分的非营利部门劳动力分布情况，**
智利与国家集群和 41 国平均值比较[*]

国 家 集 群	按职能类别划分的非营利部门劳动力占比（%）		
	服务	表达	其他
智利	56	42	3
41 国平均值	59	37	4

续表

国 家 集 群	按职能类别划分的非营利部门劳动力占比（%）		
	服务	表达	其他
传统模式	68	24	8
自由主义模式	55	36	9
福利伙伴关系模式	71	25	4
社会民主主义模式	39	59	2
国家主义模式	50	47	4

注：＊由于四舍五入，数字加总可能不等于100%。

收入来源

政府拨款、合同和补偿是智利非营利部门收入的主要来源，占总收入的45%（见表11.5）。第二大来源是服务收费，占35%，而私人慈善捐赠贡献了该部门总收入的19%。

表11.5　　**2004年智利按领域划分的非营利部门收入来源**

领 域	政府（%）	慈善捐赠（%）	收费（%）
所有领域	**45**	**19**	**35**
服务领域	**58**	**19**	**22**
医疗卫生	18	71	11
教育和研究	61	15	25
社会服务	43	28	29
经济发展	75	18	7
表达领域	**16**	**17**	**68**
环境保护	15	77	8
文化、体育和娱乐	24	12	64
宗教	0	77	23
专业协会和工会	7	9	84
倡导	55	29	16

续表

领　　域	政府（%）	慈善捐赠（%）	收费（%）
其他领域	**26**	**46**	**29**
慈善中介机构	16	30	54
国际组织	92	0	8
未分类	26	46	29

在服务领域，尤其是在经济发展（占总收入的75%），教育（61%）和社会服务（43%）领域，政府资助在非营利部门收入中的支配地位尤为突出。

如表11.6所示，智利政府资助在非营利部门收入中所占份额明显超过除福利伙伴关系外的所有国家集群的平均水平，而且接近这一模式的定义范围（50%或以上），虽然它稍微低于这个标准。

表 11.6　　　　非营利部门收入来源分布，智利与国家
集群和 **41 个国家平均值对比** *

国　家　集　群	政府（%）	慈善捐赠（%）	收费（%）
智利	**45**	**19**	**35**
41 国	35	14	50
传统模式	11	24	65
自由主义模式	33	14	53
福利伙伴关系模式	66	8	26
社会民主主义模式	38	10	52
国家主义模式	18	18	64

注：＊由于四舍五入，数字加总可能不等于100%。

另一方面，智利慈善捐赠占总收入的19%，高于41国的平均水平，落在定义自由主义模式的范围内（占总收入的9%或更多）。

小结：一个临界状态的福利伙伴关系案例?

如本章数据所示，智利的非营利部门并不完全符合第4章所确定的非营

利部门发展的五种模式中的任何一种。然而，从劳动力规模、劳动力中的志愿者比例、服务活动的主导地位以及政府在收入中所占的份额，特别是服务领域的数据来看，智利仍然接近于发达国家的模式。这就为将智利视为本研究所涉发达国家的一种模式的边缘性案例，提供了有说服力的理由。问题是：哪一种模式呢？

在自由主义、福利伙伴关系和社会民主主义这三个可能的候选模式中，社会民主主义模式是最不可能的，因为智利很难满足其两个明确的属性，即表达在服务活动中占主导地位，而志愿者则多于受薪劳动力。另一方面，智利达到或接近界定另外两种模式的范围：自由主义模式和福利伙伴关系模式。将智利置于自由主义模式最有说服力的理由是，慈善捐赠在其非营利部门资金来源中占有很高的比例；将其纳入福利伙伴关系集群的最有力的理由是，从事服务活动的劳动力占主导地位，而政府资助在其资金来源中所占比例相对较高。

要判断这些论点的相对重要性，我们必须将它们置于地缘政治背景中。慈善捐赠在非营利部门收入来源中占据较高份额在拉美很常见，而且在中低收入国家中也很普遍，因此，它们不一定表明智利受到限制政府福利开支的自由主义的影响。更有可能的是，这反映出这些国家的非营利部门倾向于为高收入居民提供高端教育和其他服务。同样，这些国家的政府对非营利组织的支持水平也很低（平均约占非营利组织总收入的22%）。智利的政府资助在非营利部门收入中的份额是平均水平的两倍多，这表明与中低收入国家的标准相比，智利政府对非营利部门的支持水平非常高。

由于这种超高水平的政府支持，相较于自由主义模式，智利更接近于福利伙伴关系模式，可以被视为这种模式的一个边缘性案例。劳动力规模、服务活动的主导地位和政府在收入中的主导地位都接近于界定这种模式的水平，这是在拉美国家中相当不寻常的发展状况，在那里国家主义模式似乎最为常见。

解释智利的非营利部门发展模式[1]

我们如何解释智利非营利部门发展的这种不寻常模式？显然，情感和偏好理论不能使我们走得很远，因为智利与其他拉美国家具有同样的罗马天主教殖民起源，因而对利他主义和慈善也有同样的态度。因此，智利人口结构中本土居民和殖民居民的构成并没有特别不同，从而对集体物品产生明显不同的需求，如同政府失灵/市场失灵的理论所强调的那样。因此，社会起源理论能在多大程度上帮助我们解释这一不寻常的拉美现象？为了回答这个问题，我们需要简要地看一下智利独特的历史发展过程。

殖民遗产

智利非营利部门的发展最初是由西班牙殖民以及由此引发的社会力量所决定的。殖民者从西班牙移植了各种各样的社会、经济和政治结构，包括与西班牙君主制直接联系的等级制治理体系、王室赠予土地的乡绅以及天主教会。在军队的支持下，大地主利益集团、富商和外国资本家在 19 世纪的大部分时间里保持了对政府的控制，抵御住了来自自由的上层阶级的压力。

在 19 世纪后期，地主的权力最终受到压制，其时采矿业的扩张刺激了经济增长和工业化，大量农民迁徙到矿区、工业区和城市，城市中大量聚集了大众阶层，同时也产生了由专业人士和工商业者构成的中产阶级。由于生活和工作条件十分恶劣，完全缺乏公共服务，因此产生了工人组织、工人运动以及互助协会，互助协会出现在医疗卫生、教育、文化发展和其他领域。1891 年爆发的内战是一个转折点，智利总统在军队支持下对抗海军和专业人士阶层支持的国会。这场冲突以国会方面的胜利而告终。这导致了政治生活的开放，随之而来的是议会制度的建立和代表各种社会经济阶层和利益集团的政党的兴起。后者包括了中间偏右的保守党和自由联盟，保守党为罗马天主教会、大地主和工业寡头所支持，而自由联盟由自由党、自由民主党和激进党组成，主要为中产阶级专业人员和劳工利益集团所支持。20 世纪初工业化进一步发展，使得城市中产阶级和工人阶级迅速增长，政党结构更为完善。到 1910 年，社会主义工人党及其相关联的劳工运动已经形成，重要性逐渐上升；10 年后，即 1922 年，智利共产党成立。

社会经济集团的利益冲突和政治妥协

日益壮大的城市专业人士和劳工群体为政府中的改革派提供了政治支持，要求通过公共服务满足人类最基本的需求。恶劣的生活和工作条件也促使互助和住房协会进一步增加。这些组织被认为是缓和劳工斗争的机制，并得到各政党和天主教会的支持。天主教会发布《新事通谕》之后，在社会和劳工问题上采取了更加支持改革的立场，同时仍然反对共产主义和其他激进主义。[2]这些协会与国家之间的关系主要是合作关系，为最终形成非营利部门发展的福利伙伴关系模式提供了雏形。朝此方向迈出的重要一步是通过了1925年宪法，建立了新的公共社会救助体系，颁布了为工伤事故受害者提供援助的法律，并使工会和专业协会合法化。

不出所料，这些发展遭到保守派的抵制，导致政治动荡、一系列军事政变以及对罢工工人的屠杀。1932年，随着代表中产阶级利益的激进党在随后的联合政府中成为领导力量，宪政最终得以恢复。实际上，在1932年至1952年的20年间，由激进党领导的联合政府发挥了重要作用，在相互冲突的阶级利益之间达成了政治妥协，但也提供了庇护和社会保护，以换取政治支持。

1932年后的政治妥协代表了智利社会政治的重大变化。它引入了公共教育、医疗卫生、住房和社会服务，导致选举制度民主化，并最终将城市专业人员和工人阶级纳入该国的社会政治组织之中。庇护制度还为非营利组织的发展创造了有利条件，政党利用这些组织扩大其社会权力基础，主要是获得城市阶级和有组织劳工的支持。由于国家至少对以前完全由私人组织或天主教会负责的社会救助和保护事项承担部分责任，将国家和私人团体联系起来的福利伙伴关系制度初具雏形，私人团体充当国家的辅助角色。

20世纪60年代，非营利组织在体制上得到了巩固，国家也扩大了社会服务。许多组织已经合法化，例如邻里协会、母亲中心、体育俱乐部，最重要的是农民工会也于1967年被合法化。因此，几十年来一直在无法可依状态下运作的组织获得了合法地位。其中一个重要发展是基督教民主党在1964年的选举中取得了压倒性的胜利，并制定了一项叫作"自由革命"的结构改革计划。这一政治改革计划很大程度上出于国内和国际主体（国内主体主要是右派政治势力和智利天主教会，国际主体尤其是美国）对智利左翼势力的影响力日益增长以及智利可能出现卡斯特罗式革命的担忧。[3]

这个基督教民主党政府还进行了广泛的社会和经济改革，特别是在教育、住房和农村地区农业工人的工会化等方面。这些发展通过扩大非营利部门在提供服务方面的作用，进一步拓展了福利伙伴关系模式的雏形，并在法律上承认了大量的社区组织、邻里协会以及最重要的农业工人工会。然而，这些改革遭到了保守派和左派两方面的反对，前者认为改革过度，而后者则认为改革不足。最后，改革不能阻止来自左翼势力日益增加的压力，最终导致萨尔瓦多·阿连德（Salvador Allende）的人民团结阵线在 1970 年的选举中获胜。[4]尽管在阿连德政府统治下，社会经济群体之间的矛盾激化，并且受到美国政府不断的反对和施压，[5]但智利大多数政党机构和司法机构都坚持维护议会制和民主治理。

皮诺切特将军与军事统治：非营利部门发展停滞

智利社会的两极分化、阿连德在治理和控制政治局势方面的无能、政府的经济失败，再加上来自国内国际（主要是美国政府）的压力，最终导致了 1973 年 9 月 11 日由奥古斯托·皮诺切特（Augusto Pinochet）将军领导的武装部队发动的军事政变。[6]其结果是有效地结束了以政党为中介的妥协和社团主义政策时代，20 世纪大部分时间这都是智利民主的特色。军政府不仅镇压了有组织的劳工和与之相联的非营利组织，而且还开始了激进的新自由主义改革，大幅度削减了公共福利项目，并将许多政府职能民营化。

镇压导致非营利部门活动大幅减少——基层组织数量减少了约 30%，大多数社区组织、工会和行业协会完全丧失了自主权。受镇压影响最小的组织是那些附属于天主教会的组织。因此，许多人权组织或向军事政权受害者提供援助的组织在教会的主持下进行了重组。

恢复民主和重启非营利部门

1983 年至 1986 年期间，高失业率和社会不满情绪引发了一波抗议浪潮，导致皮诺切特默许在 1988 年根据宪法举行公投，公投最终以皮诺切特的政治失败而告终。这为 1989 年选出新的民主政府和对智利的非营利部门进行重大改革开辟了道路。

也许最重要的是通过了旨在修复政府与非营利组织之间关系的政策，在皮诺切特统治之下二者关系一直处于紧张状态。作为巩固民主进程的一部分，新政府采取一系列步骤加强非营利部门，优先重视社会议题，增加社会开支，并扩大社会项目供给范围。政府官员和非营利部门的代表之间建立了对话，从而制定了旨在强化非营利部门的国家公共政策。

这些发展为与城市专业人士阶层关联的、新的非营利组织的出现创造了条件，反映了他们对人权和公民权利、性别平等、环境保护、土著人权利和促进重新民主化的兴趣。然而，与1970年以前的模式相反，这些新的组织与政党保持距离，保持其独立性并专注于提供服务。

在民主化时期，政府对服务活动的财政资助有所增加，但主要集中在教育和社会救助等服务活动领域。因此，与其他拉美国家不同的是，今天政府支出是智利非营利部门的主要收入来源，因此智利非营利部门的特征呈现出福利伙伴关系模式的性质。政府对智利非营利部门的支持绝大多数采取为非营利组织的服务提供补偿的形式，主要集中在教育部门。一些直接支出也用于减贫和支持残疾人。其他支持形式包括服务合同、对非营利组织的免税以及对这些组织的捐赠者的税收抵扣。

总结和结论

脱离西班牙取得独立之后，智利的非营利部门是在保守派和自由派从相互斗争到达成权力平衡的过程中形成的，保守派包括地主和工业精英，自由派则由商业人士、专业人士和工人阶级构成。在智利，这种权力斗争是相对有限的，最终结果是，在为城市专业人士阶层和工人阶级打开权力之窗时，地主和工业精英以及天主教会也设法保住了权力。这反过来既导致了这些相互冲突的社会经济利益集团在重振的议会制度的居中调和下达成妥协，并且得到了天主教会的支持，导致国家承担了资助——即便不必由其提供——服务社会福利保护的责任。这一系列妥协最终导致了智利福利合作伙伴关系模式的发展，各种世俗和宗教附属的非营利组织或互助组织都得到了国家的支持。尽管这一格局在1973年至1990年期间被军事独裁所中断，但随后得到恢复和扩展。这一结果与墨西哥出现的模式形成了鲜明对比，如第15章所示，墨西哥社会阶级之间的斗争更加旷日持久，更加激烈，不仅削弱了地主和工业精英，而且削弱了商业和专业中产阶级、工人阶级和教会，导致了截然不同的结果。

正如社会起源理论所认为的那样，智利的故事除了强调社会团体的重要性之外，还说明了权力放大器在非营利部门发展中的作用。在智利，权力放大器的作用是由政党来代表地主和工业精英、城市专业阶层和劳工组织的利益，同时也调解他们之间的利益冲突。这导致了较长时期的社会和平，并且达成了社会妥协。这种社会妥协的特点是通过非营利组织来提供庇护，促成了双方福利伙伴关系模式的发展，公共机构和政党作为一方，非营利部门作为另一方。这一妥协持续了近 50 年，直到 1973 年才被军事政变打破。皮诺切特政权扭转了 1970 年以前的福利伙伴，并开始执行新自由主义政策，导致许多政府职能私有化，并大大减少了政府对非营利部门的支持。此外，该政权还对非营利部门的活动实施镇压。这些政策的结果是大大削弱了该部门的组织能力，并破坏了其与政府的关系。然而，1990 年恢复民主制度后，公共机构与非营利部门之间重新建立了合作关系，非营利部门以服务型组织为主，这是福利伙伴关系模式的一个典型特征。

智利的故事还说明了社会起源理论所提出的另一个因素的影响：即外国势力在一国非营利部门发展当中扮演的角色。在智利，有两股迥然不同的外来势力对这个国家产生了巨大影响。首先是西班牙殖民统治，它在农村建立了地主贵族制，并建立了强大的天主教会及其附属的相关非营利组织。前者是智利保守派政党的支柱，后者为福利伙伴关系模式提供了框架。

近年来的外国势力是美国。在卡斯特罗接管古巴政权之后，美国一直担心共产主义在美洲的影响会扩大，因此为一些反动势力撑腰，以便它们对抗智利城市和农村普罗大众日益激进化的形势。这种支持最初采取的措施是支持基督教民主党中的改革派分子。这个办法失败后，美国对军事政变大开绿灯，推翻了民主选举的萨尔瓦多·阿连德政权。这并不是说，美国对智利非营利部门当前状况负有全部甚或是主要责任。但是，美国的参与产生了重大的政治和经济影响，助推了这个结果。它翻手为云覆手为雨，先是在 20 世纪 60 年代加强智利非营利部门的作用，然后又在皮诺切特政权时期削弱非营利部门的作用。

总之，智利非营利部门发展的福利伙伴关系模式在拉美是不寻常的。社会起源理论能够超越文化特征或消费者偏好，并审查社会阶层之间长期通过政治机构进行调解的权力关系，来解释智利非营利部门发展的福利伙伴关系模式。

12　奥地利：非营利部门发展的二元模式

米凯拉·纽梅尔，乌尔丽克·施奈德，迈克尔·梅尔

阿斯特丽德·彭纳斯多夫，S. 沃伊切赫·索科罗斯基及莱斯特·M. 萨拉蒙

奥地利和德国有着共同的语言和文化，20世纪上半叶曾经发生了一场激烈的运动，试图统一这两个国家。鉴于这种文化的亲近性，可能有人会期望奥地利非营利部门遵循德国所建立的福利伙伴关系模式。但数据显示情况并非如此。相反，奥地利非营利部门的发展状况完全符合社会民主主义模式的所有三项界定标准，使其更类似于斯堪的纳维亚国家而非德国。尤其是，该部门规模相对较大，志愿者参与率很高，并且从事表达活动的劳动力占比远高于服务领域。另一方面，该部门获得的政府财政支持水平要高于社会民主主义模式国家，尽管没有福利伙伴关系模式国家的水平那么高。

那么我们如何解释这种惊人的分歧呢？在记录了奥地利非营利部门的规模之后，本章尝试通过分析奥地利是否存在社会起源论中与社会民主主义模式的产生相关联的权力关系，来解释这个明显的难题。我们发现奥地利明显具有很多这样的特征，其中就包括被削弱的地主精英、相当强大的工人运动与以社会党形式存在的有效政治力量，以及第二次世界大战后核心产业的国有化，这些都限制了商业与专业中产阶级的力量。然而，与此同时，劳工还不够强大，不足以对抗农村的大量天主教徒小农户的强大保守势力。结果导致该国两股势力的二分化，在城市中形成了社会民主主义模式，而在农村则残留着福利伙伴关系的痕迹。这种二元结构由城市导向的社会党和基于农村的基督教民主人士达成的权力分享协议来维持。

奥地利非营利部门的维度

劳动力规模

非营利部门是奥地利经济的重要组成部分。截至 2001 年，[1]奥地利的非营利组织雇用了大约 116400 名全职和兼职的受薪雇员。[2]折算为将近 86000 个全职当量（FTE）职位，约占奥地利经济活动人口（EAP）的 2.2%。另外，这些组织雇用了相当于 222000 名全职当量志愿者，使奥地利非营利部门的劳动力总数达到将近 308000 全职当量员工，占奥地利经济活动人口的 7.8%。[3]

如图 12.1 所示，奥地利非营利部门里全职当量劳动力与该国建筑业的就业人数相当，明显高于交通运输业、农业及渔业的就业人数，比制造业就业人数的 40% 稍多一点。

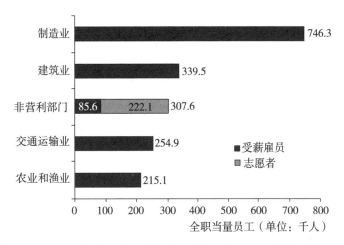

图 12.1　2001 年奥地利非营利部门全职当量劳动力与所选行业的对比

与其他国家相比，奥地利的非营利部门规模相当大。以占经济活动人口比重来衡量，2001 年奥地利非营利部门的劳动力排名大大高于可获得此类数据的 41 个国家的平均水平（分别为 7.8% 和 5.7%）。

这使奥地利高于欧洲和北美的几个高收入国家，其中最引人注目的便是其北部邻国德国（EAP 的 6.8%）以及其西部邻国瑞士（6.9%）。奥地利非营利部门的规模很容易达到社会民主主义模式所定义的范围（EAP 的 6.8%或更高），并与社会民主主义模式国家集群的平均水平相当（见表 12.1）。

表 12.1 非营利部门劳动力占 EAP 的比例，奥地利与
国家集群及 41 国平均值比较

国 家 集 群	劳动力占 EAP 的比例（%）
奥地利	7.8
41 国平均值	5.7
传统模式	1.9
自由主义模式	9.6
福利伙伴关系模式	11.2
社会民主主义模式	8.2
国家主义模式	2.3

志愿者参与

志愿者参与水平高是非营利部门发展的社会民主主义模式的决定性特征之一，这一特征在奥地利是显而易见的。在奥地利，15 岁及以上人口中，超过 55%的男性和 47%的女性参与过某种形式的志愿活动。[4]在 2000 年，志愿者为非营利组织贡献了超过 3.7 亿小时的工作时间。这就折算为 222000 多个全职当量（FTE）工作，占整个经济活动人口（EAP）的 2.4%，占整个非营利部门劳动力的近四分之三（72.2%）。

根据国际标准，奥地利志愿者投入的占比相当高，并且完全处于界定社会民主主义模式的范围之内（劳动力的 56%或更高）。甚至超过了社会民主主义模式集群国家 69.4%的平均水平，如表 12.2 所示。

表 12.2 志愿者占非营利部门劳动力的比例，奥地利与
国家集群及 41 国平均值的比较

国 家 集 群	志愿者占非营利部门劳动力的比例（%）
奥地利	72.2
41 国平均值	40.6

续表

国 家 集 群	志愿者占非营利部门劳动力的比例（%）
传统模式	53.1
自由主义模式	46.4
福利伙伴关系模式	29.1
社会民主主义模式	69.4
国家主义模式	27.9

服务与表达活动

社会民主主义模式的第三大特征是非营利部门的劳动力从事表达活动的比例很高，这一特征在奥地利表现得也很明显。如表 12.3 所示，奥地利非营利部门 50% 的劳动力（受薪雇员和志愿者）集中在表达活动领域，特别是文化、体育和娱乐领域（23%）。

表 12.3　　**2001 年奥地利非营利部门劳动力的分布领域**

领　　域	比例（%）
服务领域	**49**
教育与研究	11
社会服务	25
医疗卫生	13
经济发展	0
表达领域	**50**
文化、运动与娱乐	23
宗教	12
倡导	3
专业协会与工会	8
环境保护	4
其他领域	**1**
慈善中介机构	0

续表

领　域	比例（%）
未分类	1
样本总量（N）	307632

从事表达活动的劳动力占比高于服务活动，这使奥地利接近社会民主主义模式的平均水平（见表 12.4）。社会起源理论认为，表达活动在社会民主主义模式中的主导地位是由公共部门提供服务的结果。虽然奥地利在技术上符合社会民主主义模式的这一定义标准，但从事表达活动的劳动力所占比例仅略高于从事服务活动的劳动力占比（分别为 50% 和 49%），这表明在当今奥地利存在福利伙伴关系模式的要素。

表 12.4　　　　　**按功能类别划分的非营利部门劳动力分布，**
奥地利与国家集群和 41 国平均值比较 *

国 家 集 群	按职能类别划分的非营利部门劳动力占比（%）		
	服务	表达	其他
奥地利	**49**	**50**	1
41 国平均值	59	37	4
传统模式	68	24	8
自由主义模式	55	36	9
福利伙伴关系模式	71	25	4
社会民主主义模式	39	59	2
国家主义模式	50	47	4

注：* 由于四舍五入，数字加总可能不等于 100%。

收入来源

2005 年，奥地利非营利部门的总收入超过了 40 亿欧元（50 亿美元）。其中一半来自政府拨款、合同及补偿，如表 12.5 所示。非营利部门的第二大收入来源是服务收费，占总收入的 37%，而私人慈善提供了 13% 的收入。[5]

表 12.5 **2001 年奥地利按领域划分的非营利部门收入来源**

领　　域	政府（％）	慈善捐赠（％）	收费（％）
所有领域	50	13	37
服务领域	56	7	36
医疗卫生	49	3	48
教育和研究	59	6	36
社会服务	60	10	31
表达领域	35	22	43
环境保护	48	16	37
文化、体育和娱乐	16	30	54
宗教	65	5	29
专业协会和工会	32	2	66
倡导	38	23	40
其他领域	25	58	17
国际组织	25	75	0
未分类	25	4	72

服务领域比表达领域得到了更多的政府资助（分别为56％和35％），这是在可获得数据的其他大多数国家看到的一种模式。最常见的公共资助工具是政府拨款（一次性补贴）和绩效合同，在奥地利绩效合同已开始逐步取代一次性补贴，特别是在社会服务领域。绩效合同具体说明了组织要提供的服务的类型、数量与质量，2005 年，非营利部门总收入的31％来自于这些绩效合同。[6]

私人慈善在服务领域处于相对次要地位，但在表达领域却是一个重要的收入来源，特别是在国际活动（占收入的75％），文化、体育和娱乐（30％）以及倡导（23％）等领域。宗教领域65％的收入来自政府资助。这突出了奥地利政府与罗马天主教会之间的密切关系。天主教徒仍需缴纳教会税，它最初是希特勒于 1938 年吞并奥地利后由纳粹发起的，但在第二次世界大战后得以保留，用以维持与保守派的政治妥协。

如表 12.6 所示，这种收入来源分布使奥地利的政府资助高于社会民主主义国家的平均水平（38%），并反映了奥地利存在福利伙伴关系模式的要素，前面引用的数据表明，从事服务活动的非营利部门劳动力所占比例相对较高，很有可能是来自国家补贴。但是奥地利政府的资助在非营利部门收入中的占比为50%，仍远低于福利伙伴关系国家集群66%的平均水平。

表 12.6　非营利部门收入来源分布，奥地利与国家集群和 41 国平均值比较[*]

国 家 集 群	政府（%）	慈善捐赠（%）	收费（%）
奥地利	**50**	**13**	**37**
41 国平均值	35	14	50
传统模式	11	24	65
自由主义模式	33	14	53
福利伙伴关系模式	66	8	26
社会民主主义模式	38	10	52
国家主义模式	18	18	64

注：* 由于四舍五入，数字加总可能不等于100%。

小结：一种扭曲的社会民主主义模式

总之，奥地利的非营利部门符合社会民主主义模式所定义的特征。它拥有相当规模的员工队伍、很高的志愿者参与率，并且从事表达职能的劳动力比从事服务职能的略多。政府支持水平高于其他社会民主主义国家，但明显低于福利伙伴关系国家。

这就使奥地利与其北方邻国德国不同，德国的非营利部门完全属于福利伙伴关系模式。社会起源理论能在多大程度上帮助我们理解这个惊人的发现呢？我们现在就来讨论这个问题。

解释奥地利的非营利部门发展模式

由于奥地利在 20 世纪出现了不同的权力关系配置，使得其非营利部门的发展模式与其邻国有所不同。最重要的便是奥地利的工人阶级和与之紧密结盟的社会党的异乎寻常的强大地位。劳工势力的两个潜在反对者的削弱促成了这一结果：第一，第一次世界大战之后，原有的地主精英和皇帝一起被驱逐；第二，新兴的工商业精英在第二次世界大战期间因德国入侵而被削弱，该国工业战后又经历大规模国有化，以阻止苏联的接管。因此，为了解这种不同寻常的非营利部门发展的社会民主主义模式在奥地利的出现，有必要简要回顾一下奥地利的历史以及 20 世纪两次世界大战对该国的影响。

奥匈帝国时期

奥地利的历史与哈布斯堡王朝的兴衰紧密联系在一起，该王朝由日耳曼贵族建立，在 17、18 世纪，通过征服斯拉夫人、罗马尼亚人和匈牙利人，占领这些地区并建立控制农村地区的日耳曼贵族统治，扩大了对南欧与东欧的控制。然而，由此产生的哈布斯堡帝国具有多民族特征，加上被征服地区人民的民族主义情绪日益高涨，对帝国有效治理构成了很大的挑战。哈布斯堡政府采取相对温和的方式处理这一问题，导致在 1867 年达成了所谓的"奥匈协议"，建立了奥地利帝国和匈牙利王国的二元主权。这就导致了一个庞大的中央集权官僚机构的发展，在帝国解体后这一机构由奥地利继承下来。

现代非营利部门是在"奥匈协议"之后出现的，1867 年通过了关于注册协会的法律，[7]该法律促进了民间社团的迅速发展，从慈善社团、储蓄俱乐部到文化和体育俱乐部以及政治组织。

第一次世界大战与社会主义党的崛起

虽然这些公民和政治社团宣泄了这个多元文化熔炉所固有的一些紧张局势，但随着民族、阶级、意识形态以及城乡之间的社会分歧日益加深，最终导致第一次世界大战的爆发，结果奥德轴心国战败，帝国分裂为几个独立国家。就我们的研究目的而言，战争最重要的结果并不是奥地利被迫割让大部分领土给新建或重建的斯拉夫国家（捷克斯洛伐克、波兰、南斯拉夫），而是奥地利贵族被迫与哈布斯堡皇帝一起逃亡，留下了由小地主和商人组成的乡村景象，同时这场战争极大地鼓舞了该国尚处于萌芽阶段的工人阶级，战争给他们带来了沉重的负担。尽管工人阶级的某成员推行激进的议程，希望进行彻底的共产主义革命，但其他成员却追随相对年轻的社会主义党，社会主义党成为推动和平和社会改革的主导力量。社会主义党在战后产生了奥地利与德国统一的设想，希望通过与更强大的德国社会民主党结盟，来巩固奥地利的社会主义前景，于是宣布建立民主共和国并推动有利于工人的"从摇篮到坟墓"的社会改革计划。[8]其中包括建立 8 小时工作制、劳工委员会及共和主义宪法等措施，该宪法包括联邦制和分权制等内容。

但是，社会主义党的改革议程并未得到普遍接受。哈布斯堡贵族离开之后留下的农村人口深受保守的天主教社会学说的影响，并对左翼社会主义意识形态持怀疑态度。故此，奥地利政治生活中出现了严重的城乡分化，右翼的基督教社会党代表着农村人口，左翼的社会主义党则主导着城市地区。根据战后宪法，奥地利建立了议会制度和联邦行政体系，这种意识形态的分裂在区域分割的二元社会福利结构中得到了反映。社会主义者和基督教社会党的拥护者被迫妥协，结果他们将国家划分为不同的势力范围，并在各自势力范围内制定了不同的社会福利制度，在城市地区由国家提供广泛的社会福利，在农村地区建立了更接近于福利伙伴关系的模式，由存在已久的天主教附属机构提供服务。[9]

议会民主制的衰落和希特勒的吞并

被奥地利两个主要政党之间的妥协所掩盖的城乡分歧，并不是该国唯一的分歧。这两个政治集团内部又分为温和派和激进派。主张更自由的民主制和扩大福利国家的社会主义者，面临着更激进的奥地利马克思主义者（Austromarxist）派别的挑战，后者推动了一场彻底的共产主义革命。同样，右翼内部也面临着更温和的基督教社会党的支持者和激进的原法西斯主义者（Proto-fascist）派系之间的分裂。这些分歧增加了政治不稳定性，反过来又加剧了政党内部斗争，引发了更多的政治暴力。[10]

这些事态发展为法西斯主义者的煽动创造了沃土，奥地利的非营利部门，特别是体育社团在其中发挥了推波助澜的作用。[11]政治暗杀和骚乱加剧了保守派对政府当局的反对，并导致议会制度停摆，在基督教社会党领袖恩格尔伯特·多尔法斯（Engelbert Dollfuss）和右翼准军事组织所组成的"祖国阵线"的领导下建立了独裁的奥地利法西斯主义（Austrofascist）政权。该政权于1933 年取缔了社会主义党，并效仿意大利实施了一系列社会和经济改革措施，其中包括法团主义劳资关系模式。[12]然而，保守派之间的内讧仍在继续，导致政府彻底垮台，希特勒于 1938 年侵吞了奥地利。

德国的吞并对奥地利的非营利部门产生了毁灭性的打击，许多组织被纳粹解散。其余的注册社团要么与法西斯国家的民族主义政策保持一致，要么被完全取消。前者，特别是大众体育俱乐部，被法西斯政权拉拢，为纳粹文化和政治观点的传播作出了重要贡献。[13]

战后奥地利建成福利国家

1945 年苏联红军击败纳粹，为恢复议会政府和完成奥地利的福利国家建设打开了大门。这是由战后一系列重要的事态发展所促成的。首先，虽然奥地利的部分地区属于苏联影响范围，但西方列强——英国、法国和美国——在奥地利继续发挥作用，比它们在新苏维埃的东部势力范围所发挥的作用大得多，从而遏制了苏联的影响，坚持奥地利保持中立并争取战争赔偿。其次，在 1945 年战后第一次选举中上台的联合政府迅速采取行动，将本国的一些产业国有化，以阻止苏联的接管。[14]这就限制了强大的工商业精英的出现，这些精英可能会阻碍进一步由国家支持的社会福利保护。最后，战后出现了从农村向城市的大规模移民，从而减少了农村反对派对劳工社会民主主义改革议程的阻力。

从政治上讲，战后第一次民主选举从根本上恢复了奥地利法西斯主义之前昙花一现的制度安排，社会主义党（更名为社会民主党）与基督教社会党（改组为基督教奥地利人民党）联手组建了"大联盟"，依照所谓"按比例分配"（Proporz）原则进行运作，其中涉及大联盟各政党根据各自的政治权力"按比例"任命政府官员，但实际上，至少在最初，这种制度安排转化为每个政党任命同等数量的政府官员。[15]由于右翼政党一些的派系对法西斯政权有过支持，以及城市化趋势减少了这些政党的农村选民数量，因此右翼政党在某种程度上已经声名狼藉，而社会民主党在"大联合"中占了上风，并且能够完成他们早在 20 年前就在城市地区开创的福利供给的社会民主主义模式。社会福利保护制度得以显著扩大，奥地利发达的公共行政部门不仅提供资助，而且提供服务。奥地利在战后实行中立，节省了原本用于军事支出的资源，这无疑促进了社会福利支出的增加。

因此，如今奥地利的公共部门提供了大部分的公共福利服务。其占教育领域就业总人数的 84%，占卫生领域就业总人数的 52%，社会主义者于 20 世纪 20 年代在奥地利城市地区建立的制度得到进一步扩大。然而，旧基督教社会党所青睐的福利伙伴关系模式仍有遗存，尽管只是在社会服务领域，服务领域非营利部门就业人数占比（55%）远远超过政府就业人数占比（25%）。

由于主要由公共福利系统提供社会保护，非营利部门在奥地利社会中更多地发挥表达作用，通过动员民众对两党的支持来弥合左派和右派之间的鸿沟。因此，许多非营利组织遵循"比例原则"得到社会民主党或人民党的支持。由于与政党及工会关系密切，非营利组织获得了相当大的政治影响力并获得了公共资金。[16]

与此同时，奥地利的非营利部门变得相当政治化，划分为隶属于社会民主党的"红"派和隶属于人民党的"黑"派。[17]这也为不属于主要政党的组织进入非营利部门制造了壁垒，并激起了"新""旧"组织之间的竞争，这种竞争在20世纪70年代的环境和人权的运动中尤为突出。

另一个对奥地利非营利部门产生重大影响的事件——特别是在志愿者参与方面——是1975年实行的用以取代强制兵役的平民公共服务制度。2004年，约有1020个组织为公民提供了总计12538个岗位，用于公民履行社会工作义务。[18]这鼓励了志愿者的普遍参与，超出公务员制度的要求。

结　　论

奥地利拥有一个规模相当大的非营利部门，主要由志愿者组成，该部门劳动力一半从事表达活动，一半从事服务活动。这些特点将奥地利置于非营利部门发展的社会民主主义模式之中。然而，表达活动的比例远远低于社会民主主义模式的平均水平，而政府资助水平和服务活动的比例明显高于遵循这种模式的其他国家，而更接近于福利伙伴关系模式国家。这表明，奥地利非营利部门更像是一个混合型案例，结合了社会民主主义和福利伙伴关系模式的要素。

社会起源理论强调社会群体和政治机构之间的权力关系，从两个方面为解释这种模式的产生提供了重要线索。首先，尽管奥地利与德国在文化和政治制度方面关系密切，但它并没有简单地复制德国盛行的福利伙伴关系模式，而是走出了自己的发展道路，这反映出城市工人阶级与乡村的小农户和小商人之间政治利益上的分歧，后者深受天主教会的影响。奥地利工人阶级的相对影响力是促成这一结果（特别是其独特的社会民主主义特征）的重要因素，工人阶级的影响力得益于第一次世界大战后该国地主精英的消灭以及此后工商业精英的缺失，纳粹接管在先、第二次世界大战后奥地利经济的大规模国有化在后，削弱了工商业精英的力量。

但是，劳工力量还不足以独立执政，因此其有必要与农村自由派支持的基督教社会党达成妥协。其结果是，国家实际上被分割成不同的福利制度区域，在城市地区（尤其是维也纳）建立了社会民主主义模式，在农村建立了近似于福利伙伴关系模式。尽管这种二元性在纳粹时期受到抑制，但在第二次世界大战后，随着战前权力关系的恢复，这种二重性再次出现，尽管以劳工为导向的社会民主党在"大联合"中占据着上风。在我们的数据中可以明显看出，由此产生的混合制度清楚地反映了这些权力关系，其中受城市工人青睐的社会民主主义模式占据主导地位，并体现出福利伙伴关系模式（受到农村较为保守的天主教导向的群体的支持）的标志性特征。

13　丹麦：扭曲的社会民主主义模式

托马斯·P. 博杰，比亚内·易卜生，托尔本·弗里德堡

乌拉·赫伯曼，S. 沃伊切赫·索科罗斯基及莱斯特·M. 萨拉蒙

　　丹麦是世界上最慷慨的福利国家之一，将其 GDP 的 28.7% 用于社会保障网计划。[1]同时该国还拥有一个相当健全的非营利部门。对于那些认为政府福利"挤出"民间主动性的人来说，慷慨的福利国家与健全的非营利部门并存看似一个悖论。然而，这种明显的悖论并不局限于丹麦，也存在于其他遵循非营利部门发展的社会民主主义模式的欧洲国家。

　　丹麦的非营利部门拥有庞大的劳动力队伍，相对较高的志愿者比例，服务活动与表达活动均衡分布，以及相当大的政府支持，因此最好将丹麦归类为非营利部门发展的社会民主主义模式与福利伙伴关系模式之间的边缘性案例。这一模式是如何产生的呢？社会起源理论将我们的注意力转移到始于 18 世纪的农业经济转变上来，这一转变导致大庄园被小型自耕农场所取代，并且促进三个有影响力的社会经济阶层——商业导向的小农、产业工人、中产阶级商人和专业人士——形成了一个不寻常的联盟。在接下来的两个世纪里，这个联盟成功地实施了一项强有力的政府社会保护及商业企业补贴计划，特别是在农业部门。

　　本章的其余部分探讨了这一联盟是如何产生的，并在此过程中证明了社会起源论所确定的因素如何帮助解释由此产生的非营利部门模式。当然，首先必须更精确地描述这一模式。

丹麦非营利部门的维度

劳动力规模

　　非营利部门是丹麦经济的重要组成部分。截至 2004 年，丹麦非营利组织

雇用了超过 140000 多名全职当量（FTE）受薪雇员，占该国经济活动人口（EAP）的近 5%。此外，这些非营利组织雇用了近 150 万名志愿者，占丹麦总人口的 27% 以上，占成年人口的 35%。这些志愿者对非营利组织的投入转化为另外 110000 个全职当量工作，使丹麦非营利组织劳动力总数达到近 251000 名全职当量员工，占该国 EAP 的 8.8%。

如图 13.1 所示，非营利组织的劳动力规模仅次于制造业（435000 员工），超过交通运输业（186000）、建筑业（185000）以及农业和渔业（81000）。

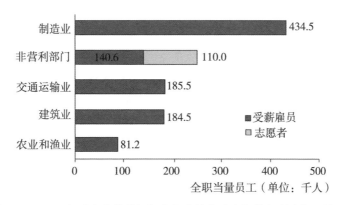

图 13.1　2004 年丹麦非营利部门全职当量劳动力规模与所选行业的比较

与其他国家相比，丹麦非营利部门的规模也相当庞大。如图 2.7 所示，按经济活动人口的占比计算，截至 2004 年，丹麦（8.8%）大大高于可获取此类数据的 41 个国家平均水平（5.7%）。

这使得丹麦的非营利部门大于欧洲和北美的几个高收入国家，尤其是其邻国德国（占 EAP 的 6.8%）和挪威（7.3%），但低于瑞典（9.6%）、比利时（13.1%）及荷兰（15.9%）。如表 13.1 所示，丹麦非营利部门劳动力占 EAP 的比例略高于社会民主主义国家集群的平均水平，丹麦是其中的一个临界成员。

表 13.1　非营利部门劳动力占 EAP 的份额，丹麦与国家集群和 41 国平均值的比较

国　家　集　群	劳动力占 EAP 的比例（%）
丹麦	8.8
41 国平均值	5.7

国 家 集 群	劳动力占 EAP 的比例（%）
传统模式	1.9
自由主义模式	9.6
福利伙伴关系模式	11.2
社会民主主义模式	8.2
国家主义模式	2.3

志愿者参与

志愿者参与水平高是社会民主主义模式的定义性特征之一。2004 年，有超过 27% 的丹麦人口参与了某种形式的志愿服务。如上所述，这相当于超过 110000 份全职工作，占整个非营利部门劳动力的 44%。

如表 13.2 所示，丹麦志愿者投入水平虽然略高于 41 国平均水平（40%），低于社会民主主义国家集群的平均水平（69%）。志愿者在丹麦非营利组织劳动力中占比相对较低的原因，可以解释为从事社会服务的非营利组织占比相对较高，下文将对此进行更全面的说明。此外，这一数字低估了志愿活动的实际水平，因为它只包括本书定义的通过非营利组织提供的志愿服务。大量志愿活动也发生在本研究未涉及的边缘性实体中，特别是家园护卫队（地方自卫队志愿者）和各种自助团体。如果将志愿工作纳入我们的估算之中，将使丹麦更接近社会民主主义集群的平均水平。

表 13.2　　　　志愿者在非营利部门劳动力中占比，丹麦与

国家集群和 41 国平均值的比较①

国 家 集 群	志愿者占非营利部门劳动力的份额（%）
丹麦	43.9
41 国平均值	40.6

---

①　表格内容与文中存在不一致性，出于尊重原文，保留原貌，后文同此。——译者注。

国　家　集　群	志愿者占非营利部门劳动力的份额（％）
传统模式	53.1
自由主义模式	46.4
福利伙伴关系模式	29.1
社会民主主义模式	69.4
国家主义模式	27.9

服务和表达活动

　　社会民主主义国家集群的另一个定义性特征是表达功能在非营利部门的活动中占主导地位。然而，丹麦仅有43%的非营利部门劳动力从事表达活动，文化、体育和娱乐领域占非营利部门劳动力的25%（见表13.3）。另一方面，丹麦非营利组织约50%的劳动力（受薪雇员和志愿者）从事服务活动，主要集中于教育和研究（22%）以及社会服务（19%）。

表13.3　　　　**2004年按领域划分的丹麦非营利部门劳动力分布**

领　　域	份额（％）
服务领域	**50**
教育和研究	22
社会服务	19
医疗卫生	3
经济发展	6
表达领域	**43**
文化、体育和娱乐	25
宗教	3
倡导	3
专业协会和工会	11
环境保护	1
其他领域	**7**

续表

领　域	份额（%）
慈善中介机构	0
国际组织	2
未分类	4
样本总量（N）	**250661**

虽然丹麦从事表达活动的非营利组织劳动力相对比例略低于社会民主主义模式的定义基准，但仍远高于 41 国平均水平，如表 13.4 所示。并且，这没有考虑到自助团体和家园护卫队中的大量志愿工作。

表 13.4　　　　　　按功能划分的非营利部门劳动力分布，
丹麦与国家集群和 **41 国平均值的比较**[*]

国　家　集　群	按功能类别划分的非营利部门劳动力占比（%）		
	服务	表达	其他
丹麦	**50**	**43**	**7**
41 国平均值	59	37	4
传统模式	68	24	8
自由主义模式	55	36	9
福利伙伴关系模式	71	25	4
社会民主主义模式	39	59	2
国家主义模式	50	47	4

注：＊由于四舍五入，数字加总可能不等于 100%。

收入来源

丹麦非营利部门在收入模式方面与其他社会民主主义国家更为相似。如表 13.5 所示，在丹麦，2004 年政府资助占该部门总收入的 40%（1050 亿丹麦克朗，或 192 亿美元）。超过一半的收入（53%）来自于收费和市场销售，剩下的 7% 来自于私人慈善事业。

表 13.5　　　　**2004 年丹麦按领域划分的非营利部门收入来源**

领　　域	政府（%）	慈善捐赠（%）	收费（%）
所有领域	40	7	53
服务领域	**65**	**3**	**32**
医疗卫生	13	41	46
教育和研究	76	0	24
社会服务	75	4	21
经济发展	7	1	92
表达领域	**9**	**11**	**80**
环境保护	7	44	49
文化、体育和娱乐	25	20	55
宗教	15	35	50
专业协会和工会	1	6	93
倡导	27	12	60
其他领域	**39**	**13**	**49**
慈善中介机构	39	0	61
国际组织	50	27	22
未分类	23	3	74

　　如表 13.6 所示，这种收入结构与社会民主主义模式国家的平均值密切相关。相比丹麦政府在非营利组织收入中 40% 的占比而言，所有社会民主主义国家集群的平均水平为 38%。服务收费和慈善捐赠分别占丹麦非营利组织收入的 53% 和 7%，这与所有社会民主主义国家 52% 和 10% 的平均水平相差无几。

表 13.6　　**非营利部门收入来源分布，丹麦与国家集群和 41 国平均值比较**[*]

国 家 集 群	政府（%）	慈善捐赠（%）	收费（%）
丹麦	**40**	**7**	**53**
41 国平均值	35	14	50
传统模式	11	24	65

续表

国 家 集 群	政府（%）	慈善捐赠（%）	收费（%）
自由主义模式	33	14	53
福利伙伴关系模式	66	8	26
社会民主主义模式	38	10	52
国家主义模式	18	18	64

注：＊由于四舍五入，数字加总可能不等于100%。

　　然而，在某些领域，如社会服务、教育与研究，丹麦非营利组织的收入结构看起来更接近于福利伙伴关系模式而非社会民主主义模式。如表13.5所示，在这些领域中，政府资助占到非营利组织收入的75%或者更高，采用福利伙伴关系结构的国家具有鲜明特点，即高度依赖政府对非营利组织的资助来履行其社会福利职能。

小　结

　　总而言之，丹麦是我们拥有数据的国家中，不完全符合第4章所确定的5种非营利部门模式中任何一种的少数国家之一。虽然其在总体轮廓（规模、志愿参与和表达活动的所占份额）上与社会民主主义模式存在显著的相似性，但它也显示出了福利伙伴关系模式（高水平的服务活动和大规模的政府资助）的一些特征，至少在某些特定的福利服务领域是如此。非营利部门发展的社会起源论能在多大程度上解释这一特殊结果呢？

解释丹麦非营利部门发展模式[2]

　　社会起源理论将丹麦非营利部门发展的混合模式的建立，与三个主要的社会经济阶层之间相当独特的权力平衡联系在一起：小农、产业工人、专业及商业中产阶级。这一模式始见于18世纪，由于人口增长增加了农业生产的压力，并凸显了封建土地所有制的低效率，在这种土地所有制下，农民经营地主的一小部分土地，作为回报，他们有义务向地主提供一定数量的劳动。地主由于无法从这个制度中获得足够的收入，因此也无法使其后代从事农业，无法抗拒贸易活动中出现的更有利可图的机会，于是开始将部分土地出售给前佃户。这些交易受到了王室的鼓励，因为王室本身就是一个大地主，他们渴望找到实现农业现代化并获得更多税收的方法。到 19 世纪后期，三分之二的丹麦农民成为了土地所有者，75% 的农业用地由中型农场所有者耕种。[3]

为了保持经济上的可行性，这些小农组织了农业合作社，以集中其土地或加工销售其农产品。农业生产合作组织使中小型农民受益于规模经济，并显著提高了农业生产效率，使农民能够利用新的机会出口小麦和其他农产品。[4]这反过来又增强了农民及商人阶级的力量，农民和商人阶级要求在政府中发挥比君主制中更大的作用。

这些压力，再加上 1848 年在整个欧洲范围内爆发的反封建和反君主制的起义，为说服丹麦国王腓特烈七世接受君主立宪制思想提供了契机，这一思想体现在 1849 年颁布的新丹麦宪法中。这部宪法规定建立一个更强大的议会，并保证私有财产权及合同的不可侵犯性。由此产生的自由化进一步刺激了丹麦出口经济的增长，并为丹麦社会的广大阶层提供了新的组织机会，为非营利部门的蓬勃发展创造了肥沃的土壤。

19 世纪下半叶，姗姗来迟的工业化引发了人口向城市的大规模迁移，这反过来又刺激了社会问题引发的民众运动的发展，这些社会问题包括从贫穷到传统社区的崩溃，再到社会秩序的破坏。从 1890 年开始，逐步消除了划分应得救助的穷人与不应得救助的穷人的观念，这种观念在公共责任和私人责任之间提供了清晰的、道义上的意识形态分界线，从意识形态上抵制普惠式公共福利救助。[5]这一发展过程的主要参与者是拥有土地的农民协会及城市劳工运动，他们共同迫使政府进行社会改革，以改善农村和城市工人的社会状况。[6]可以说，最重要的进展出现在 1891 年，当时实行了一项由税收资助的普遍养老金计划，该计划最终取代了旧的基于收入测试的济贫制度。[7]另一个重要的发展是将"先锋"慈善社团改组为自组织社团，成功地倡导了一套更有效的公共社会服务提供体系。[8]

日益壮大的丹麦工人阶级在社会民主党中找到了强有力的机构代表，该党由三位社会主义劳工领袖——路易斯·皮奥（Louis Pio）、哈拉尔德·布里克斯（Harald Brix）及保罗·盖勒夫（Paul Geleff）——于 1871 年创立。第一次世界大战后，社会民主党成为丹麦的主要政治力量，并于 1924 年组建了政府，在与工会及政府密切合作的基础上为福利国家的建立奠定了基础。另一个推动力来自农业部门和专业的中产阶层，他们努力建立一个更为高效和专业的社会服务提供系统。这些发展最终导致了1933年"社会改革法案"的通过，该法案将主要的社会服务机构置于国家和地方当局的权限之内。这种安排构成了福利国家的基础，是非营利部门发展的社会民主主义模式的典型特征。

虽然政府在资助和提供社会福利服务方面发挥了主要作用，但非营利部门仍然在服务提供方面起着重要作用。1849年《宪法》所保障的结社自由为工人阶级的自我组织创造了大量机会。因此，劳工运动建立了各种各样的机构，如病假福利协会、殡葬基金、罢工基金及储蓄银行。合作运动成立了合作社，体育俱乐部是"大众启蒙"运动的一部分。加强国家防御运动创建了丹麦步枪协会，该协会还促进了青年体育活动。由于这后两组组织，非营利组织部门的很大一部分仍然是有组织的体育运动，约有三分之一的丹麦成年人和三分之二的学龄儿童是体育俱乐部的成员。丹麦非营利部门蓬勃发展的其他例子还包括住房协会、住房合作社[9]、自愿失业基金[10]、旨在建立"免费教育和促进'全民体育'"的格伦德维希（Grundtvigian）运动[11]、各种类型的免费学校（通常由政府补贴），乃至家园护卫队（第二次世界大战后出现的群众运动，旨在提供地方自卫）。

有趣的是，群众运动并不是由个别社会经济阶层主导的，而是代表广泛的利益群体，旨在了解决各种社会和政治问题。这些运动包括工人阶级、农民与专业和商业中产阶级各色人等，他们进行了一系列平衡的政治、经济和社会福利改革，使联盟的每个利益方都有所获。事实上，丹麦发展的最大特色之一是其和平性，各利益群体中激进派相对较少，这大大减少了社会冲突，并促进了重大社会和政治改革的顺利进行。对此现象，一个可能解释是，在丹麦历史早期，不必通过暴力革命来推翻地主精英：从某种意义上说，地主通过出售他们的财产（土地）已解决了这个问题。这最终为和平过渡到自由的君主立宪制铺平了道路，后者又为通过政治合作或者阿伦特·利金帕特（Arendt Lijphart）所谓的"共识民主"（本卷第5章讨论）来解决社会问题建立了模板。结果，农民、工人、专业人士以及工业家可以就一种有利于各自阶级利益的混合型福利制度达成一致。

第二次世界大战后，丹麦福利国家发展加速，因为在自愿利益组织的压力下，国家承担了提供医疗卫生和社会服务的责任。[12]虽然私人志愿组织在服务提供方面的重要性大大降低，但公共部门对它们的支持水平以及政府机构与私人协会之间的合作（有时是融合）在这一时期得到巩固，并被写入法律。

随着 1970 年《地方政府改革法案》和 1976 年《丹麦社会救助法案》的通过，丹麦福利国家的扩张达到了顶峰，这大大降低了志愿组织作为社会服务提供者的作用。与此同时，公共部门增加了对协会和组织举办的文化、休闲和体育活动的支持。对地方体育、文化和休闲社团的资助，主要来源于国家发行的彩票和其他博彩收益，以及地方政府（市政当局）的直接和间接经济补贴。根据丹麦《大众教育和休闲活动法案》，如果儿童和青少年体育和休闲活动由志愿组织举办，就有资格获得资助。公共部门为文化和休闲活动提供资助的特点是附加条件很少，也不是很具体，因为这个领域享有广泛的自治传统。

20 世纪 80 年代，随着新自由主义在全球崛起，国家对社会福利的参与程度进一步增加，其特点是褒扬志愿救助，贬低福利国家的重要性。新自由主义意识形态的倡导者赞扬私人慈善和资助的美德，并挑战丹麦福利国家的基础——社会保险、普遍福利、平等和预防性社会计划——引发了激烈的政治辩论。

这些影响导致政策转向由非营利组织提供更多服务，并促进私人慈善事业以满足社会需求。1998 年《丹麦社会服务法》确认了这一转变，指示地方当局将某些政府服务委托给私人志愿社团。这不仅使非营利部门获得了更大的知名度和合法性，而且还导致了公共财政资助的增加，以及出现了与福利伙伴关系（而非社会民主主义模式）相关的特征，正如我们的经验数据所揭示的那样。[13]

结　论

非营利部门是丹麦的一个重要经济力量，但它的结构具有社会民主主义模式和福利伙伴关系模式的双重特征。这一结果是 19 世纪丹麦出现的三个有影响力的社会经济阶层之间独特的利益平衡的产物，它塑造了该国今天显而易见的制度格局。这个工作联盟中包括了相当多的自耕农，在 18 世纪及 19 世纪初，他们从之前占主导地位的地主精英阶层那里获得了土地所有权；中产阶级商人和专业人士，他们在农村改革之后丹麦的商业发展中获得了重要地位；19 世纪中期及 20 世纪初，随着落后的工业开始起飞，城市产业工人的数量也随之增加。通过强大的社会民主党努力协调各方利益，保障了民主改革，君主专制政体实现和平过渡，商人和专业人士得到了对私人财产的有力保障，农民和工人得到了想要的经济利益和慷慨的社会保障。

虽然这些要素能够实现一整套福利国家保障，19 世纪中叶的自由主义改革以及拥有土地的农民对能够促进其参与利润丰厚的谷物贸易的合作机构的需求，也促进了活跃的非营利部门的发展。在诸如教育与体育等一些领域，这些组织后来成为国家资助的受益者，为丹麦非营利部门带来了福利伙伴关系模式的一些特征。该部门结构的这一方面随后得到了新自由主义意识形态中崛起的保守派的进一步支持，其重点是缩小国家福利，并更多地依赖慈善事业和非营利部门。通过关注不同社会群体之间（受到各种政治和其他机构的调节）的权力关系，社会起源理论由此帮助我们理解丹麦非营利部门如何发展成今日之形态。

14 俄罗斯：典型的国家主义模式

伊丽娜·梅西亚诺娃，奥尔加·卡洛尼金娜
S. 沃伊切赫·索科罗斯基，及莱斯特·M. 萨拉蒙

大多数俄罗斯人都很慷慨，他们热衷于参与社区工作、自助活动以及其他救助活动来帮助其朋友和邻居，并且有一项研究表明，他们认为社区中的其他人也都应该这样做。[1]然而，与此同时，俄罗斯非营利部门的规模却很小：它只占该国经济活动人口（EAP）的1%左右。

这看起来似乎自相矛盾，俄罗斯民众愿意帮助邻居和朋友，但俄罗斯非营利组织却规模小、合法性低，这就表明一国非营利部门的规模和形态不仅仅是民众情感与偏好的产物。相反，俄罗斯的经验似乎证实了第4章概述的非营利部门发展的社会起源理论的核心特征，即一个国家的非营利部门的形态和特征是更深层次的社会政治力量的产物，这些政治力量促进或阻碍其发展，这些力量的组合导致了非营利部门的发展呈现出多种模式。我们发现，在俄罗斯的具体案例当中，非营利部门的发展遵循我们所说的国家主义模式，并认为这一结果源于非营利部门的社会起源理论所提出的那些因素。

为了解这一点，本章回顾了俄罗斯非营利部门的规模、构成和资金来源情况，第一次对俄罗斯非营利部门进行了系统的实证研究。然后将研究发现置于第4章提出的五种非营利部门发展模式的情景中进行分析。最后，本章评估了社会起源理论中确定的因素在多大程度上解释了这些数据所显示的非营利部门发展模式。从根本上说，由此得出的核心结论是：俄罗斯呈现出一种与国家主义模式极为相似的非营利部门发展模式，并且，社会起源理论中与该模式相关的社会政治因素在俄罗斯的经验中表现得十分明显。

俄罗斯非营利部门的维度

劳动力规模

截至 2008 年，俄罗斯非营利组织雇用了 554000 名全职当量（FTE）员工，占经济活动人口（EAP）的 0.7%。[2]此外，这些组织拥有近 200 万名志愿者，相当于另外 316000 个全职当量工作，使得俄罗斯非营利部门的总劳动力达到 870000 名全职当量员工，占该国经济活动人口的 1.2%。就绝对数而言，俄罗斯非营利部门拥有的员工人数，超过了所有可获取数据的欧洲国家（除五个国家外）。[3]然而，俄罗斯还是一个大国，当这个数字与俄罗斯的经济规模相比较时，情况就不同了。

图 14.1 将非营利部门的劳动力规模与若干关键行业做了比较，包括农业和渔业、制造业、建筑业和运输业。在俄罗斯，非营利部门劳动力的规模，即使包括志愿者，也远远小于这些行业中的任何一个。

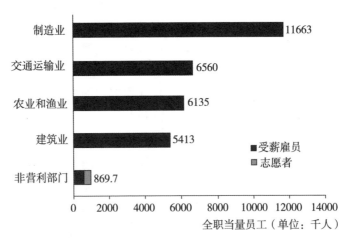

图 14.1　2008 年俄罗斯非营利部门全职当量（FTE）劳动力与所选行业的比较

与其他国家相比，俄罗斯非营利部门的规模同样也很小，至少按照相对标准衡量是如此。因此，以经济活动人口的比例来衡量，截至 2008 年，俄罗斯非营利部门的劳动力占比为 1.2%，远低于可获得此类数据的 41 个国家

5.7%的平均水平。俄罗斯非营利部门劳动力的规模处于界定国家主义模式的范围内（占 EAP 的 4.5%或更低），如第 4 章所述，但这一水平低于同属该模式的所有国家的平均水平（2.3%），如表 14.1 所示。

表 14.1　　　　非营利部门劳动力占 EAP 的比例，俄罗斯与
国家集群及 41 国平均值的比较

国 家 集 群	劳动力占 EAP 的比例（%）
俄罗斯	**1.2**
41 国平均值	5.7
传统模式	1.9
自由主义模式	9.6
福利伙伴关系模式	11.2
社会民主主义模式	8.2
国家主义模式	2.3

尽管俄罗斯公民部门的规模显著低于所有的西欧国家，但高于波兰、斯洛伐克和罗马尼亚，这些国家在 1989 年之前是苏联集团（Soviet bloc）的成员。不过，俄罗斯非营利部门的规模比我们拥有数据的其他两个苏联集团国家——捷克共和国（1.7%）和匈牙利（2.0%）——要略低一些。

志愿者参与

俄罗斯非营利部门的第二个关键特征是它的志愿者参与水平。如上所述，2008 年俄罗斯约有 200 万人（总人口的 1.4%）参与了志愿服务。以国际标准衡量，这种志愿者参与程度是相当低的，尤其是与西方工业化国家相比更是如此，这些国家 20%以上的人口参与某种形式的志愿活动。类似地，如上所述，这 200 万名志愿者所贡献的志愿服务时间相当于 316000 个全职当量工作，占非营利部门总劳动力的 36%，略低于 41%的国际平均水平。

如第 4 章所述，低水平的志愿者参与是非营利部门发展的国家主义模式的一个定义性特征。如表 14.2 所示，尽管俄罗斯的志愿者在劳动力中所占比例为 36%，高于其他国家主义模式国家 28%的平均水平，但仍然属于定义该

模式的范围（低于 38%）。

表 14.2　　　志愿者占非营利部门劳动力的比例，俄罗斯与
国家集群及 **41** 国平均值的比较

国 家 集 群	志愿者占非营利部门劳动力的比例（%）
俄罗斯	**36.3**
41 国平均值	40.6
传统模式	53.1
自由主义模式	46.4
福利伙伴关系模式	29.1
社会民主主义模式	69.4
国家主义模式	27.9

服务与表达活动

在俄罗斯，大部分（约 57%）非营利部门的劳动力（受薪劳动力和志愿者）都从事表达活动，尤其是倡导（18%），文化、运动和娱乐（16%）以及工会（14%）。而服务活动仅雇用了 34% 的劳动力，其中社会服务占 21%（见表 14.3）。

表 14.3　　　**2008** 年俄罗斯按领域分类的非营利部门劳动力分布

领域	比例（%）
服务领域	**34**
教育与研究	3
社会服务	21
医疗卫生	3
经济发展	7
表达领域	**57**
文化、运动与娱乐	16
宗教	8

续表

领域	比例（%）
倡导	18
专业协会与工会	14
环境保护	1
其他领域	**9**
慈善中介机构	4
国际组织	0
未分类	5
样本总量（*N*）	**869690**

表达活动占据主导地位虽然不是国家主义模式的决定性特征，但却是塑造东欧非营利部门的苏联式政策的典型遗产。这种特殊性使俄罗斯更接近于社会民主主义模式，该模式的部分特征在于这种表达活动占主导地位，因为在这种情况下，主要由国家直接提供社会福利救助（见表14.4）。

表14.4　　**按功能分类的非营利部门劳动力分布，俄罗斯与国家集群和41国平均值比较**[*]

国 家 集 群	按功能分类的非营利部门劳动力占比（%）		
	服务	表达	其他
俄罗斯	**34**	**57**	**9**
41 国平均值	59	37	4
传统模式	68	24	8
自由主义模式	55	36	9
福利伙伴关系模式	71	25	4
社会民主主义模式	39	59	2
国家主义模式	50	47	4

注：[*]由于四舍五入，数字加总可能不等于100%。

这种相似并非巧合。正如本章下文将更详细讨论的那样，苏联实施的政策是由国家机构来提供教育、医疗和社会救助服务，并有效地将私人提供者逐出了这些领域。非营利部门的活动仅限于表达领域，特别是娱乐、政治动员、专业协会及工会。

收入来源

2008 年，俄罗斯非营利部门的总收入为 3143 亿卢布（123 亿美元）。如表 14.5 所示，其中一半以上的收入（51%）来自于收费。第二大收入来源是慈善捐赠，特别是企业慈善，占比 33%，而政府资助则占余下的 15%。

表 14.5　　　2008 年俄罗斯按领域划分的非营利部门收入来源

领域	政府（%）	慈善捐赠（%）	收费（%）
所有领域	15	33	51
服务领域	**25**	**43**	**32**
医疗卫生	40	60	1
教育和研究	41	5	54
社会服务	24	63	12
经济发展	13	0	87
表达领域	**13**	**31**	**57**
环境保护	10	57	32
文化、体育和娱乐	12	8	80
宗教	0	82	18
专业协会和工会	13	6	81
倡导	15	62	23
其他领域	**7**	**26**	**67**
慈善中介机构	10	39	52
国际组织	5	75	20
未分类	2	0	97

慈善份额异常之高是由企业慈善在医疗卫生（60%）和社会服务（63%）等领域占比极高所导致的，不过，这个状况必须置于俄罗斯非营利部门总体

规模有限的背景下来看待。根据国际标准进行衡量，特别是在欧洲的背景下，俄罗斯政府对非营利部门的支持程度相当低，但它符合国家主义模式的定义标准（低于总收入的36%）。如表14.6所示，俄罗斯政府对非营利部门的支持水平（占总收入的15%），接近于国家主义模式18%的平均水平。

表14.6　　　　　　非营利部门收入来源分布，俄罗斯与
国家集群和41个国家平均值比较*

国 家 集 群	政府	慈善捐赠（％）	收费（％）
俄罗斯	**15**	**33**	**51**
41国平均值	35	14	50
传统模式	11	24	65
自由主义模式	33	14	53
福利伙伴关系模式	66	8	26
社会民主主义模式	38	10	52
国家主义模式	18	18	64

注：＊由于四舍五入，数字加总可能不等于100%。

解释俄罗斯非营利部门发展模式

正如上一节的数据所示，俄罗斯的非营利部门完全符合非营利部门发展的国家主义模式，其特点是规模有限、志愿者参与水平相对较低以及政府财政支持水平较低。根据社会起源理论，这种模式一般出现在农业社会中，具有改革意识的势力夺取了政府权力，并利用其推进快速工业化。这些政策以牺牲日常生活质量为代价追求经济发展，并需要实行大量政治镇压以遏制民众的异议。只有那些有助于经济发展政策的组织形式能够得到政府支持，而其他组织形式要么被忽视，要么被完全禁止。因此，独立于政府监管之外的公民倡议主要局限于非正式领域。这些发展特征在多大程度上适用于俄罗斯呢？从手头的证据来看，这个问题的答案是：相当适用。

进入20世纪后，俄罗斯仍然是一个落后的农业社会。随着1917年革命废除了旧制度，布尔什维克革命者将他们的注意力转向建立广泛的工业化政

策体系，这套体系以国家为中心，并且在绝大多数情况下，国家是唯一主体。[4]这些政策彻底改变了俄罗斯社会的整体格局。国家的角色在1917年革命之前就已经很强大，在革命之后，国家主导性进一步加强，这一特点体现在俄罗斯社会、政治和经济生活的方方面面，包括非营利部门。

革命之前：最早的社团

在这场革命性巨变发生之前，非营利组织在俄国已经存在，尽管是以相对温和的形式。在20世纪初，由于大地主占主导地位，俄罗斯仍旧是一个农村广阔、城市稀少的国家。在18、19世纪的西欧，城市各个阶层，如商人、工匠或专业人士，是推动非营利部门发展的主要社会力量，这些阶层在俄国依旧相对弱小。因此，这一时期俄国非营利部门的发展速度远低于西欧。[5]

当然，正如一些观察者所指出的那样，这并不意味着俄国在革命前完全不存在非营利部门。[6]在18世纪，受西欧制衡国家机构权力的思想影响，俄国出现了第一家公共慈善社团。[7]起初，这些社团与俄国贵族联系在一起，但随后专业人士阶层（所谓的知识分子）开始崭露头角，成为在科学、技术、医学和社会文化领域创办社团的主要力量。

19世纪60年代，沙皇亚历山大二世推行自由主义改革（其中最主要的是废除农奴制），刺激了俄国社会、经济和政治变革。俄国市政当局获得了更大的自治权，使得地方政府服务得到了改善和扩大，并使非政府机构（地方自治组织或区议会）在提供这些服务方面发挥了更大的作用。[8]许多新的结社组织，主要是科学、技术、医学、教育和文化社团，都是在改革之后创建的。然而，国家从未完全放弃对社团的控制权，并通过立法将新社团的设立置于内务部的控制之下。[9]

到20世纪初，俄国已经存在着相当规模的公共社团网络，尤其是在文化、教育和社会保护领域。然而，这些社团主要集中在大城市，特别是莫斯科和圣彼得堡；在绝大多数俄罗斯人生活的广大农村地区，社团数量要少得多。[10]

苏联时期：加速工业化和政府对非营利部门的控制

俄国相对落后的经济，加之革命前与发达工业化国家冲突中所遭受的一系列军事失败，[11]导致了大规模的社会动荡，并在1917年的两次革命中达到顶峰。1917 年 2 月的革命推翻了沙皇统治，建立了一个很大程度上由社会民主党控制的政府（即所谓的克伦斯基政府）。然而，俄国继续进行不得人心的战争，导致社会动荡加剧，并最终由共产主义运动的布尔什维克派推翻了克伦斯基政府。

在其政权得到巩固之后，获胜的共产党政府实行经济国有化并开始重新分配土地，这极大地改变了俄国的社会经济阶级结构。与此同时，共产党政府启动了一项雄心勃勃的大规模工业化计划，中央政府在其中发挥主导作用。这些政策吸收了大量农民参与到工业项目中来，这反过来又需要国家安排一个庞大的（即便是最基本的）社会保障网。[12]简言之，我们假定现代化的"从上而下革命"，其典型特征就是产生了非营利部门发展的国家主义模式。

然而，在新政权成立的头几年，出现了一种新的动态。剧烈的社会变革起初为非营利部门的增长提供了新动力。随着新通过的法律重申所有公民拥有结社自由，开始出现针对各种议题的新组织，从对住房、食物、燃料和衣物的分配，到建造学校和运动场，再到提供各种各样的文化和教育活动。[13]20世纪 20 年代，尽管苏联当局设置了越来越多的官僚障碍，但文化、文学、艺术和科学协会大量涌现，为非营利部门的迅速发展带来了希望。[14]

然而，在 1924 年列宁去世后，不同政治派别的内部斗争愈演愈烈，早期发展遇到了阻碍。约瑟夫·斯大林在那场斗争中取得了胜利。[15]结果，大多数志愿社团要么被解散，要么受到政府的严密控制。1932 年通过的立法（其效力一直持续到 20 世纪 80 年代）对社会生活的各个方面都建立了僵化的意识形态控制，并创建了等级制的官僚机构来组织和控制所有草根社团。[16]

然而，与此同时，政府建立并赞助了群众性会员组织，其目的是动员群众（主要是青年）为政府政策提供政治支持。这些组织几乎只从事表达活动，例如代表职业利益、组织文化和政治活动或者爱好和休闲活动。服务功能（如提供教育、医疗、社会救助或住房）则由国家机构履行。因此，尽管它们拥有大量成员，但这些组织受薪雇员却相当少，而且耗费的财务资源也相对较少。因此，政府对非营利部门的财政支持总体水平仍然很低。[17]

1952 年斯大林去世后的政治解冻促使公民行动主义出现了短暂的复兴，特别是在知识分子中，在科学、文化和教育领域产生了新的社团，这些领域被认为属于"休闲活动"，因此准许其在某种程度上独立于政府控制。[18]此外，新的组织形式，即所谓"公民倡议机构"开始出现。这些机构的形式多种多样——比如在乡、街、区组建的住房委员会、家长委员会、妇女委员会，医疗和文化教育机构以及维护公共秩序的志愿性人民卫队（people's guards）。这些主要由志愿者运作的组织（其数量在1985年达到数十万）是社区层次的新型公民自治组织，直到20世纪90年代方才开始在俄罗斯站稳脚跟，在21世纪头几年开始取得进展。[19]尽管他们与当时大多数国家机构一样，存在着严重的形式主义和官僚主义，但这些组织却为苏联解体后公民行动主义的再生奠定了基础。

后苏联时期的发展：政府与非营利部门的紧张关系

20世纪80年代后期，戈尔巴乔夫启动的改革促进了非营利部门的增长，涌现出数以百计的新组织，从生态俱乐部到青年组织和慈善团体。[20]除了受到政治自由化的影响之外，公民组织的增长还受到社会经济因素的刺激，尤其是生活水平的下降，以及政府大幅度降低对文化、艺术、教育和科学的支持。虽然在那个时期成立的许多组织受到了西欧和美国模式的影响，但本土组织形式仍然成为俄罗斯"新"非营利部门的核心，这些本土组织植根于地方自治传统，由国内资源（如企业慈善）提供支持。[21]

然而，除了政治自由化之外，如今俄罗斯非营利部门面临的最关键的问题仍是与政府的关系。纵观整个近代史，国家在俄罗斯的经济和社会中一直扮演着核心角色，其与非营利部门的关系仍旧很薄弱。国家对非营利部门的财政支持水平在苏联时期原本就很低，民主改革之后进一步下降，这主要是由于政府官员和非营利部门领导人之间互不信任所导致的。正如本章数据所示，俄罗斯政府对非营利部门的财政支持水平在可获取数据的41个国家中是最低的，并且指导政府与非营利部门关系的政策也不是十分明确。

随着2005年俄罗斯联邦公共议事厅（public chamber）成立，政府与非营利部门之间的这种薄弱关系开始得到改善，公共议事厅是一个具有咨询权力的国家机构，旨在促进政府机构与公民之间的互动。自公共议事厅成立以来，政府对非营利部门的政策已逐步转向建设性合作。政府机构日益将非营利组织视为处理俄罗斯社会问题的宝贵资源。这种新态度给公共部门带来了更大的支持，主要是向工作在社会重要领域的非营利组织（如青年服务、健康、环境、教育、文化和公共外交）提供竞争性拨款，并简化其登记注册条件。

虽然这些政策举措是改善俄罗斯政府与非营利部门关系的重要步骤，但二者的整体合作水平仍然相对较低，人们对政府在非营利部门发展中的作用仍旧持有消极或不信任的看法。2012 年，俄罗斯通过的一项法律加剧了这种不信任感，该法律要求获得外国资助的俄罗斯非营利组织登记为"外国代理人"，定期向当局报告其资金来源与活动，并限制其参与政治活动。随后，2015 年的法律对"不受欢迎"的组织添加了额外的负担和处罚，这进一步增加了分析家所谓的俄罗斯非营利组织面临的"双重现实"，即它们所处的政治环境同时显示出限制和支持并存的矛盾迹象。[22]

在这样的环境下，政府与非营利部门能否建立更有建设性的关系仍令人生疑。然而，改变双方不利认知的一个途径可能是传播关于非营利部门及其与国内外其他社会和政治机构之间关系的可靠知识。

结　　论

俄罗斯的非营利部门仍然是一个相当脆弱的有机体。其相对规模与大多数工业化国家相比要小得多，并且所得到的公共部门的支持也少很多。按照国际标准衡量，其志愿者参与度也很低。这些是非营利部门发展的国家主义模式的标志性特征。社会起源理论将这种模式与追求经济快速发展的强大发展型国家联系在一起。在俄罗斯，这是 1917 年革命的结果，这场革命推动了快速现代化，并巩固了国家作为现代化的首要推动者、很多情况下甚至是唯一推动者的作用。国家的这种支配地位，以及专制领导者对任何形式的独立公民行动的怀疑，在整个苏联时期都阻碍了非营利部门的发展。因此，唯一可以合法运作的组织是与共产党保持一致的群众性会员组织；其他大多数社会团体和自助活动都被转移到非正式领域，包括邻居、朋友圈子和大家庭网络。

虽然苏联后期的民主改革为非营利部门的发展创造了新的机遇，但这些改革还不足以刺激非营利部门的快速发展。虽然新的组织开始出现，但它们的数量相对较少，并且被俄罗斯社会中的大部分人质疑，这些人仍然希望得到国家的社会救助。

尽管从经济角度来看，俄罗斯非营利部门的规模不大，但却为我们理解非营利部门发展提供了重要的一课。它表明，民众的情感、偏好和慈善冲动并不足以构成非营利组织发展的充分条件。更重要的是社会经济群体关系的配置以及各种社会政治机构的相对权力。在革命爆发前的俄国，压榨劳工的农业政策占主导地位，扼制了城市专业人员和工人阶级的成长，而在其他地方，这些阶层是非营利部门发展的主要推动力。这些政策造成了经济落后，进而引发了社会动荡，最终导致革命爆发。革命政府发动了一场浩大的现代化建设计划，但政治斗争和某些不受欢迎的发展政策导致了对公民行动主义的压制，公民行动主义被政府官员视为一种颠覆性力量。这些事态的发展大大削弱了俄罗斯非营利组织，并将自发的自助活动推向非正式领域。这解释了俄罗斯民众乐于助人的性情与当今俄罗斯非营利部门机构规模一直较小、合法性脆弱之间的悖论。

15 墨西哥：持久的国家主义模式

豪尔赫·比利亚洛沃斯，洛雷娜·科尔特斯·巴斯克斯

辛西娅·马丁内斯，S. 沃伊切赫·索科罗斯基

梅根·A. 海多克，莱斯特·M. 萨拉蒙

墨西哥和俄罗斯（第 14 章）分处两个半球，拥有迥然不同的历史、文化及地缘政治条件。然而，尽管存在如此巨大的鸿沟，但这两国的非营利部门却有着惊人的相似之处。两国的非营利部门规模都相对较小，得到的政府支持水平都比较低，而且志愿者在各自劳动力中所占比例也比较小。这些相似之处使两国都属于非营利部门发展的国家主义模式。这两个完全不同的国家最终却拥有相似的非营利部门，这难道纯属巧合吗？本章表明，这绝非偶然，而是由于社会群体和机构之间权力关系的类似安排导致了对非营利部门的重大限制。

更具体地说，在摆脱西班牙的殖民统治后，墨西哥精英阶层中的现代化派和保守派之间陷入了旷日持久的权力斗争，加之地主与农民之间日益严重的经济不平等，最终导致在 1910 年爆发革命，引发了不同的精英派别、工人阶级和农民阶级相互之间的混战。这场派系权力斗争持续达 10 年之久，不仅大大削弱了精英阶层，同样也削弱了下层阶级和天主教会，结果造成了一个权力真空，被军方支持的领导人所利用，在承诺恢复稳定和促进经济发展基础上，巩固了权力并建立了一党统治。他们在控制了政府和军队之后，便能够镇压保守派和激进分子中的反对派，并且拉拢政党及其他代表机构——在社会起源理论术语中，它们被称为"权力放大器"——代表军方、产业利益集团、劳工、农民和其他社会阶层，将它们纳入单一的政党结构中，从而形成了非营利部门发展的国家主义模式。

为了探讨这些问题，本章的讨论分三步进行。首先，我们研究了墨西哥非营利部门的主要维度，这些维度的数据来自 2008 年墨西哥国家统计和地理

研究所（INEGI）与墨西哥慈善中心合作开发的非营利机构（NPIs）卫星账户，我们又根据估算补充了官方卫星账户中缺乏的某些数据。[1]然后，我们审视了墨西哥历史上的社会经济模式，以验证是否有证据支持墨西哥关键社会群体间的权力关系与非营利部门发展国家主义模式之间的因果关系假设。最后，我们就墨西哥案例对社会起源理论的更广泛含义提出了一些结论。

墨西哥非营利部门的维度

劳动力规模

2008 年，墨西哥非营利部门雇用了 1005170 名全职当量（FTE）受薪雇员，使用了 323791 名全职当量志愿者（其中不包括为宗教和政治组织服务的志愿者）。[2]假定宗教和政治组织使用的志愿者相当于全职当量志愿者总数的三分之一，即约 160000 人，[3]志愿者总数估计将达到约 484000 人，非营利部门劳动力总数增至近 150 万全职当量员工，相当于墨西哥经济活动人口（EAP）的 3.1%。

图 15.1 将估算的非营利部门的劳动力规模与墨西哥四大产业（即农业和渔业、制造业、建筑业和交通运输业）的劳动力规模进行了比较。如图所示，即便就业人数中包括政府控制的非营利机构的估计就业人数以及宗教和政治组织的志愿者估计数，目前墨西哥非营利部门劳动力规模仍然远小于上述任何一个行业。

与其他国家相比，墨西哥非营利部门的规模同样也偏小，只占经济活动人口的 3.1%，在可获得此类数据的国家中排名第 27 位，大大低于 41 个国家的平均水平（5.7%），如图 2.1 所示。

这一估计值仍然属于定义国家主义模式的范围（EAP 的 4.5%或更少），但墨西哥高于该群体的平均值（2.3%），如表 15.1 所示。正如本章后面所讨论的那样，非营利部门规模较小是制度革命党（PRI）统治时期国家主义政策的遗产，该党在 20 世纪的大部分时间里统治着墨西哥。然而，这一数字高于国家主义模式平均值的事实，或许反映了后制度革命党时期的改革政策给非营利部门带来的发展。[4]

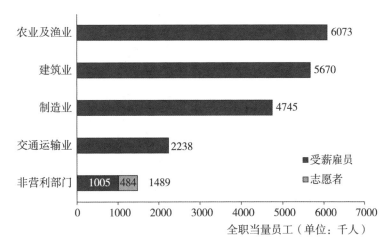

图 15.1　2008 年墨西哥非营利部门全职当量员工与所选行业比较

表 15.1　　　非营利部门劳动力占 **EAP** 的比例，墨西哥与

国家集群及 **41** 国平均值的比较

国 家 集 群	劳动力占 EAP 的比例（%）
墨西哥	3.1
41 国平均值	5.7
传统模式	1.9
自由主义模式	9.6
福利伙伴关系模式	11.2
社会民主主义模式	8.2
国家主义模式	2.3

志愿者参与

　　志愿者参与是非营利部门发展的国家主义模式的定义特征之一。如前所述，在墨西哥案例中，由于可获得数据的限制，很难评估志愿者参与的确切规模。非营利机构卫星账户报告认为有相当于 323791 名全职当量的志愿者参与了非营利组织的活动，我们估计除此之外，还有约 160000 名全职当量志愿

者参与了宗教和政治组织的活动。这使得墨西哥全职当量志愿者总人数约 484000 人，约占整个非营利组织劳动力的 33%。

按照这个估计，墨西哥非营利部门中的志愿者在劳动力中所占比例低于国际平均水平（41%），属于定义国家主义模式的范围（低于劳动力的 38%）。但是，如表 15.2 所示，这一比例略高于国家主义模式的平均水平。

表 15.2 志愿者占非营利部门劳动力的比例，墨西哥与国家集群及 41 国平均值的比较

国 家 集 群	志愿者占非营利部门劳动力的比例（%）
墨西哥	**33.0**
41 国平均值	40.6
传统模式	53.1
自由主义模式	46.4
福利伙伴关系模式	29.1
社会民主主义模式	69.4
国家主义模式	27.9

表达与服务活动

2008 年非营利机构卫星账户的数据表明，主要由教育、医疗卫生和社会救助构成的服务领域雇用了 59% 的墨西哥非营利组织劳动力，而从事表达活动的劳动力仅占 35%（见表 15.3）。[5]表达活动的实际占比可能更高，因为卫星账户数据不包括宗教或政治组织的志愿者，但由于数据限制，目前仍无法准确估计这个值。[6]

表 15.3 2003 年墨西哥非营利部门劳动力的领域分布

领 域	比例（%）
服务领域	**59**
房地产	2
住宿服务	1

领　域	比例（%）
专业服务	2
教育	32
健康及社会救助	22
表达领域	**35**
艺术与娱乐	5
公民组织	30
其他领域	**6**

服务和表达活动的这种分布状况并非国家主义模式的定义特征，因为许多模式在这些活动分布上都很相似（见表 15.4）。尽管如此，在墨西哥，这些活动的分布情况（分别为 59% 和 35%）接近于 41 国平均水平（分别为59% 和 37%），如果更加准确地估计宗教和政治组织的志愿活动数据，并添加到这些估计数值中，那么墨西哥的非营利部门很可能与国家主义模式几乎相同。

表 15.4　　　**按功能划分的非营利部门劳动力分布，墨西哥与**
国家集群和 41 国平均值的比较*

国 家 集 群	按功能划分的非营利部门劳动力占比（%）		
	服务	表达	其他
墨西哥	**59**	**35**	**6**
41 国平均值	59	37	4
传统模式	68	24	8
自由主义模式	55	36	9
福利伙伴关系模式	71	25	4
社会民主主义模式	39	59	2
国家主义模式	50	47	4

注：＊由于四舍五入，数字加总可能不等于 100%。

收入来源

非营利部门的政府财政支持水平低是国家主义模式的另一个特征,社会起源理论将其归因于国家主义国家中两大部门之间的长期对抗关系。遗憾的是,由墨西哥国家统计和地理研究所汇编的非营利机构卫星账户数据不包括财务数据,因此必须单独估算该部门的收入来源。根据约翰斯·霍普金斯非营利部门比较研究项目编制的 2003 年估算数据,该年度墨西哥非营利部门的总收入接近 290 亿比索(27 亿美元)。如表 15.5 所示,其中超过 3/4 的收入(78%)来自于商品和服务收费,政府资助和慈善捐赠各占 11%。

表 15.5　　　　　　　**2008 年墨西哥非营利部门收入来源分布**

领　　域	政府资助（%）	慈善捐赠（%）	商品和服务收费（%）
所有领域	**11**	**11**	**78**
服务领域	**15**	**6**	**79**
医疗卫生	28	7	64
教育和研究	6	6	89
表达领域	**9**	**13**	**78**
文化、体育和娱乐	7	1	92
专业协会和工会	2	9	89
倡导	22	33	45

如此低的政府资助份额使得墨西哥很好地落在界定国家主义模式的范围内(低于收入的 36%),并接近于国家主义模式的平均值(18%),如表 15.6 所示。这可能反映出如下事实:直到 2003 年,墨西哥针对非营利部门的公共政策仍然欠发达。尽管通过了诸如 2004 年《联邦鼓励非营利组织活动法》之类的立法,墨西哥仍然缺乏健全的非营利组织促进政策,以鼓励政府对非营利部门的支持。[7]更重要的是,规范对非营利组织慈善捐赠的税收状况的法律框架也远未得到充分支持。[8]

表 15.6　　非营利部门收入来源分布，墨西哥与国家集群和 41 国平均值比较*

国 家 集 群	政府资助（%）	慈善捐赠（%）	商品和服务收费（%）
墨西哥	11	11	78
41 国平均值	35	14	50
传统模式	11	24	65
自由主义模式	33	14	53
福利伙伴关系模式	66	8	26
社会民主主义模式	38	10	52
国家主义模式	18	18	64

注：＊由于四舍五入，数字加总可能不等于100%。

小　结

总而言之，本章所提供的数据表明，自 1995 年我们首次报告调查结果以来，非营利部门已成为墨西哥一股更大的经济力量。其中一些增长代表了过去十年中墨西哥公民活动的实际增长，还有一些是因为当前数据中包含了之前没有包括在内的一些准政府机构的数据。[9]然而，很明显，即使本章提供的卫星账户数据略微高估了墨西哥非营利部门的规模，其仍然属于非营利部门发展的国家主义模式范畴，即非营利部门规模较小、政府财政支持水平较低、志愿者在非营利部门劳动力中占比也相对较低。

我们如何解释墨西哥非营利部门发展的国家主义模式？社会起源理论在多大程度上提供了有用的线索？接下来我们将讨论这些问题。

解释墨西哥非营利部门发展模式

社会起源理论将国家主义模式的出现归因于一种权力结构，这种权力结构是由"自上而下的革命"产生的，或者是由一批军事领导者、现代化官僚或其他主体取得了国家权力而导致的，他们的目的是铲除那些阻碍现代化和经济增长的社会经济阶层的力量。在此过程中，非营利部门受到政府的压制，以消除对新规则的任何潜在反对。这正是墨西哥所出现的情况，在经历了长期的政治动荡和内乱之后，由军队主导的国民革命党（后来更名为制度革命党）于 1926 年夺取了政权。

一个世纪的改革尝试及保守反应

像大多数拉美国家一样，墨西哥曾经是西班牙殖民地，继承了西班牙的封建制度，贵族和天主教神职人员在其中扮演着重要角色。19 世纪头 10 年，为国家独立而进行的持续斗争削弱了殖民地贵族，增强了以高级军官和政府官员为代表的共和派的力量，终于在 1824 年建立了墨西哥联邦共和国。然而，由于连续的经济改革尝试都遭到保守分子的反对，并且偶尔受到国际势力的干扰，墨西哥的政治动荡持续甚至加剧。因此，墨西哥在 1846 年与美国的战争失败后进入改革时代，改革派试图限制当时仍是最大地主的天主教会的权力，但是保守派的反对和法国的干涉终结了改革时代。在 1876 年到 1911 年期间，波菲里奥·迪亚兹（Porfirio Diaz）总统发起了一场范围广泛的现代化工程，这项现代化工程带来的绝大多数利益被输送给了富裕的工业家和地主，最终引发了由潘乔·维拉（Pancho Villa）和埃米利亚诺·萨帕塔（Emiliano Zapata）等领导的农民、农场工人、矿工和城市工人的叛乱。然而，派系和地区的分裂使任何革命派都无法巩固权力，最终导致内战，产生了反革命政权，反革命政权既粉碎了保守派反对势力，也粉碎了最初支持它的天主教会。事实上，所有各方都陷入了混战之中，不仅削弱了工人阶级和农民，而且削弱了精英集团和天主教会的核心力量，后者遭到了革命者和反革命者的双重打击。[10]

一党制国家的出现

1929 年，在斗争削弱了各方力量而产生的权力真空中，出现了一群军事领导人，他们承诺通过一党统治扩大国家的权力来恢复稳定，该党最初被称为国民革命党（PNR）。此举联合不同的革命派别，将矛头指向大工业家和天主教会，将石油、铁路等关键行业收归国有，没收了教会财产，限制天主教神职人员的公民权，并在此过程中消除了来自共产党控制的工会的激烈挑战。[11]

国民革命党采取策略巩固自身政治地位，并先发制人消除来自底层的反对，将农民和工人阶级拉拢到党组织中，同时压制来自保守派右翼（天主教会和地主）和共产主义左派的任何挑战。这种策略的作用是防止阶级利益的独立表达。为此，国民革命党建立了集权的政党结构，专门代表经济和社会的主要部门、军队、劳工、农民以及广大民众。通过这种方式，国民革命党（当时称作制度革命党）有效地垄断了各种社会主体的政治代表权，并有效地消除了公共领域的独立声音。这样做是为了消除公众对它与富有的工业家合作推行的经济政策的不满——这种模式正如一个观察员小组所描述的那样，"以加剧不平等和经济依赖为代价的持续经济增长"。[12]

然而，在此过程中，几乎没有留下任何空间让一个充满活力的非营利部门独立开展活动。相反，尽管宪法保障公民权利，但制度革命党政权在实践中却相当专制，只承认那些附属于执政党的组织和个人的权利，并为其提供福利。[13]由于这些限制因素，比起根据其经济发展水平应该达到的规模，墨西哥非营利部门的实际规模要小得多。

尽管存在这些限制因素，仍有一些组织能够设法保持独立，不受国家的影响，因为它们并不寻求影响公共政策，其中包括高等教育机构，驯服的天主教会以及提供社会救助的宗教组织。[14]在制度革命党执政期间，这些组织共同构成了小型的民间非营利部门的核心。

政府控制遭到侵蚀

三个方面的发展导致了制度革命党控制的制度结构受到侵蚀，并为新的非营利机构的发展开辟了空间，但这些发展直到20世纪60年代才真正开始实现。20世纪60年代，一场由学生、工人和城市中产阶级参与的社会抗议运动首次挑战了制度革命党所控制的国家霸权。1968年，对这些抗议活动的残酷武力镇压，削弱了制度革命党在墨西哥社会各阶层的合法性。[15]

与此同时，罗马天主教会内部不断增长的解放神学运动为新的草根非营利组织的发展提供了动力。教会官员开始加大与工人和专业人士阶层的联系，并参与创建储蓄机构和自助组织，帮助穷人改善生活条件。[16]结果，到1964年，成立了超过100万个合作社，随后这些合作社开始从教会独立出去。

最后，从农村地区向墨西哥城大都市区的大规模人口迁移使得公共服务需求日益增加，而国家尚未做好提供这些公共服务的准备。1985年地震摧毁墨西哥城地区，公共服务供给的短缺变得尤为明显，出现了新的非营利组织来应对未满足的公共服务需求，其中一些组织越来越多地参与到政治领域，包括促进人权、性别平等及环境保护。这在墨西哥创造了一种新型的社会主体——城市运动——由于它们表达了对政治腐败和选举舞弊的担忧，运动越来越受到中产阶级的欢迎。[17]这些组织日益成为公众反对政府腐败和威权主义的喉舌，[18]并于20世纪90年代参与对地方和联邦选举的监督。[19]

1994年1月，在南部农村恰帕斯地区爆发的民众抗议运动，即萨帕蒂斯塔民族解放军（EZLN），在一段时期内带来了本地倡议的增长，这些倡议寻求更具包容性和尊重性的国家政策。[20]恰帕斯地区的数个非营利组织成立了伞状组织恰帕斯和平协调非政府组织（CONPAZ），以监督恰帕斯地区的人道主义工作以及有关该运动的信息来源的准确性。恰帕斯的局势也给墨西哥带来了一些国际机构，包括联合国观察员、联合国人口基金会、联合国粮农组织、国际劳工组织和红十字国际委员会。这些国际组织的参与对于和平解决冲突和影响其他本土组织至关重要。[21]

这些不断增长的社会运动，加之北美自由贸易协定（NAFTA）推动的经济自由化，削弱了制度革命党，使其在1997年的选举中丧失了多数席位。随后的政治自由化导致政策转向支持非营利部门，并促进了墨西哥非营利部门的发展。[22]然而，尽管最近发生了这些政治变化，但从过去继承而来的法律框架不符合慈善和非营利部门的运作要求，仍旧对该部门的发展构成重大障碍。[23]这有助于解释为什么尽管过去十年中非营利部门有了显著的增长和发展，但当今在墨西哥非营利部门中仍然清晰可见国家主义模式的遗迹。

结　　论

2008年非营利机构卫星账户数据清晰地表明，尽管墨西哥非营利部门最近有所发展，但其仍属于国家主义模式，其特点是规模相对较小、政府支持水平较低、志愿者参与水平中等。社会起源理论将这种模式的产生归因于军队、政府官员或其他领域改革派力量的崛起，它们需要利用国家权力自上而下实施现代化改革，但在这个过程中降服了非营利部门，以消除对该改革计划的任何潜在反对力量。在墨西哥，这一角色由具有改革思想的军事领导人扮演，他们创建了制度革命党，建立了一党统治体制，在20世纪的大部分时间里统治着国家，并遏制了独立的非营利组织的发展。

将墨西哥与本书中讨论的另外两个国家——俄罗斯（第14章）和智利

（第 11 章）——进行比较，可以进一步证明各种社会和经济集团之间的权力关系在非营利部门发展中所起的关键作用。墨西哥与智利有着共同的文化和西班牙的殖民遗产。更重要的是，争夺政治和经济空间控制权的一系列社会主体也非常相似，包括地主和工业精英、总体上保守的天主教会、城市商业和专业的中产阶级，以及日益摆脱控制并且开始青睐共产主义的劳工运动。

这两个国家的不同之处在于，在智利，这些相互竞争的利益集团在工业时代得以幸存，出现了政党形式的政治机构——本书的术语称其为"权力放大器"——在 20 世纪初经历了早期阶段的暴力和政治动荡之后，居然能够（显然是在天主教会的鼓励下）达成妥协方案，其主要形式是渐进的必要的社会福利和经济政策，满足各类竞争性群体的需求，同时也在政府和非营利部门之间形成合作关系。结果，在 20 世纪大部分时间里（除 1973 年的军事政变外），政党和天主教会调解了阶级利益的冲突，建立了权力平衡，促成了非营利部门发展的准福利伙伴关系模式的产生。

相比之下，墨西哥经历了长期的、经常是暴力的内部冲突，最后在 1910—1920 年墨西哥革命时期达到顶峰。在革命爆发期间，派系权力斗争削弱了所有社会经济阶层和天主教会的力量，并且造成了权力真空，使得一批具有改革头脑的革命领导人掌管了墨西哥国家权力，建立一党（PRI）统治制度，清除或拉拢所有潜在的反对派，从而导致了非营利部门发展的国家主义模式。

同样具有启示作用的是墨西哥和俄罗斯之间的关系。显然，这两个国家在文化上几乎没有共同之处。但他们有着共同的社会政治历史特征，即强大的地主和宗教精英经受了持续不断的暴力斗争——俄罗斯历经了第一次世界大战，墨西哥历经了 1911 年的革命时代——在俄罗斯，这削弱了主流精英，从而为改革派夺取政权开辟了道路，建立起一党统治制度，压制独立的非营利组织活动，推动经济快速变革的强制性发展计划。在这两种情况下，结果都出现了非营利部门发展的国家主义模式。墨西哥非营利部门的关键特征与俄罗斯的相似程度远远高于智利，这一事实证明，在解释非营利部门发展的共同模式是如何产生的，甚至在差别极大的地区是何以出现非营利部门发展的共同模式方面，与社会起源理论所强调的共同权力关系相比，共同文化和宗教规范的解释能力相对有限。

16　葡萄牙：从国家主义向福利伙伴关系的转型

拉克尔·坎波斯·佛朗哥，S. 沃伊切赫·索科罗夫斯基，
莱斯特·M. 萨拉蒙

葡萄牙非营利部门的发展模式不属于第 4 章所定义的任何一种。但是它接近于两种模式——福利伙伴关系模式和国家主义模式。就一个西欧国家而言，这个发现有点令人惊讶，因为西欧国家采取福利伙伴关系模式或社会民主主义模式更为常见。然而，当我们考察葡萄牙在加入欧盟前的权力关系时，这一困惑就迎刃而解了，葡萄牙过去的权力关系极大地塑造了该国非营利部门的当前特点。

正如本章将要展示的那样，在现代化革命推翻君主制之后，1926 年葡萄牙出现了独裁政权，通过严格抑制非营利部门以平息劳工斗争，并对非营利部门留下了影响深远的烙印。直到 1974 年，该独裁政权才被左翼团体联合葡萄牙军方发起的"康乃馨革命"所推翻。这场革命将国家推向了两个不同的方向，一个是为非营利部门创造了空间，另一个是将非营利性医疗服务从天主教附属的慈善机构转移到公共领域。虽然 1974 年革命之后，葡萄牙就开始强化非营利部门，但直到 1986 年葡萄牙加入欧盟之后，这一进程才开始加速。加入欧盟促进了葡萄牙政府与非营利部门之间建立更密切的伙伴关系以提供公共服务，使该国走上福利伙伴关系模式的道路。因此，可以将葡萄牙的非营利部门发展过程解释为从过去的国家主义模式向未来的福利伙伴关系模式过渡。

葡萄牙非营利部门的维度

劳动力规模

截至 2006 年（即可获得数据的最近一年），葡萄牙非营利组织雇用了184660 名全职当量（FTE）受薪雇员，[1]此外，这些组织利用的志愿者劳动力相当于 67000 名全职当量员工，[2]使葡萄牙非营利组织的劳动力总数达到252000 名全职当量员工，约占该国经济活动人口（EAP）的 4.5%。

如图 16.1 所示，即使不包括全职当量志愿者数量，葡萄牙的非营利部门劳动力也超过了该国的农业和运输业的就业人数，分别为 98000 人和 169000人。不过，即便包括全职当量志愿者在内，非营利部门劳动力也远远少于制造业和建筑业的就业人数，分别为 820000 人和 494000 人。

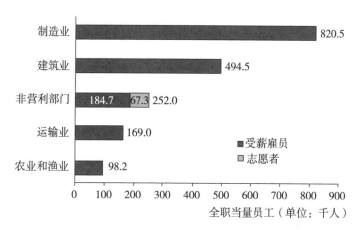

图 16.1　2006 年葡萄牙非营利部门全职当量员工与所选行业对比

与其他国家相比，葡萄牙非营利部门的规模处于中等水平。葡萄牙非营利部门的劳动力占经济活动人口（EAP）比例为 4.5%，低于 41 个国家 5.7%的平均水平，如图 2.1 所示。这使得葡萄牙落在大多数欧洲和北美的高收入国家之后，但与欧洲的地中海国家相当，至少是与西班牙和意大利这两个可获得数据的国家（两者均为 4.3%）差不多。葡萄牙非营利部门劳动力的规模低于社会民主主义模式国家（占 EAP 的 6.8%或更高），远远低于福利伙伴关系国家集群的平均水平（11.2%）。不过，如表 16.1 所示，葡萄牙非营利部门的规模大大高于国家主义模式（2.3%）。

表 16.1　　　　　非营利部门劳动力占 EAP 的比例，葡萄牙与
国家集群及 41 国平均值比较

国 家 集 群	劳动力占 EAP 的比例（%）
葡萄牙	4.5
41 国平均值	5.7
传统模式	1.9
自由主义模式	9.6
福利伙伴关系模式	11.2
社会民主主义模式	8.2
国家主义模式	2.3

志愿者参与

2002 年，葡萄牙大约 25% 的成年人做过某种志愿工作。然而，大多数志愿活动（约 60%）是非正式的（即涉及个人直接帮助他人），只有约 10% 的人参加过非营利组织开展的志愿活动。后者折算为大约 67000 个全职当量工作，在 2006 年约占整个非营利部门劳动力的 27%。[3]

葡萄牙志愿者在非营利部门劳动力中所占比例（27%）远远低于 41 国的平均水平（约 41%），接近于国家主义模式的平均水平（28%），因此葡萄牙属于国家主义集群，如表 16.2 所示。不过，葡萄牙的这一比例也接近福利伙伴关系模式的平均水平（29%）。

表 16.2　　　　志愿者占非营利部门劳动力的比例，葡萄牙与
国家集群及 41 国平均值比较

国 家 集 群	志愿者占非营利部门劳动力的比例（%）
葡萄牙	26.7
41 国平均值	40.6

国 家 集 群	志愿者占非营利部门劳动力的比例（%）
传统模式	53.1
自由主义模式	46.4
福利伙伴关系模式	29.1
社会民主主义模式	69.4
国家主义模式	27.9

服务与表达活动

如表16.3所示，葡萄牙非营利部门的大部分活动（约63%）集中于提供服务，特别是社会服务，占部门全体劳动力近一半（48%）。[4]教育和医疗卫生分别占9%和6%。表达和其他活动占37%。[5]

表16.3　　　　**2002年葡萄牙非营利部门劳动力的领域分布**

领　　　域	比例（%）
服务领域	63
社会服务	48
教育和研究	9
医疗卫生	6
表达领域	37
样本总量（*N*）	252002

非营利部门的服务提供活动相对于表达活动占主导地位，这是福利伙伴关系模式的一个定义性特征，葡萄牙符合这一标准。如表16.4所示，葡萄牙非营利部门劳动力中的服务占比虽然略低于福利伙伴关系国家的平均水平，但高于其他发达国家的平均数。

表 16.4 　 按功能划分的非营利部门劳动力分布，葡萄牙与
国家集群和 41 国平均值比较*

国 家 集 群	按职能类别划分的非营利部门劳动力占比（%）		
	服务	表达	其他
葡萄牙	**63**	**37**	*n/a*
41 国平均值	59	37	4
传统模式	68	24	8
自由主义模式	55	36	9
福利伙伴关系模式	71	25	4
社会民主主义模式	39	59	2
国家主义模式	50	47	4

注：* 由于四舍五入，数字加总可能不等于 100%。

收入来源

2006 年，葡萄牙非营利组织创造了近 59 亿欧元（约 77 亿美元）的收入。根据 2002 年的估计，服务收费是葡萄牙非营利部门的主要收入来源，约占该部门总收入的 49%。[6]占总收入 40%的第二大收入来源是政府拨款与合同。最后，私人慈善约占总收入的 11%。

这一收入结构与国家主义模式和福利伙伴关系模式都有明显不同，表明葡萄牙非营利部门具有混合性质。葡萄牙非营利部门收入的 40%来自政府，这远远高于国家主义模式，但远低于福利伙伴关系模式（66%），参见表 16.5。同样，服务收费部分远低于国家主义集群的平均水平，但远高于福利伙伴关系集群。[7]

表 16.5 　 非营利部门收入来源分布，葡萄牙与
国家集群和 41 个国家平均值比较*

国 家 集 群	政府（%）	慈善捐赠（%）	收费（%）
葡萄牙	**40**	**11**	**49**
41 国平均值	35	14	50

续表

国 家 集 群	政府（%）	慈善捐赠（%）	收费（%）
传统模式	11	24	65
自由主义模式	33	14	53
福利伙伴关系模式	66	8	26
社会民主主义模式	38	10	52
国家主义模式	18	18	64

注：＊由于四舍五入，数字加总可能不等于100%。

葡萄牙政府资助主要在医疗卫生和教育领域，如表16.6所示，这表明，截至2002年，葡萄牙非营利部门的重要组成部分已经显现出福利伙伴关系模式的特点。

表16.6　　　　　　2002年葡萄牙非营利部门收入来源分布

领 域	政府（%）	慈善捐赠（%）	收费（%）
所有领域	**40**	**11**	**49**
服务领域	**48**	**4**	**48**
医疗卫生	82	3	16
教育和研究	66	0	34
社会服务	26	7	66
经济发展	40	0	60
表达领域	**13**	**20**	**67**
文化、体育和娱乐	16	29	55
倡导	12	15	73
其他领域	**5**	**67**	**29**
未分类	5	67	29

小结：发育不全的福利伙伴关系模式

如上述数据所示，葡萄牙的非营利部门似乎是一个混合案例，同时符合国家主义模式和福利伙伴关系模式的部分标准。然而，我们认为，它更接近于福利伙伴关系模式，因为葡萄牙服务活动所占份额相当大，而且政府资助水平也很高。从某种意义上说，葡萄牙的非营利部门可能会从国家主义模式过渡到福利伙伴关系模式。我们可以在多大程度上用社会起源理论来解释这个发现呢？

解读葡萄牙的非营利组织发展模式[8]

这个问题的答案在于两大方面：其一，在 19 世纪和 20 世纪的大部分时间里，社会经济和政治权力斗争席卷葡萄牙，并最终将该国置于一个专制政权统治之下，试图通过削弱有组织的劳工的增长动力来压制非营利部门；其二，20 世纪 80 年代中期发生的民主开放，以及葡萄牙随后加入欧盟。由于路径依赖的力量，虽然葡萄牙非营利部门似乎正在向福利伙伴关系的转型，但是依然可以清楚地看到多年受压制的残余影响。因此，为了理解葡萄牙非营利部门目前的混合性质，有必要简要回顾一下其历史发展的两个阶段。

早期起源：一种二元体制

葡萄牙在进入现代世界之时是一个二元分裂的国家——既是一个封建的农业国家，由听命于世袭君主的地主贵族统治；同时又是一个庞大的殖民帝国，具有冒险精神的城市商人探险家通过航海活动，开辟并主导了欧洲、亚洲、非洲和南美洲之间的主要贸易航线，建立起不断扩张的殖民帝国，从香料、糖、黄金和奴隶贸易中为王室和商业中产阶级带来了可观的利润。把这些不同势力拼凑在一起的，不仅是君主政体，还有强大的天主教会，教会为地主贵族和航海殖民者提供了宗教祝福，还获得了一部分殖民掠夺来的财富，用于为社会金字塔底层的人提供适度的社会保护，其中包括殖民冒险家留下的大量妇女和儿童，教会通过慈善组织网络来提供社会服务，当时最重要的慈善组织是圣恩堂（Holy Houses of Mercy）。通过这种方式，乡村维持了社会安宁，商人可以聚敛财富，拓展已知宇宙的边界，而王室也受益于教会提供的社会保护，可以腾出手来处理国家事务。与此同时，在教会宣扬团结的旗帜下，各行各业都可以自由地建立各种行会和自助组织，以保护职业群体的利益，并向会员和非会员提供慈善救助。最终，在工业化真正开始以后，这一模式由劳工阶级接管。

殖民地衰落与工业化推进

只要殖民地和航海贸易持续带来丰厚利润，就能够保持这种社会力量的平衡。但是，在 18 世纪中叶，在外国列强的压力下，葡萄牙出现了衰退。更重要的是，1755 年的一场大地震摧毁了该国首都里斯本的大部分地区，造成了进一步的经济和政治动荡。葡萄牙在失去了巴西这个主要殖民地之后，经济衰退进一步加速。经济衰退和由此带来的政治动荡使这个国家很容易受到经济发达的强邻的干涉，特别是法国。1807 年至 1811 年期间，拿破仑率领法国军队三次入侵葡萄牙。为了应对内部衰落和外国威胁，军队和专业阶层的自由派分子发起了 1820 年自由革命，建立了君主立宪政体。自由革命旨在打破贵族和教会的权力，并没收教会的大量土地，以推动工业化发展。而工业化反过来也改变了葡萄牙社会的阶级结构，催生了工业资产阶级和工人阶级，同时也加速了地主贵族的没落。[9]

这一时期还形成了许多互助协会，为城市工人阶级、小农和农业工人提供社会保障网和组织文化活动。城市中产阶级，特别是国家官员、自由派专业人士和商人，也形成了自己的互助协会。与此同时，企业主成立了商业协会，在政府面前代表他们的利益，其中一些最具影响力的因素是葡萄酒和其他产品的生产和出口。

共和革命

然而，在贸易激增时，工业化却滞后了。直到 19 世纪，葡萄牙仍然容易遭受经济危机和外国干涉，这一次来自英国。1890 年，英国发出最后通牒，要求葡萄牙改变占领其殖民地安哥拉和莫桑比克之间的广阔疆域的企图，就像所谓的"玫瑰色地图"所描绘的那样。[10]这一损失被葡萄牙大部分国民视为耻辱，并导致了长期的政治骚乱。

日益严重的政治动荡加之宫廷过分奢靡的开支，激起了公众的普遍反对，最终导致 1910 年 10 月的共和革命。这场"自上而下的革命"背后的政治力量来自各阶层的自由派分子，包括工业资产阶级、专业人士阶层、民族主义者、中间派和左倾分子，他们在葡萄牙共和党的领导下团结起来。1910 年革命的中心目标是肃清葡萄牙的封建历史，拔除支撑封建势力的天主教会。新的共和党政府驱逐了宗教势力，没收了他们的财产，并对教会的公共活动施加了许多限制。

然而，葡萄牙第一届共和党政府发现自己受到来自保守派和社会主义派两方面的巨大压力。其强烈的反宗教立场很快引起了维护君主制的农村团体的强烈反对，而工人阶级和自由派则要求进一步的政治改革。这导致葡萄牙政治动荡加剧，政治暴力升级。[11]

威权国家的出现

随着组建稳定政府的努力一再失败，军方与共和党联盟的保守分子结盟，于1926年发动了一场政变。在安东尼奥·德·奥利维拉·萨拉查（António de Oliveira Salazar）领导下建立了威权统治，他的"新国家"政权实施了一系列政策，旨在压制工人运动中的社会主义和自由主义影响，并保留剩余的葡萄牙殖民地。政党被废除，独立的非营利组织，尤其是与农民和工人阶级利益有关的互助协会，面临着严格的管制。为了平息工人阶级的抗议，新国家政权建立了一种法团主义制度，在这种制度下，由国家控制的企业联合组织辛迪加来代表不同的职业和产业部门。自由结社被视为违反国家利益，因此受到禁止和迫害。结果导致非营利部门的能力下降。最受打击的是互助运动，其领导人和积极分子被监禁，其服务职能被移交给国家机构。

康乃馨革命、民主改革和加入欧盟

葡萄牙的威权统治一直持续到1974年，才被一场军事政变所终结。军队中的左翼分子对殖民地战争带来的日益沉重的负担感到不满，因此发动了"康乃馨革命"。这次政变所建立的新的民主政府发起了广泛的改革，并为非营利部门发展创造了有利的环境。尤其是，它恢复了结社自由，大大恢复和加强了非营利组织。与前任政府不同的是，新政府认为非营利部门是提供社区服务的重要资源。开始出现与社会生活各个方面有关的新社会运动，例如居民协会、就业发展组织、关注改善工作条件的组织、家长协会和旨在提供儿童服务的组织。[12]

然而，新民主时期非营利部门的发展并非没有挫折。在推动国家医疗卫生系统发展的过程中，附属于天主教会的圣恩堂被公共医疗卫生系统接管，圣恩堂网络曾经是医疗卫生服务的主要提供者，它被接管导致非营利部门的能力下降。[13]直到 20 世纪 80 年代，由于葡萄牙准备加入欧盟，才开始改善对非营利部门的政策。1979 年颁布并于 1983 年进一步扩大了新的立法，以加强私人福利协会，并通过所谓的民间社会团结机构提供公共资助的福利服务。

葡萄牙在 1986 年加入欧盟之后，进一步推动了非营利部门的发展，主要原因是欧盟提供了结构性资金以扶持落后地区的经济，以及 1992 年"马斯特里赫特条约"确立的一般辅助性原则，虽然该原则主要适用于欧盟与成员国之间的关系，尤其是在社会政策领域，但也同样适用于成员国与其非营利部门之间的关系。因此，葡萄牙非营利组织获得了这些结构性资金，并用于扩大服务，提高了政府资助在其收入中所占的份额，并为未来可能的福利伙伴关系模式奠定了基础。

结　论

在我们的数据中可以明显看出，葡萄牙非营利部门的图景显示出混合性特征，其中一些是国家主义模式的特征，另一些是福利伙伴关系模式的特征。我们的分析表明，这种模式反映了路径依赖的力量，在新的发展带来新特点的同时，还保留前一时期的元素。

更具体地说，社会起源理论为我们指出了一个典型的情景，即经济发展受挫引发了一场自上而下的革命和一种国家主义的非营利部门发展模式。由于丧失殖民地和外贸航线，导致了葡萄牙的经济衰退和政治动荡，军队、工业资产阶级和专业人士阶级中的改革派分子从上面发动了一系列革命，以消除现代化的障碍，促进工业发展。然而，这些跨越近一个世纪的革命，起初并没有压制结社和言论自由，这带来了两方面的结果。从好的一面来看，这使得慈善机构和互助协会蓬勃发展，但坏的一面是持续的政治动荡。为了应对这种局面，军方在 1926 年发动政变，并建立了一个压制非营利部门发展近50 年的威权政府。

直到 1974 年，这种国家主义的发展模式才随着康乃馨革命而结束，这场革命推翻了威权体制，恢复了民主，为非营利部门的增长创造了更有利的环境。葡萄牙随后加入欧盟，走上福利伙伴关系的发展道路，这条道路建立在附属于天主教会的慈善组织和互助协会等起源于殖民时代的制度基础之上。

社会起源理论的这个葡萄牙案例中一个有趣的方面是军队在非营利部门

发展中的作用。军队中的改革派分子是 19 世纪和 20 世纪发生的几次改变国家制度面貌的革命背后的主要力量。1926 年军事政变推行威权统治，导致了一个高度国家主义的非营利部门发展模式。与之相反，1974 年由左翼军人发起的康乃馨革命则重建了民主，并使该国非营利部门走上了福利伙伴关系模式的道路。

葡萄牙案例还证明了第 4 章提出的一些非营利部门发展模式的动态性质。事实上，从今天的数据中仍然可以看到威权主义在葡萄牙的持续影响。萨拉查政权镇压了那些它认为与其政策目标背道而驰的非营利组织，长期削弱了非营利部门的能力，并使政府与非营利部门的关系一直处于紧张状态。

然而，过去的遗留问题正在逐渐改变，葡萄牙的非营利部门似乎正在从过去的国家主义向福利伙伴关系的未来过渡。事实上，这个部门可以视作标记变化速度和方向的风向标。虽然变化速度可能比一些观察家所期待的要慢，但方向是明确无误的。

注　释

第1章

1. "公民社会部门"和"非营利部门"这两个词在这本书中被交替使用，尽管它们的含义略有不同。我们认为非营利组织是公民社会概念的核心组成部分，尽管我们认识到它并没有穷尽这个概念。关于对公民社会概念的各种理解，参见 Seligman 1992；Edwards 2004；Edwards 2011；Hall 1995 b。在本书中，我们将"公民社会"一词与其较为狭窄的同源词"公民社会组织"和"公民社会部门"区分开来，并通常利用后者来表示我们对更广义、更抽象的公民社会概念的组织核心的关注。关于约翰斯·霍普金斯非营利部门比较研究项目得出的数据的先前报告，参见 Salamon，Anheier，List，等等，1999；Salamon，Anheier，1997b；Salamon，Sokolowski, and Associates，2004。

2. Salamon and Haddock 2015.

3. Acemoglu and Robinson 2012.

4. Putnam 1993；Fukuyama 1995；Coleman 1990.

5. 总共有 41 个国家被纳入分析。另外两个国家——埃及和摩洛哥——也包括在该项目中，但由于数据有限，未包括在分析中。

6. 这一观点在国际经济数据的官方指导系统即所谓的国民账户体系（SNA）中最为明显，直到 1993 年，该系统才对一个独特的"非营利机构"（NPI）部门作出规定，甚至在此之后，这一部门仍局限于它所称的为家庭服务的非营利机构，这些机构在运作上只包括完全或绝大部分由慈善捐款支持的机构。其他非营利机构被分配到公司、政府或家户部门。直到 2003 年，由于本书中所说的工作，SNA 正式承认存在 NPI 部门，该部门仍然仅限于"卫星账户"中，而不是在 SNA 本身。SNA 的 2008 年修订版增加了一章专门讨论非营利组织，并呼吁各国在其核心国民账户体系报告中分配的其他机构账户中单独识别 NPI 机构；这一步骤使统计机构或外部专家更容易编制 NPI 卫星账户。2017 年发布了 2003 年《国民账户体系中的非营利机构手册》的修订版，它扩大了国民账户体系的范围，除了 NPI 机构之外，将直接志愿服务以及明显限制利润分配的合作社、互助协会和社会企业也包括在内。

7. 关于这一点和随后的全球非营利维度的实证验证，参见 Salamon, Sokolowski, Associates 2004 和本书第 2 章。

8. Granovetter 1985，483.

9. Ibid.，487.

10. Seibel 1990，46.

11. Hall 1995b，5.

12. Gramsci 1999.

13. Howell and Pearce 2001，3.

14. Putnam 1993，121。在对 11、12 世纪意大利不同的公民文化起源的精辟分析中，普特南有效利用了我们所谓的"社会起源方法"，强调土地精英以及后来加入的殖民势力的力量对底层农民行使的权力来解释意大利南部缺乏结社生活的原因。相比之下，他对"结社主义"在意大利北部崛起的讨论则更多地依赖于一种更不稳定的基于情感的观点，即强调观念的作用，特别是公民美德在创造意大利北部强大的结社传统方面的作用。

15. Moore 1966；Rueschemeyer, Stephens, and Stephens 1992。关于这种"路径依赖"理论的阐述，参见 Arthur 1994；关于其在组织生态学中的应用，参见 Krugman 1991。

16. Esping-Andersen 1990；Skocpol 1995.

17. Moore 1966。Brenner（1982）提出了类似的观点来解释欧洲大陆和英国制度发展方面的差异，认为这些差异可以追溯到中世纪地主士绅和农民之间不同的权力关系，在欧洲地主必须在很大程度上依赖国家来控制农民，而英国地主则利用市场型关系。

18. Rueschemeyer, Stephens, and Stephens 1992，5.

19. Esping-Andersen，1990；Skocpol，1995. 这种对政治因素的强调在 Timberger 1978 和 Evans, Rueschemeyer, Skocpol，1985 得到了进一步证实。

20. 关于该项目对非营利部门的定义的过程以及这一定义在各国的适用性的讨论，参见本书第 2 章和 Salamon, Anheier，1997b，以及本书分国别讨论的各章。

21. United Nations 2003；International Labour Organization 2011；United Nations 2017（forthcoming）.

22. 本书所使用的就业衡量标准是有偿雇员和志愿人员一年内在非营利组织工作的总小时数除以该国一个典型的全职雇员的工作小时数，得到"全职当量"（FTE）人数。这一措施避免了重复计算的危险，这种危险可能是简单地将这些组织的工作员工人数相加，而不对志愿人员通常服务的有限时间进行调整。为了使这一测量方法在不同规模的国家之间实现标准化，这个数字除以各国经济活动人口（EAP）的总数，使用 EAP 而不是"劳动力"，是因为不同国家对劳动力的定义不同，而且在许多国家，特别是在南半球，大量的工人是在非正规经济中就业，因此没有计入"劳动力"总数之中。

第 2 章

1. Evers and Laville 2004；Salamon and Anheier 1997b；Salamon 2010.

2. 国民账户体系（SNA）涵盖了其所定义的所有非营利机构（NPIs），但其中那些经济上最活跃的机构被分配到了其他部门，主要是公司和政府部门，在这些部门中，它们未被识别为非营利机构。之所以出现这种情况，主要是由于国民账户体系采用将经济实体分配到不同部门的所谓分配规则，这些规则主要关注组织的筹资方式，而不是它们的法律形式或其他特征。由于通过政府合同和"凭券"（voucher）支付的款项被视为"市场销售"，又由于非营利组织不仅能够从这些来源获得资金，而且还能从私人购买获得资金，因此，大多数具有经济重要性的非营利机构被归属到金融类公司或非金融类公司部门。同时，主要由政府拨款来支持的其他非营利组织则归属到一般政府部门。不管是哪种情况，在公司和政府单位的数据中都看不到非营利机构的身影。为了弥补这个缺陷，我们与联合国统计署合作，新编了一本《国民账户体系中的非营利机构手册》，以指导各国建立由于描绘整个非营利部门的"卫星账户"。截至本文撰写之时，已有 20 多个国家实施了这个手册，这个手册现在已有增订版，增订版将非营利部门的范围扩大到更广泛的机构和个人志愿活动，如第 1 章所述。

3. 如同表 1.1 所述，我们在 43 个国家开展了经验数据收集工作，但最后有 2 个国家未能获得可供我们分析之用的全套数据。因此，本书只讨论 41 个国家。

4. 我们对术语使用的讨论参见本书第 1 章注释 1。

5. Kornhauser 1959.

6. Gamson 1990.

7. Nisbet 1962；Berger and Neuhaus 1977.

8. Nisbet 1962，109.

9. Nkrumah 1973.

10. Heinrich 2005；Edwards 2004；Habermas 1989.

11. 宗教组织至少可以采取两种不同的形式：（1）宗教崇拜场所；（2）服务组织，比如附属于教会的学校和医院。这两种组织都包含在本项目对非营利组织的定义中，不过，如下文所述，在能够区分这两种组织的地方，附属于教会的服务组织与其所在领域的其他服务组织归在一起，宗教崇拜组织单独归为一类。然而，并非所有国家都有关于宗教崇拜组织的数据，在实行国家教会的国家，宗教组织不应当属于非营利部门。

12. 读者若想要了解对基于这些理由而采取的方法的批评，请参阅 Evers，Laville，2004，11-44。这两位作者最近在欧盟委员会（European Commission）的支持下，发起了一项行动，旨在建立一个更广泛的"第三部门"概念，其中至少包括那些在某种明确限制下（如果不是完全禁止的话）进行经营利润分配的合作社、互助组织和社会企业。有关这一努力的更详细讨论，参见 Salamon 和 Sokolowski，2014。如注释 2 所述，这一更广泛的概念现已纳入 2017 年修订的《联合国手册》。

13. Salamon 2012a，2012b；Powell and Steinberg 2006.

14. 迄今为止，已有 20 多个国家实施了联合国《国民账户体系中的非营利机构手册》。这本手册是 CNP 项目的副产品。我们的努力已经被他们的工作从根本上证实为有效。截至本文撰写之日，其他一些国家正在着手实施这个手册。

15. 我们使用就业，包括受薪雇员和志愿者，作为衡量非营利部门规模的标准，因为这是衡量该部门实际活动水平的最佳指标。由于存在志愿劳动并且非营利组织免费提供部分商品和服务，财务指标可能被严重低估或扭曲。

16. 本项目收集数据所采用的基准年因国而异。为了将图 2.1 展示的绝对估计值规范化为一个共同基准年，我们计算了收集数据时非营利组织劳动力与经济活动人口（EPA）的比率，然后将这个比率应用于该国 2005 年的经济活动人口。我们认为，这一估计是保守的，因为有证据表明，在大多数可以获得数据的国家，非营利组织劳动力在经济活动人口中所占比例正在上升，下文将详细说明这一点。

在所有其他对非营利组织劳动力的分析中，我们使用的变量都是数据产生年份该国非营利组织劳动力规模与经济活动人口的比率。我们以经济活动人口作为衡量非营利部门劳动力的基础，因为这是最为普遍使用的衡量标准。如前所述，其他替代性指标如"劳动力"在概念上各国差异很大，而且对经济活动实施方式的变化也很敏感。例如，在印度，许多经济活动发生在非正式经济中，其工人不计入官方劳动力。相比之下，经济活动人口涵盖了所有年龄在 16 岁到 65 岁没有进入组织或没有参与工作的人。因为志愿者和一些受薪雇员从事兼职工作或者偶尔工作，所以我们把所有的就业数据都转换成了全职当量员工数。我们的做法是，将有偿工作或志愿者工作的总工时数除以每个国家的全职工作小时数。这种方法允许我们通过控制国家经济规模的巨大差异，并且根据志愿者实际参与这项活动的时间调整其数量，从而使这一关键变量规范化。

17. 这个数字是未加权平均数，它以每个国家为观察对象，而不论其大小。如果考虑到所讨论的经济体的规模，加权平均值是 4.2%。这是因为非营利组织就业率最低的几个国家是相对较大的国家。

18. 这是这 41 国非营利部门劳动力中志愿者的加权比例。41 国的未加权平均数为 42%。未加权平均数高于加权平均数，是因为在计算未加权平均数时所有国家一视同仁，许多小国的志愿者在其非营利部门劳动力中所占比例高于大国。

19. 包括直接志愿服务，而不仅仅是通过组织进行的志愿服务，全球志愿者总数可能超过 9 亿，仅略低于中国现有人口数。有关这些估计的推导，参见 Salamon，Sokolowski 和 Haddock，2011。

20. Salamon 2012a.

21. 这里报告的数字是未加权平均数，不论其非营利部门的规模如何，所有国家一视同仁。

22. 这一增长的确切规模很难确定，有几个原因。首先，我们只能获得 41 国中 16 国的时间序列数据，并且这些数据涵盖不同的时期。第二，由于自

20世纪90年代中期开始CNP项目分析工作启动之时，到后来CNP项目的更新和非营利机构卫星账户（NPISA）工作开展之间，基础数据来源和数据整理（data assembly）技术一直在改进，因此，非营利部门的一些明显增长可能是由于测量方法差异引起的，而不是由于非营利部门的实际变化引起的。最后，虽然努力将CNP项目的关键概念纳入联合国《非营利组织手册》，从而纳入由此产生的非营利机构卫星账户，但实施该手册的国家在其NPI卫星账户工作中并不总是完全遵守这些概念。出现这种偏差的主要原因之一在于对非营利组织收入来源的测量。

23. 八个国家的国家统计局汇编的NPI卫星账户所报告的数据进一步证实了这一发现。根据这些数据，扣除通货膨胀因素后，这些国家的非营利部门对国内生产总值的贡献年均增长5.8%，比国内生产总值的增长率高0.5个百分点。不仅如此，其中7个国家的非营利组织增加值的增长率超过了GDP的增长率，进一步证明了这一发现。

第3章

1. Lipset 1980, 31.

2. 关于其他方法及其总体结果的讨论，见 Rueschemeyer, Stephens 和 Stephens 1992, 13-20。正如 Rueschemeyer 等人所得出的结论："大量这类研究[用横截面统计方法研究经济发展与民主之间的关系]表明这个结论仍然成立：社会和经济发展与政治民主之间存在着稳定的正相关关系。"（1992, 29）

3. 经济发展的衡量标准是人均国内生产总值（GDP），这是衡量几乎所有国家经济发展的可靠指标。它代表一国居民作为生产者创造的增加值之和除以该国人口数。这一变量的数据来自联合国统计署，资料来源：http：/unstats. un. org/unsd/snaama/dnllist. ASP。

4. Rueschemeyer et al. 1992, 29.

5. Smith 1759.

6. Sandel 1996, 317-351；Kymlicka 2002, 208-283, 283-326；Etzioni 1993.

7. Coleman 1990, 300-321.

8. Putnam 1993.

9. Banfield 1958.

10. Fukuyama 1995, 5.

11. Bellah et al. 1985；Wuthnow 1991.

12. Weber 1958.

13. 虽然这是韦伯的资本主义发展观最受欢迎的版本，但韦伯在后来关于这一主题的著作中强调了新教的教义方面，并着重论述了宗教组织在创造资本主义制度的前提条件方面的作用。根据新教教义，僧侣制度解体为僧侣组织的世俗化扫清了障碍，为追求经济发展开辟了道路（Collins，1986）。在这里介绍的术语中，后面这一思路将以社会起源解释取代情感解释。

14. 虽然普特南为意大利南部缺乏互惠情感提供了令人信服的社会起源解释，但他并没有将这种分析模式纳入他对北方的讨论中，使我们无法对在那里产生不同结果的原因作出令人信服的社会起源解释。

15. Blackburn 2001，101.

16. Spooner 1914，310-312.

17. Rahman 1987，309；Salamon, Sokolowski, and Associates 2004.

18. Dutch philanthropy is about three times lower than that in Israel and the United States and about half that in Canada and Argentina.

18. 荷兰的慈善事业不到以色列和美国三分之一，是加拿大和阿根廷的一半。

19. 我们使用"教堂出勤"一词作为出席任何宗教仪式的缩写。通过"世界价值观调查"（1991年）对教堂出勤情况进行了衡量，并将其定义为在调查所涉期间每周至少参加一次宗教仪式的成年人所占百分比。

20. 我们意识到，在解释因果关系时，这里所处理的那种二元相关性往往不是决定性的，因为可能存在其他可能是真正原因的中介变量，从而使显著的二元关系变得虚假。然而，这种多元回归技术主要是为了避免假正相关，即将错误的高关系归因于另一个变量的代理结果。但是在这里，我们为情感理论中的概念设计的代理变量之间只发现了很少或没有统计学意义的二元相关关系。因此，几乎不可避免的是，引入附加因素只会使假设变量失去更多的解释力，将这些变量所具有的微小解释力转移到一个或多个潜在的控制因素中。

21. Salamon 和 Anheier 1997a，11-17。模块化是衡量一种宗教或任何一种教义在多大程度上承认宗教以外的存在领域，而不是将生活的每个方面都包含在宗教中，使没有任何领域不受宗教控制。见 Gellner 1995，42。伊斯兰教和天主教在这个指标上的排名一般很低，正如韦伯所显示的那样，而新教，如韦伯所说，排名相当高。

22. John Larner 1980, cited in Putnam 1993, 22; Hyde 1973, 49, 57, 119, cited in Putnam 1993, 122-123, 127, 130.

23. Downloaded at www. papalencyclicals. net / Leo13 / 113cph. htm.

24. Weisbrod 1977.

25. Olson 1965.

26. 亚历克西斯·德·托克维尔在其经典著作《论美国的民主》一书中，对美国存在庞大非营利部门的原因阐述的观点，包含着对这种需求侧理论的回应，尽管其措辞完全不同。19 世纪初，托克维尔通过在美国的旅行试图解开的一个中心难题是，鉴于这个国家的极端个人主义和实质性平等，美国如何能够避免陷入暴政。他发现，美国人发明了非营利组织来克服这种过度的个人主义。换言之，德托克维尔认为非营利组织不是寻求差异的工具，而是为追求共同目标而克服分歧的工具。托克维尔因此指出，由于无法迫使任何人解决共同关心的问题，美国的个人主义公民"如果不自愿学习互相帮助，就会陷入失能状态"（de Tocqueville 1835，1840 年）。

27. Hansmann 1987.

28. Ibid. , 29.

29. Krashinsky 1986; Ben-Ner and Van Hoomissen 1993.

30. James 1987.

31. Rose-Ackerman 1996.

32. Yamauchi 2004.

33. Lijphart 1999.

34. Salamon and Anheier 1998.

35. Salamon 2012a, 132.

36. Ibid. , 174.

37. James 1993; Chang and Tuckman 1996.

38. 例如，最近对印度非营利组织登记的审查发现，印度各地登记机构的名册上有 300 多万个非营利组织。但当采访者开始寻找这些组织时，只能找到 40 万。

39. Granovetter 1985.

40. Lijphart 1999.

41. 关于职业和专业利益群体如何推动了非营利组织的形成，参见 Sokolowski 2000.

42. Galbraith 2001，135.

第 4 章

1. Zukin and DiMaggio 1990b.

2. Giddens 1987，7，17.

3. Moore 1966.

4. Timberger 1978.

5. Brenner（1982）提出了类似的论点来解释欧洲大陆和英国的体制发展的差异，认为这些差异可以追溯到中世纪地主贵族与农民之间的不同权力关系。这些权力关系使得地主阶级必须严重依赖国家来控制欧洲大陆的农民，而英国地主则利用市场型关系来增进其利益。

6. Evans，Rueschemeyer, and Skocpol 1985.

7. Rueschemeyer，Stephens，and Stephens 1992.

8. Ibid.

9. Skocpol 1995.

10. Titmuss 1974.

11. Esping-Andersen 1990.

12. 关于马克斯·韦伯有关社会阶级概念的讨论，参见 Collins 1986，125-130.

13. Bourdieu（1984 年）引入了"阶级片段"一词，指的是社会经济阶层中主要由社会和文化特征识别的社会经济细分群体。

14. Giddens 1987.

15. Weber 1958. See also Howe 1978.

16. Krugman 1991.

17. Gerschenkron 1992.

18. Hausner，Jessop，and Nielsen 1995.

19. 路径依赖的一个很好的例子是美国持续使用的英制度量衡，而几乎所有其他国家都采用了公制度量衡。美国工业革命兴起时，以英制度量衡作为计量标准的基础，后来若要将这些标准改为公制，在政治上和经济上都太困难了。

20. 在社会结构分析中广泛使用的结构等价概念是指不同的个人或群体在不同的社会安排中可能扮演相似的角色或占据相似的地位。有关更多细节，请参见 Sailer 1978。

21. Putnam 1993, 121-134.

22. Quoted in Putnam 1993, 145.

23. Acemoglu and Robinson 2012.

24. 例如，1891 年颁布的《新事通谕》警告说，天主教工人要警惕工会，"工会掌握在秘密领袖手中，其管理原则不符合基督教教义和公众福祉；他们竭力控制整个劳工领域，并迫使工人要么加入他们要么挨饿。在这种情况下，"教皇利奥十三劝说道，"基督徒工人必须……相互结社并联合起来，以勇敢地摆脱如此不义的枷锁和不可容忍的压迫。"（教皇利奥十三世，1891 年，第 54 段）。

第 5 章

1. 有关此方法的更多详细信息，请参见 Ragin 和 Becker 1992。

2. Weber 1978, 215.

3. Moore 1966, 486.

4. Putnam 1993.

5. Moore 1966, 355.

6. Ibid. , 373.

7. Rosen 1967, 102.

8. Heitzman and Worden 1996；Singh 1996.

9. Mohmand and Gazdar 2007.

10. Berger and Broughton 1995, ch. 5.

11. Moore 1966, 3-39；see also Brenner 1982.

12. Salamon 1972.

13. Rueschemeyer, Stephens, and Stephens 1992；Skocpol 1992.

14. Skocpol 1995；Salamon 2012a.

15. Salamon 1995, 82-90.

16. Halperin 1964；Moore 1966，34-38.

17. Sachβe 1994；Backhaus-Maul and Olk 1994；Anheier and Salamon 2006.

18. Halperin 1964.

19. Heerma van Voss 1995；Kramer 1981.

20. Brandsen and Pape 2015.

21. Hoppe and Langton 1994.

22. Berger and Broughton 1995.

23. Heclo 1974.

24. Berger and Broughton 1995；Drake 1996；Rueschemeyer, Stephens, and Stephens 1992；Sokolowski 2011.

25. Berger and Broughton 1995.

26. Gerschenkron 1992.

27. Moore 1966，228-291；Timberger 1978.

28. Amenomori 1993.

29. Gella 1988.

30. Gerschenkron 1992.

31. Rueschemeyer, Stephens, and Stephens 1992，199-204.

32. Ibid.，200.

33. Salamon, Sokolowski, and Associates 2004，table A. 2.

34. 此方法依赖于对非营利组织通常从事的服务行业中就业人数所占份额的估计数。

35. Hausner, Jessop, and Nielsen 1995.

36. Linz and Stepan，1996。加入欧盟的其他东欧国家（波兰、罗马尼亚和斯洛伐克）也出现了类似的发展。但是，本研究中提供的有关这些国家的数据是在转型早期于 1995 年收集的。结果，这些国家仍然落入了国家主义模式。另一方面，捷克和匈牙利的数据分别是在 2004 年和 2003 年收集的。有关俄罗斯的数据是在 2008 年收集的。有关中欧与其他苏联加盟国之间差异的更多证据，请参阅 Cook，2015。关于最近的发展表明，俄罗斯为回应民众对国家提供社会福利服务的不满而采取了福利伙伴关系模式，请参见 Salamon, Benevolenski and Jakobson，2015。

37. Franco 2005；Franco et al. 2006；Linz and Stepan 1996.

38. Linz and Stepan 1996；Preston 1987；Tusell 2011.

39. Timberger 1978.

40. Cohen and Passin 1987.

41. Kruger 1969；Omer-Cooper 1988；Swilling et al. 2004；Wilson and Thompson 1969.

42. Wollebæk and Selle 2000；Svedberg and Grassman 2001.

43. Villadsen 2004.

44. Pestoff 1995.

45. Putnam 1993.

46. Romero 2002.

第 6 章

1. Nkrumah 1973.

第 7 章

本研究要感谢一大群研究者的努力，这些研究者在弗里堡大学（University of Fribourg）的伯恩德·赫尔米格（Bernd Helmig）教授博士指导下工作，这项研究也是约翰斯·霍普金斯非营利部门比较研究项目的一部分。此处大量引用的历史资料参见 Helmig et al. 2011.

1. Salamon, Anheier, List, et al. 1999；Salamon, Sokolowski, and Associates 2004.

2. Helmig, Bärlocher, and von Schnurbein 2009.

3. Erne 1988.

4. Helmig, Bärlocher, and von Schnurbein 2009；Kriesi 1995.

5. Korpi and Palme 2003；Nollert 2007.

第 8 章

这项研究得以完成要感谢新西兰梅西大学研究人员的努力，他们是 Jackie Sanders、Margaret Tennant 和 Mike O'Brien。该研究很大程度上借鉴了新西兰统计局于 2007 年 8 月建立的该国第一个"非营利机构卫星账户：2004"。该研究遵循约翰斯·霍普金斯非营利部门比较研究项目开发的方法进行，并在联合国《国民账户体系中的非营利机构手册》中做了概述。

1. 志愿者投入是根据时间使用情况调查做出的估计，该调查使用的活动分类系统与就业数据不同。虽然这两个系统之间存在一定的对应关系，但无法以与受薪就业相同的详细程度来报告志愿服务数据。但是，可以合理区分志愿服务和表达活动。

2. 这是新西兰统计局对政府在非营利部门收入中所占份额的保守估计。由于可用数据有限，这一估计值低估了政府在医疗卫生领域与非营利组织签订的服务合同的全部范围。

3. 由于国民账户体系（SAN）对会费的特殊处理，私人捐款的实际比例可能会稍低，国民账户体系是这些数据的来源。根据 SNA 规则，如果向那些服务于企业的非营利组织支付费用，则将其视为会费；如果向服务于家庭的非营利组织支付费用，则将其视为捐赠。相比之下，约翰斯·霍普金斯大学非营利部门比较研究项目的研究方法统一将会费视为费用。目前尚不清楚这些方法造成的差异有多大，但这并没有改变这样一个事实：在经合组织成员国中，新西兰是慈善支持份额最大的国家之一。

4. 这一部分很大程度上借鉴了 Sanders et al. 2008.

5. Richardson 1992；Dalziel 1993.

6. Rueschemeyer，Stephens，and Stephens 1992.

7. Roth 1973，10.

8. Belich 2001，145；Olssen 1988，107，217.

9. 引自 Phillips 2012，3.

10. Ibid.，2.

11. http：//www. teara. govt. nz/en/1966/political-parties/8，2013 年 6 月 6 日访问。

12. Tennant 2007，217-218.

13. 这一部分很大程度上借鉴了 Sanders et al. 2008.

14. Dalziel 1993，55.

15. Grimshaw 1987，117-118.

16. Durie 2005，16.

17. Cheyne，O'Brien，and Belgrave 2005，29.

18. Sanders et al. 2008.

19. Miller 2005；Harvey 2007.

20. Nowland-Foreman 1997.

第 9 章

本报告 2007 年的数据来自澳大利亚统计局编制的非营利机构卫星账户，可在以下网站获取：www. abs. gov. au/AusStats/ABS@ . nsf/MF/5256. 0. 本章由 S. Wojciech Sokolowski 和 Lester M. Salamon 根据澳大利亚教授 Mark Lyon 英年早逝之前提供的资料编写。

1. 通过估计志愿者、兼职人员和临时工在一个典型年份的平均工作时数，再除以澳大利亚全职雇员的平均工作时数，将其换算成全职当量（Full-Time Equivalent，FTE）员工。

2. 更早的数据，请参见 Salamon, Anheier, List, et al. 1999。

3. 未公布的 JHU/CCSS 数据。

4. 自从 1995 年报告的可比数据以来，这一收入结构没有实质性变化。1995 年，政府资助约占澳大利亚非营利部门收入总额的 31.1%，慈善收入占 6.4%，收费占 62.5%（未公布的 JHU/CCSS 数据）。2007 年和 1995 年收入结构之间的一些差异可能是由于数据汇编方法上的差异造成的。

5. 这里的叙述取材于如下文献：Stephens and Stephens 1992, 135-140；Green and Cromwell 1984；McKinlay 1979。

第 10 章

作者想要感谢荷兰社会文化规划局的 Bob Khury 提供了本章中使用的关于荷兰非营利部门的量化数据。

1. Burger et al. 1997.

2. 想要更详细地了解荷兰非营利部门的历史，参见 Veldheer and Burger 1999.

3. Bakvis 1981；Cox 1993.

4. 例如，政府在 1893 年宣布激进的 SDB 为非法组织，并经常镇压那些组织直接工业行动（罢工、抗议等）的企图。

5. Cox 1993；Berger and Broughton 1995, ch. 3.

6. Lijphart 1999.

第 11 章

本章报告了作为约翰斯·霍普金斯非营利部门比较研究项目的一部分，对智利非营利部门组织能力进行全面实证研究的结果。这项研究结果代表了对智利非营利部门机构的首次全面评估，最初报告参见 Irarrázaval et al. 2006.

1. 本节利用了以下资料来源：Bauer 1975；Drake 1996；Irarrazaval et al. 2006；Rueschemeyer, Stephens, and Stephens 1992；Stepan 1985；Wright 1982；and Wright 2007.

2. 教皇利奥十三世于 1891 年 5 月 15 日发布《新事通谕》，内容涉及工业化过程中对改善恶劣工作条件的需求。它支持劳工成立工会的权利，并确认了私有财产权。它还谴责了激进的意识形态，包括共产主义和自由放任的资本主义。

3. United States Senate 1975.

4. 人民阵线是一个政治联盟，在萨尔瓦多·阿连德获得（1970）总统大选的候选资格的情况下，将社会党和共产党等左翼政党联合在一起。

5. Kornbluh 2004.

6. See Valenzuela 1978；Loveman 2001，257-260.

第 12 章

本项研究的顺利开展，得益于维也纳经济贸易大学非营利组织研究所的乌尔丽克·施奈德（Ulrike Schneider）所领导的研究小组的努力。

1. 关于奥地利非营利部门的规模和组成的数据于 1995 年首次收集，并报告在本系列的第一卷中，参见：Salamon, Anheier, List, et al. 1999。但由于用于编制这两套数据的方法存在很大差异，因此 1995 年的数据与本报告的数据不具有可比性。有关奥地利非营利部门就业情况的最新数据，请参见：Pennerstorfer, Schneider, and Badelt 2013；Schneider and Haider 2009；and Haider et al. 2008。

2. 合同工不包括在此数据中，因为 2001 年工作场所和商业普查中没有关于此类工作的数据。此处使用的就业情况参见：Schneider and Hagleitner 2005。

3. 此处报告的志愿活动数据是 2000 年的数据。

4. 不包括代替强制兵役的无偿劳动。

5. Neumayr et al. 2007, 7.

6. Ibid. , 8.

7. Simsa, Schober, and Schober 2006, 10.

8. Beller 2007.

9. Brook-Shepherd 1996.

10. 同上。

11. Simsa, Schober, and Schober 2006, 28.

12. 法西斯法团主义主张由同时代表雇主和工人的职业利益（occupational concerns）的政府或者私人控制的法人社团来管理经济部门。从理论上讲，这种安排旨在减少阶级冲突，促进社会经济阶层之间的和谐，但实际上，这是一种减少反对派、奖励政治忠诚的机制。

13. Heitzmann and Simsa 2004, 715；Wachter 1983, 69.

14. Katzenstein 1985.

15. Brook-Shepherd 1996.

16. Pennerstorfer, Schneider, and Badelt 2013, 57.

17. Katzenstein 1985.

18. Zivildienstverwaltung 2006.

第 13 章

本项研究的顺利开展得益于研究小组成员的共同努力，他们来自丹麦国家社会研究中心、丹麦南方大学、洛斯基尔德大学以及社会与全球化部，这些机构分别由 IngerKoch-Nielsen，Torben Fridberg，Bjarne Ibsen, and Thomas P. Boje 领导。

1. 资料来源：www. oecd. org/social/socialpoliciesanddata/hsocialexpenditure databasesocx. htm.

2. 本章的余下内容主要参考 Ibsen and Haberman 2005.

3. Henriksen 2003.

4. Henriksen 1999, 2006.

5. Henriksen and Bundesen 2004.

6. Petersen 2004.

7. 同上。

8. Jørgensen, Bundesen, and Henriksen 2001.

9. Neville 1998.

10. Bender, Jansen, and Johansen 1977.

11. Habermann and Ibsen 1997; Lorentzen 1993; Klausen 1995; Klausen and Selle 1995b.

12. Wollebæk and Selle 2000; Svedberg and Grassman 2001; Andersen, Andersen, and Torpe 2000.

13. Villadsen 2004; Habermann 2001.

第14章

本项研究的顺利开展得益于列夫·雅各布森（Lev Jakobson）和伊丽娜·梅西亚诺娃（Irina Mersianova）领导的位于莫斯科的国立研究大学高等经济学院公民社会和非营利部门研究中心的努力，以及国立研究大学高等经济学院基础研究项目的支持。

1. Mersianova and Yakobson 2010.

2. 俄罗斯非营利组织雇用了近68万名员工，但其中一部分是兼职人员。

3. 英国、德国、法国、荷兰以及意大利。

4. 获取更多详细信息，参见：Moore 1966；Gerschenkron 1992。

5. 尽管俄罗斯东正教会在16世纪开始建立慈善机构，但其权力很快受到了国家的限制，其慈善机构在提供社会保障网方面的作用归于消失；参见：Khlystova 1998, 13。

6. Trotsky 1906.

7. Chernykh 1993.

8. Bradley 1994.

9. Общественное и частное призрение в России. СПб., 1907. С. 61. (Social and Private Care in Rus sia. St. Petersburg, 1907, 61). 10. Anufriev 1917, 39; Tumanova 2008, 7.

11. 最值得注意的是1905年俄罗斯被刚刚实现现代化的明治维新日本所打败，以及第一次世界大战期间与德国交战的一系列失利。

12. Gerschenkron 1992.

13. Zhukova et al. 1988, 9.

14. Avakyan 1996, 36.

15. 其中最主要的是 1929 年和 1930 年的农业集体化，这颠覆了早期布尔什维克将土地重新分配给农民的政策。集体化的目的是通过将农民的土地纳入大型国有农场来实现农业现代化。

16. Zhukova et al. 1988；Gromov and Kuzin 1990, 14；Belyaeva 1994, 105.

17. 由于缺乏真实可信的统计数据，故无法估计实际数额。

18. Borzenkov 1998, 272.

19. Shchiglik 1988, 9-12；Statistics Collection 1986, 51.

20. Zhukova et al. 1988, 97.

21. Yakobson 2007, 43-58.

22. Salamon, Benevolenski, and Jakobson 2015. 有关这些限制措施的更多信息，参见：Bourjaily 2006；Maxwell 2006；ICA，INP 2007；Ljubownikow, Crotty, and Rod gers 2013；BBC 2015.

第 15 章

1. Instituto Nacional de Estadística y Geografía 2011. 该卫星账户很大程度上遵循了约翰斯·霍普金斯大学非营利部门比较研究项目所定义的方法。关于填补墨西哥国家统计和地理研究所卫星账户数据中某些数据空白所需的补充资料来源，见注释 2。

2. 非营利机构就业数据来自墨西哥非营利机构卫星账户中报告的两个不同数据元素。第一，国民账户中分配给 NPISH（居民与服务组织）或公司部门的非营利机构就业数据直接来自于卫星账户的数据表。非营利机构部门雇用了不到 50 万名员工。第二，在国民账户中分配给政府部门的非营利机构的就业人数，即我们所谓的"公共资助的非营利机构"，是通过将卫星账户表中这些非营利机构报告的员工薪酬总额除以墨西哥公共行政人员的平均工资来估算的。这使估计数额增加了 50 万人。在使用"公共资助的非营利机构"一词来描述国民账户中分配给政府部门的非营利机构，我们并不是说其他非营利机构不接受政府的资助，而是说这些非营利机构主要由政府资助，这可能是根据当时的 SNA 部门指导原则将非营利机构分配给政府部门的一个主要原因。

但是，我们认为这提供了对非营利机构受薪雇员的偏高估计，由于墨西哥国家统计和地理研究所非营利机构卫星账户所涵盖的一些非营利机构（例如，国家统计局和国家银行）实际上是政府机构，不符合 SNA 认定非营利机构的惯例，并且本书所涉及的其他国家的非营利组织也没有涵盖此类机构。目前，无法从非营利机构卫星账户所报告的员工薪酬数据中排除这些组织。然而，即使这种对非营利机构劳动力规模的偏高估计，其仍然属于界定非营利部门发展的国家主义模式的范围之内。有关这一点的更多详细信息，请参阅 Salamon，Villalobos，et al. 2012。

　　墨西哥国家统计和地理研究所非营利机构卫星账户的另一个局限是没有关于资金流的数据，因此无法评估该部门的收入结构。为了解决这一缺点，本章报告了 2003 年由墨西哥学院的 Gustavo Verduzco 教授和研究员收集的收入数据，作为约翰斯·霍普金斯非营利部门比较研究项目的一部分。

　　3. 该估算是基于这样的假设，即墨西哥的宗教和政治志愿服务与阿根廷相似（约 33%）。将这一估值包括在内的主要原因，是为了防止由于志愿活动数据不完整而错误地把墨西哥分配到与错误数据相匹配的国家集群，因为志愿者在劳动力里中的占比是定义三种非营利部门模式的一个定义特征。

　　4. 然而，注释 2 中提到的情况那样很可能也是事实，即墨西哥的卫星账户数据包括一些政府控制的机构，诸如国家统计局、国家银行和国立大学这类未包括在其他国家数据中的机构。

　　5. 2008 年的数据仅显示非营利机构的就业很少或根本没有得到公共支持，本章按照北美产业分类体系（NAICS）对其进行分类，而不是本书其他章节中使用的国际非营利组织分类体系（ICNPO）。然而，可以将北美产业分类体系的行业分为服务和表达功能，这大致相当于基于国际非营利组织分类体系的分类。

　　6. 如前所述，为了纠正 2008 年非营利机构卫星账户中的数据缺失，我们估算了总体缺失的数据，以避免墨西哥被误分到错误的国家集群，但我们无法按活动类型对这一总数进行分类。因此，除本节报告的内容外，无法准确估计非营利机构劳动力在服务和表达活动中的确切份额。如果我们将政治和宗教组织等表达活动类型中的 16 万名志愿者纳入估值，这将使表达活动的占比提高到约 46%，服务活动的占比将降至约 49%，几乎与国家主义模式的平均值相等。

　　7. Favela Gavia 2004，124.

8. Tapia Álvarez and Robles Aguilar 2006.

9. See note 2 for further detail.

10. Coatsworth 1978；Haber 1992；Meyer 1991.

11. Buchenau 2007；Meyer 1991.

12. Rueschemeyer，Stephens，and Stephens 1992.

13. Olvera 2004.

14. Cadena Roa 2004，160；Reygadas 1998.

15. Cadena Roa 2004，171.

16. Reygadas 1998.

17. Loaeza 1998.

18. Favela Gavia 2004，131；Butcher and Serna 2006，392.

19. Monroy 1993.

20. Reygadas 1998，421.

21. Reygadas 1998，580.

22. 这些政策变化的一个例子是 2004 年《联邦鼓励非营利部门活动法》的通过，该法鼓励扩大政府与非营利部门之间福利伙伴形式的合作。

23. Favela Gavia 2004，124；Tapia Álvarez and Robles Aguilar 2006.

第 16 章

本章首先介绍了佛朗哥等人首次发表的最新数据（Franco et al. 2006），更新后的数据由葡萄牙国家统计研究所编制，参见：Salamon, Sokolowski, Haddock, and Tice 2012。我们在葡萄牙的研究得到了卡卢斯特·古尔本基安（Calouste Gulbenkian）基金会、卢梭-美洲（Luso-American）基金会、伊利迪奥·皮尼奥（Ilídio Pinho）基金会和阿加·卡恩（Aga Kahn）基金会的支持。

1. 2006 年的报告比 2002 年报告的此类工作数量增加了 15%（Franco et al. 2006）。但是，这种变化至少有一部分是由于数据覆盖范围的差异造成的。根据国民账户体系的指导原则，2006 年的数据包括非营利机构中的 6643 个工作岗位，实际上是在官方统计中分配给公共部门的，理由是这些机构"受政府控制"。但这些工作岗位并没包括在 2002 年的数据中。还有一个问题，即是否会根据 2008 年修订国民账户体系中通过的确定"政府控制"的完善标准，将其列入非营利机构卫星账户。我们这里纳入这些数据，并没有显著改变葡萄牙非营利部门的范围或结构的总体情况。无论如何，这些组织符合本研究采用的非营利机构的定义标准。

2. 无法获得 2006 年的志愿者数据，只得到了 2002 年志愿者的数据。

3. 这里使用的志愿者数据是在 2002 年而不是 2006 年估计的，就业数据也是 2002 年估计的。这里使用 2002 年的就业数据，而不是 2006 年的数据，使得志愿者占非营利部门劳动力的比例略高一些，约为 30%。这个差异在很大程度上是由于数据覆盖范围的差异造成的（见注释 2）。

4. 这个领域包括圣恩堂，圣恩堂是附属于天主教会的社会救助和医疗卫生服务提供者组成的网络。由于数据的局限性，不可能将这些机构的医疗卫生和社会救助职能分开。

5. 无法在数据中将这两组分开。

6. 参见：Franco et al. 2006. 在这些估计值中，收费是在政府和私人慈善份额估计值之后的剩余类别。较近的 2006 年卫星账户估计值发现，40% 的收入来自政府，10% 来自慈善，但只有 19% 的收入来自收费。然而，这一估计无法对占总收入 19% 的收费收入做出明确说明。因此，我们在这里使用 2002 年的估计数。

7. 政府对非营利部门资助的最重要的部分是补偿其提供家户服务的费用。这些补偿在宏观经济数据中被视为服务收费，很难将其与私人服务费区分开来。因此，本章所示的费用收入很可能包含由于数据限制而无法确定的政府补偿额。

8. 本节在很大程度上参考 Franco 2005 和 Franco et al. 2006.

9. Solsten 1993；Payne，日期缺失。

10. Clarence-Smith 1985.

11. Sardica 2011；Solsten 1993.

12. Linz and Stepan 1996，116-129.

13. 圣恩堂作为履行相关社会服务职能的机构幸存下来，随后也恢复了某些医疗卫生职能。

附录 A 约翰斯·霍普金斯非营利部门比较研究项目：目标、概念化与方法

本书展示的是一个独特的国际合作项目的产物，该项目吸引了世界各国大约 200 名研究人员和统计学家。本项目始于 1991 年，最初针对 13 个国家（8 个发达国家及 5 个发展中国家），此后扩展到 40 多个国家。然而，只有 41 个国家提供了适合本书研究分析的数据。

目　　标

从一开始，本项目就旨在实现五项主要目标：

第一，首次以扎实的实证方式记录代表不同地区、不同历史文化传统和发展水平的众多国家中非营利部门的范围、结构、资金和作用情况。

第二，解释为何该部门的规模、构成、性质及作用会因地而异，并识别出可能促进或阻碍该部门发展的因素，包括历史、法律安排、宗教背景、文化、社会经济结构以及政府政策模式方面的差异。

第三，评估这些组织产生的影响和做出的贡献，以及带来的问题。

第四，通过传播研究成果，提高对这类机构的认识。

第五，帮助本项目参与国建立本地能力，以便将来开展工作。

方　　法

为了实现这些目标，我们制定的方法具有如下特点：

1. 比较性

本项目研究对象覆盖发展水平不同的国家，它们的宗教、文化以及政治

传统多种多样。因此，比较法是本项目方法论的一个核心特征。系统的比较不仅不是掩盖差异，而且是辨别各国实际差异的唯一方法。正如一位分析师所说："不作比较的思考是不可思议的，没有比较就没有任何科学思想和科学研究。"[1] 仔细、敏锐的比较不仅是理解他人的一项技术，也是理解自我的必要步骤。

2. 系统性

我们利用包含所有实体的通用定义以及区分它们的通用分类体系。只有在合理确定被比较对象的情况下，才能进行比较。鉴于该领域存在概念模糊、知识缺乏和思想复杂的情形，我们必须十分谨慎地从事这项任务。正如下文将详细叙述的那样，我们的方法是采取自下而上的方式，根据项目国家的实际经验建立我们的定义和分类体系。一以贯之的目标是形成这样一个定义，它必须足够宽泛，以便囊括我们所研究的各国该部门的各种实体，它又要足够清晰，以便将这些组织与组成国家和市场的实体区别开来，传统上，社会生活被分为国家与市场两个主要部门。

3. 合作性

本项目广泛依靠本地分析人员，使我们的定义和分析植根于本地知识的坚实基础，并建立本地能力以保证未来继续推进此类工作。因此，我们在每个国家招募了一名本地研究员（Local Associate），协助推进项目各个阶段的工作。这不仅包括数据收集和数据分析，还包括建立项目基础的概念装备——它的工作定义、对待边缘组织的方式、分类体系以及数据收集策略。在整个项目期间，本地联系人定期会面，制定研究策略，检查工作进度并微调研究方法。本地联系人还招募同事来协助这项工作。结果项目组至少有来自世界各地的 150 名本地研究人员参加了本项目基础工作的设计与实施。

4. 协商性

积极参与本项目的还有地方社会活动家、政府领导人、媒体和商界，这是为了进一步确保每个国家的工作能够针对该国的具体情况，以便研究结果能够得到本地人的理解和传播。为了实现这一目标，我们在每个项目国和国际层面分别组织了咨询委员会。这些委员会审查了项目方法的各个方面，协助阐释项目结果，帮助发布项目发现并深入思考其含义。借助这些咨询委员会，共有 600 多个非营利组织、慈善机构、政府和企业的领导人参加了本项目。

5. 实证性

我们尽可能超越主观印象来建立关于这类组织的实证数据。显然，并非非营利部门的所有方面都可以凭实证来把握，并且项目的某些部分（比如法律分析、历史分析以及影响分析）需要使用更多的定性研究技术，包括案例研究、焦点小组和文献综述。不过，由于对该部门的真正范围和结构普遍存在疑惑，我们认为很有必要开发一套实证方法来测量各国非营利组织的总体努力状况；这些努力在各种活动中的分布状况，包括服务活动和表达活动（例如政策倡导、环境保护和文化艺术）；以及支持这些活动的资源来源。这还需要制定一套研究协议，以定义需要寻找的数据项，并提出确保获得所需数据的方法。它还需要对这些协议进行剪裁以适应各国的实际情况，这个过程是我们与本地联系人合作完成的，参见下文详述。

概　念　化

挑战

本项目面临的主要挑战之一是世界各国置于非营利部门范畴的机构形式与行动的多样性，以及是否能够将这些机构视为一个统一部门的争论。事实上，对第三部门的定义存在激烈争议。一些观察家坚持非常广泛的定义，这种定义包括各种类型的组织、无组织的集体和个人行动以及支持这些行动的社会价值系统。另一些人则偏好更狭窄的定义，将其描绘为履行某种社会或经济职能的机构，比如服务于"公共目的"或生产"公共物品"，或拥有某种正式特征。

由于这种令人困惑的多样性，在制定适用于国际比较的非营利部门的定义时，第一步就是要回答是否可能存在这种定义的问题。一些观察家质疑这种可能性，他们援引的依据是，学者、政策制定者以及利益相关者在第三部门范围问题上存在高度分歧。但是，定义非营利部门的任务并不像看起来那么令人生畏。非营利部门并不是唯一一个在寻找适合自己的概念的过程中面对多样性挑战的社会部门。毫无疑问，商业部门与非营利部门具有同样的多样性，商业部门也具有多种法律结构、组织形式、迥异的活动、悬殊的规模，以及与政府资助、监管制度及千差万别的税收待遇之间的复杂互动。然而，学者、政策制定者和统计学家已经找到了合理的方式，来对这些复杂的机构进行概念化，并将其与社会的其他组成部分区分开来。因此，有理由认为，对非营利部门进行类似的概念化是可能的。

为了应对这个挑战，我们采取了自下而上的归纳法来定义非营利部门，从我们项目涵盖的众多国家获得的实际经验来建立我们的定义。特别是，我们首先从本地联系人那里得到了路线图，各国的路线图合理地包含了该国第三部门或非营利部门的各种实体。然后，我们将这些路线图排列在一起，看看它们在哪些地方有重叠之处，并识别出处于这些重叠部分的实体的基本特征。最后，我们注意到核心概念边缘的"灰色区域"，并与本地联系人一起创建了一个流程，用来决定如何处理这些落在灰色区域的实体。

结构-运作性定义

在此过程中，我们就五个结构-运作性特征达成了共识，这五个特征定义了我们重点考虑的实体。因此，在本项目中，我们认为构成非营利部门的实体具有如下特征：

1. 组织性

这些实体的运作具有一定的结构和规律性，无论它们是正式组建的还是合法注册的。就是说我们的定义既包括非正式的、未注册的实体，也包括正式注册的实体。重要的不在于这些组织是否在法律上或形式上得到认可，而在于它们具有一些组织上的持久性和规律性，比如定期会议、成员资格，以及参与者认为具有合法性的某种决策程序结构。

2. 民间性

它们不是国家机器的一部分，即便它们可能会得到政府的支持。该特点是我们的方法区别于上文提到的经济性定义，经济性定义将那些得到公共部门的大量支持的组织排除在非营利部门之外。

3. 不分配利润

它们主要不是出于商业目的，也不将利润分配给董事、股东或者管理人员。非营利部门可以在营运的过程中产生盈余，但任何盈余都必须再投资于组织的目标。这个标准可以替代某些非营利部门定义中使用的"公共目的"

标准，但无需事先明确，也无需所有国家表明什么是有效的公共目的。相反，它把这些决定留给相关参与者，这种考虑是基于如下理论：如果某国有人志愿支持某个组织，而不期望从该组织产生的任何利润中分一杯羹，那么这就是强有力的证据，表明他们必定看到组织具有某种公共目的。这一标准也有助于将非营利组织与营利性企业区分开来。

4. 自治性

它们有自己的内部治理机制，自己有权终止运作，并且完全控制自身事务。

5. 志愿性

加入或参与这些组织既不是法律的要求，也不是强制性的。如上所述，这一标准也有助于将我们的定义与公共目的的概念联系起来，但在某种程度上允许各国公民通过决定参与何种组织来自行定义他们认为何为有效的公共目的。

显然，就像任何定义一样，这个定义也不能消除所有的灰色区域或边界案例。识别出这些情况后，便会根据这个定义的基本要点努力做出阐释，并且酌情予以澄清。例如，"不分配利润"标准既将非营利组织与私营企业区分开，也将其与大型合作社和互助企业区分开，在许多欧洲国家，大型合作社和互助企业在银行业与保险业占据支配地位。但很明显，这个标准无意中也威胁到将一类重要的社区合作社排除在外，在拉丁美洲和其他地区的发展中国家，这些合作社主要服务于反贫困目的，我们因此多费些笔墨，以确保将社区合作社包括在非营利部门之中。

我们的结构-运作性定义已经在参与本项目的各个国家进行了测试。事实证明，该定义足够广泛，可以囊括各种实体组织，这些实体在发达国家和发展中国家均被普遍认为属于第三部门或非营利部门的组成部分，同时也足够明晰，能够将这些机构与另外两个主要部门（即企业和政府）中的机构区分开来。结果产生了这样一个定义，既包括非正式组织也包括正式组织；[2] 既包括宗教组织也包括世俗组织；既包括由受薪雇员构成的组织也包括完全由志愿者组成的组织；既包括执行表达性功能的组织——比如倡导、文化表达、社区组织、环境保护、人权、宗教、利益代表和政治表达——以及那些履行服务性功能的组织，例如提供健康、教育或福利服务的组织。虽然这个定义并不包含个人形式的公民行动，例如投票和给立法者写信，但它包含绝大部分组织形式，包括主要服务于团结目标的社会运动和社区合作社，例如非洲的集资互助组织或循环信贷协会等。但是，我们有意排除了政府机构、私人企业、商业合作社以及互助企业。[3]

分类

虽然有必要制定一个共同的定义来确定我们正在研究的这个"部门"范围内的所有实体，并将它们与其他社会机构（例如政府和营利性企业）区分开来，但这只是用于推行本项目的全套概念装备的一部分。非营利组织不仅具有很多共同点，与其相伴的也有很多差异，也必须加以区别。为此，需要建立一个分类结构。

幸运的是，国际统计界已经建立了完善的国际标准产业分类（ISIC）系统，用于识别全球经济单位的主要活动。然而，遗憾的是，这个系统的详细程度不足以区分非营利组织的各种活动。

因此，为了提供一种对不同国家的非营利组织进行分类的方法，我们开发了国际非营利组织分类系统（ICNPO）。这个分类系统是由来自不同地区的当地研究者合作完成的。

ICNPO 是一种分类计划，根据非营利组织的主要活动（见表 A-1）将其分类为 12 个主要领域，包括"未分类"类别。主要活动是指绝大部分（大多数情况下超过一半）组织资源（财务或者人力）所投入的活动。

表 A-1　　　**ICNPO 的主要大类（groups）和小类（subgroups）**

Group 1　Culture and recreation	1　文化和娱乐
1　100 Culture and arts	1100　文化和艺术
1　200 Sports	1200　体育运动
1　300 Other recreation and social Clubs	1300　其他娱乐和社交俱乐部
Group 2　Education and research	2　教育和研究
2　100 Primary and secondary education	2100　初等和中等教育
2　200 Higher education	2200　高等教育
2　300 Other education	2300　其他教育
2　400 Research	2400　研究

续表

Group 3　Health	3　健康
3　100 Hospitals and rehabilitation	3100　医院和康复
3　200 Nursing homes	3200　护理机构
3　300 Mental health and crisis intervention	3300　心理健康和危机干预
3　400 Other health services	3400　其他健康服务
Group 4　Social services	4　社会服务
4　100 Social services	4100　社会服务
4　200 Emergency and relief	4200　应急和救援
4　300 Income support and maintenance	4300　收入支持和维持
Group 5　Environment	5　环境
5　100 Environment	5100　环境
5　200 Animal protection	5200　动物保护
Group 6　Development and housing	6　发展和住房
6　100 Economic, social, and community development	6100　经济、社会和社区发展
6　200 Housing	6200　住房
6　300 Employment and training	6300　就业和培训
Group 7　Law, advocacy, and politics	7　法律、倡导和政治
7　100 Civic and advocacy organizations	7100　公民和倡导组织
7　200 Law and legal services	7200　法律及法律服务
7　300 Political organizations	7300　政治组织
Group 8　Philanthropic intermediaries and voluntarism promotion	8　慈善中介和志愿精神推广
Group 9　International	9　国际性组织
Group 10　Religion	10　宗教组织
Group 11　Business and professional associations, unions	11　商业和专业协会、工会
Group 12　［Not elsewhere classified］	12　［未分类］

　　为了确保与现有经济分类系统保持一定的一致性，ICNPO 严格遵守国际产业标准分类系统（ISIC）的服务部门分类，但对其进行细分，提供了比 ISIC 在特定类别（例如健康和社会救助）中所能提供的更多细节。这个系统在区分非营利组织方面很有效，虽然随着项目扩展到不同地区并碰到新的组

织类别，偶尔需要进行更新。

术语

为方便起见，我们通常使用"非营利组织"或"非营利部门"，来指称满足结构-运作性定义中的五重特征的那些机构。需要明确的是，这个词在更广泛的意义上通常也包含个体公民行为。[4]该术语在国际范围内受到广泛认可，用于指称我们所关心的组织。偶尔也会互换使用其他术语来指同样这些实体组织，这些术语包括"非营利部门""非营利组织""第三部门"和"志愿组织"。但是，每个术语都有自己的特定含义，只有"公民社会"一词似乎最接近于真正得到了普遍使用，其优点是避免了"非营利"或"非政府"所隐含的负面含义。

数据来源和方法

为确保本项目产生的上述这些组织的基础数据具有合理的可比度，我们开发了一套数据收集方法，明确制定一套通用的目标数据项，为这些数据的可能来源提供指导，然后依靠当地联系人来制定各国获取所需信息的详细策略。

该项目基本描述部分的重点是非营利组织活动的总体范围和规模以及支持该活动所需的资源。由于组织数量是出了名的不准确的测量指标，因此我们不太关注组织数量，而是将重点放在更能表明这些组织动员资源的努力程度的变量方面，变量包括员工数量（受薪雇员和志愿者，用全职当量表示）、支出、收入来源和主要活动。[5]

概括而言，采用了四种数据源来生成这些关键变量的估计值：

一是官方经济统计数据（例如就业调查和人口调查），特别是那些包括非营利组织的范围、捐赠或志愿活动的数据。经常有一些数据来源中没有单独识别非营利组织，在这种情况下，我们采用各种估计技术来确定非营利组织在某些产业总值中所占的份额。地方员工通常与统计机构的相关官员有密切合作以保证相关数据的。随着 2003 年《联合国国民账户体系中的非营利机构手册》（由约翰斯·霍普金斯非营利部门比较研究项目的人员在前美国经济事务局前雇员海伦·泰斯的协助下完成）的出版，人们可以获得将近 30 个国家的非营利机构的更多数据，这些国家实施了该手册，并且建立了所谓的非营利机构"卫星账户"。

二是由各类伞状组织或中介协会收集的数据，这些机构代表各类非营利组织或者非营利组织活跃的产业。

三是非营利组织的专业调查。

四是人口调查，特别是那些以捐赠和志愿行动为重点的调查。

对不同类型数据来源的依赖程度因国家甚至领域而异。如果某国现有数据系统可以用来查找某类非营利组织的相关信息，我们会尽量挖掘这些数据。如果这些数据系统不能提供充足数据或者不包括某类组织的信息，就需要进行特别调查。依据各国现行法律安排和注册制度的情况，这些调查有的从现成的组织核心名单开始，有的则需要从零开始建立组织名单。随着我们的研究焦点从存在较为成熟的数据系统和较为正式的非营利部门的地区领域转移到数据系统较不成熟和组织较不正式的地区，我们对特别设计的、自下而上的调查的依赖度也加大了。因此，在非洲和东南亚，我们采用了精心设计的"滚雪球抽样"或"超网络抽样"，从零开始描画非营利部门的样貌，在仔细选择的地区挨家挨户或挨个组织进行调查，询问调查对象所属或供职的组织，持续这个过程，直至不再碰到新的组织。然后，这些调查结果被放大以估计全国总数。在光谱另一端，一些国家（包括澳大利亚、比利时、巴西、加拿大、捷克共和国、以色列、日本、墨西哥、挪威和葡萄牙）遵循《联合国国民账户体系中的非营利机构手册》的规定，其国家统计就建立了非营利机构卫星账户。

对数据和方法的进一步说明

在阐释研究发现时，应该牢记此分析的几个特点：

第一，就业数据——受薪雇员和志愿者——都用全职当量（FTE）这个术语来表示，使其在国家和组织之间具有可比性。因此，一个雇佣 20 个半职员工的组织与一个雇佣 10 个全职员工的组织拥有相同数量（即 10 个）的"全职当量"员工。同样，一个雇佣 10 个全职受薪雇员的组织可能与一个投入了 50 个志愿者的组织具有同样规模的"劳动力"，如果这些志愿者每周工作一天或者工作五分之一的时间。兼职员工、受薪雇员和志愿者一并换算为全职当量员工，算法是将他们的工时总数除以各国一份全职工作的工时数。

第二，除非另有说明，本书使用的平均数据都是未加权平均数，不论各国非营利部门规模大小，所有国家的数值一视同仁。

第三，尽管数据是在不同时间段（1995 年至 2008 年）收集的，我们试图通过关注一国非营利部门的相对规模而不是绝对规模的做法，来减少不同基准年带来的影响，因为相对规模在我们开展研究的三、四年间不会发生很大变化。例如，我们在测量一国非营利部门的劳动力规模时，用非营利部门的劳动力（不论是受薪雇员还是志愿者）占经济活动人口的百分比来表示。[6]

第四，如上所述，本项目所定义的非营利部门既包括宗教，也包括世俗组织，并在绝大多数国家努力获取有关宗教崇拜组织（如教堂、清真寺、犹太教堂、唱诗班和宗教研究小组）和宗教附属服务组织（如学校、医院和无家可归者庇护所）的活动信息。总的来说，如果要区分这两种组织的话，附属服务组织按其主要运作领域（例如健康，教育和社会服务）归入相关服务领域。相比之下，主要从事宗教崇拜的组织则归入"宗教组织"（ICNPO 第 10 类）的特定类别。由于不能收集所有国家的宗教崇拜组织的可比数据，因此跨国比较通常将宗教崇拜组织排除在外（但不排除宗教附属服务组织）。然而，当这种排除会对结果产生显著影响时，我们在可获得数据的情况下，也会说明将宗教崇拜组织包含在内可能产生什么不同结论。

第五，非营利组织的收入有多种来源。为方便起见，我们把这些收入来源分为三类：收费，其中包括私人支付的服务费、会费和投资收益；慈善，包括个人捐赠、基金会捐赠和公司捐赠；政府或公共部门支持，包括拨款、合同、代金券或各级政府（包括政府资助的社会保障系统，运作方式类似于准非政府组织）的第三方支付。

注　　释

1. 引自 Ragin1987，1。

2. 宗教组织可以至少采取两种不同形式：（1）宗教崇拜场所（2）服务组织，例如宗教附属的学校和医院。尽管这两种组织都包括在非营利组织的项目定义中，如下所述，如果能够区分这两种组织的话，就将宗教服务组织与相关领域的其他服务组织归并到一起，而宗教崇拜组织单独识别出来。然而，并不是所有国家都能够收集宗教崇拜组织的信息。

3. 计划于 2017 年发布的《联合国国民账户体系中的非营利机构手册》修订版本建议，针对那些在严格限制利润分配的原则下运作的合作社和互助社，生产一套比较数据。有关"社会经济"概念的讨论，请参阅 Defourny and Develtere1999。

4. 有关"公民社会"概念的困惑的说明，请参阅 Fowler 2002。虽然声称使用概念与此处采用的概念不同，但 Flower 对公民社会的定义与本项目采用的定义相当一致："一个志愿的正式的和非正式的集体性的公民参与领域，有别于家庭、国家和营利性机构。"在这个定义中对"集体"参与的强调类似于我们对组织的关注。

5. 关于全职当量的换算请参阅"进一步说明"部分。项目其他部分研究了目标国家的非营利部门的其他方面，比如法律框架、历史、宗教和文化传统，以及政策背景。

6. 我们以前报告的读者将会注意到这里使用的比较基础与之前使用的略有不同。尤其是，我们将各国非营利就业与经济活动人口相比较，而不是像以前的报告中那样与非农业劳动力相比较。这个更改是非常重要的，因为在本项目研究许多的国家中，由于庞大的农业劳动力和大规模的非正式经济而导致正式记录中的"劳动力"规模相对较小。例如，在印度，只有不超过10%的经济活动人口——意思是能够工作的劳动年龄人口——作为正式"劳动力"记录在政府文件中。这种百分比基数的变化意味着，本书报告的一些国家的非营利部门的相对规模低于此前报告中的数据。之所以如此，是因为经济活动人口通常大于非农业劳动力。经济活动人口实质上是由于没有组织化或其他原因不能从事生产工作的劳动年龄人口，不论他们是否被正式雇用、自由职业、自给自足或是正在找工作。见 International Labour Organization 1988.

附录 B　各国非营利部门的维度

国家	NPS 劳动力占 EAP* 的比例（%）	志愿者占 NPS 劳动力的比例（%）	表达性活动中 NPS 劳动力占比（%）	服务性活动中 NPS 劳动力占比（%）	NPS 收入中政府资助占比（%）	NPS 收入中慈善占比（%）	NPS 收入中收费占比（%）	政府社会支出占 GDP 比例（%）	收入水平
阿根廷	5.9	45.7	42.4	54.4	17.2	18.6	64.2	12.4	中高
澳大利亚	8.8	33.5	25.4	57.3	33.5	9.5	56.9	17.1	高
奥地利	7.8	72.2	50.3	48.7	50.0	12.8	37.2	26.0	高
比利时	13.1	25.8	14.2	85.2	68.8	3.3	27.9	27.2	高
巴西	3.3	18.5	48.6	51.3	5.7	9.7	84.5	14.0	中高
加拿大	12.3	26.5	28.1	68.0	48.5	12.8	38.7	17.8	高
智利	5.0	48.8	41.6	55.8	45.2	19.4	35.4	14.0	中高
哥伦比亚	2.3	24.0	24.7	72.8	14.9	14.9	70.2	10.0	中低
捷克	1.7	16.0	30.8	68.5	64.7	18.0	17.3	26.0	高
丹麦	8.8	43.9	42.9	50.5	40.1	7.0	53.0	27.9	高
芬兰	5.7	53.8	58.1	40.9	36.0	7.1	56.8	32.1*	高
法国	9.0	34.2	37.1	62.0	62.8	9.5	27.7	28.3	高
德国	6.8	45.0	37.1	54.8	64.8	3.4	31.8	29.6	高
匈牙利	2.0	18.8	36.9	60.2	52.2	11.8	36.0	22.7	中高
印度	1.5	56.0	12.2	82.8	36.1	12.9	51.0	2.6	低
爱尔兰	10.9	21.2	18.4	80.3	74.5	10.3	15.2	19.4	高
以色列	11.8	12.4	13.6	81.7	63.6	18.0	18.4	22.9	高
意大利	4.3	42.6	38.7	58.8	36.1	3.3	60.7	23.7	高
日本	8.0	19.3	14.8	79.3	38.3	0.9	60.8	17.7	高
肯尼亚	2.1	39.1	16.5	59.0	4.8	14.8	80.4	2.0	低
朝鲜	4.2	40.4	42.6	57.4	35.5	2.1	62.5	5.7	高
墨西哥	3.1	33.0	34.9	59.0	11.0	10.6	78.5	6.8	中高

续表

国家	NPS 劳动力占 EAP* 的比例（%）	志愿者占 NPS 劳动力的比例（%）	表达性活动中 NPS 劳动力占比（%）	服务性活动中 NPS 劳动力占比（%）	NPS 收入中政府资助占比（%）	NPS 收入中慈善占比（%）	NPS 收入中收费占比（%）	政府社会支出占 GDP 比例（%）	收入水平
荷兰	15.9	36.3	30.1	64.4	62.6	5.1	32.4	19.7	高
新西兰	9.6	66.7	45.1	46.2	24.6	20.0	55.4	18.9	高
挪威	7.3	62.2	60.0	37.9	36.0	7.5	56.5	25.2	高
巴基斯坦	1.0	44.6	23.1	76.9	5.9	44.2	49.8	1.9	低
秘鲁	2.1	38.2	4.3	94.9	18.1	12.2	69.8	8.8	中低
菲律宾	1.9	62.0	41.8	56.9	4.5	14.7	80.9	1.7	中低
波兰	0.9	21.2	46.7	49.0	24.1	15.5	60.4	25.9	中高
葡萄牙	4.5	26.7	37.5	62.5	39.6	11.5	48.9	21.1	高
罗马尼亚	0.7	56.5	39.5	55.8	45.1	26.5	28.4	12.4	中高
俄罗斯	1.2	36.3	57.1	33.9	15.2	33.3	51.5	12.5	中高
斯洛伐克	1.0	27.7	63.8	29.6	22.1	23.7	54.2	19.9	中高
南非	3.4	49.1	48.1	51.5	41.6	24.9	33.5	3.5	中高
西班牙	4.3	34.8	25.9	71.1	32.1	18.8	49.0	21.5	高
瑞典	9.6	73.7	67.0	29.9	28.7	9.1	62.3	36.4	高
瑞士	6.9	37.2	42.9	55.0	34.5	7.9	57.5	7.7	高
坦桑尼亚	1.9	75.2	31.4	51.2	26.9	20.2	52.9	4.3	低
乌干达	2.4	59.3	28.4	67.8	7.1	38.2	54.7	4.3	低
英国	11.0	53.0	46.0	50.1	45.2	11.3	43.5	22.8	高
美国	9.2	32.4	29.0	66.2	30.0	14.1	55.9	15.9	高
41 国平均数	5.7	40.4	36.6	59.1	35.3	14.4	50.3	16.84	
41 国中位数	4.5	38.2	37.5	57.3	36.0	12.8	53.0	17.81	
偏度	0.62	0.39	-0.04	0.19	0.17	1.31	-0.14	-0.07	

数据来源：约翰斯·霍普金斯非营利部门比较研究项目数据文件，ccss. jhu. edu.

27 个高收入水平国家中政府社会支出占 GDP 比重的数据来源于 OECD，网址为 https：//stats. oecd. org/Index. aspx? DataSetCode＝SOCX_AGG.

其余国家的支出百分比是作者根据来自政府机构和研究机构在网上公布的国家社会福利支出统计和 GDP 统计汇编估计而成。

＊EAP 是经济活动人口。

参 考 文 献

Acemoglu, Daron, and James A. Robinson. 2012. *Why Nations Fail: The Origins of Power, Prosperity, and Poverty*. New York: Crown Business.

Agard, Kathryn Ann (ed.). 2011. *Leadership in Nonprofit Organizations: A Reference Handbook*. Los Angeles: Sage Publications.

Amenomori, Takayoshi. 1993. "Defining the Nonprofit Sector: Japan." *Working Papers of the Johns Hopkins Comparative Nonprofit Sector Project*, no. 15, edited by Lester M. Salamon and Helmut K. Anheier. Baltimore: The Johns Hopkins Institute for Policy Studies. Available at: http://ccss.jhu.edu/publications-findings/? did=167.

Andersen, Johannes, Jørgen Goul Andersen, and Lars Torpe. 2000. *Hvad folket magter—demokrati, magt og afmagt*. Copenhagen: Jurist- og Økonomforbundets Forlag.

Anheier, Helmut K., and Lester M. Salamon. 2006. "The Nonprofit Sector in Comparative Perspective." In Walter W. Powell and Richard Steinberg (eds.), *The Nonprofit Sector: A Research Handbook*, 2nd edition, pp. 89-116. New Haven: Yale University Press.

Anufriev, N. P. 1917. Правительственная регламентация образования частных обществ в России: Вопросы административного права. (*Governmental Regulation of the Private Communities Establishment in Russia.*) *Issues of the Administrative Law*, 1M.

Arthur, Brian W. 1994. *Increasing Returns and Path Dependence in the Economy*. Ann Arbor: University of Michigan Press.

Avakyan, S. 1996. Политический плюрализм и общественные объединения в РФ: конституционно-правовые основы. (*Political Pluralism and Public*

Associations in the Russian Federation: *Constitutional-and-Legal Foundations.*)
Moscow: The Russian Juridical Publishing House.

Backhaus-Maul, Holger, and Thomas Olk. 1994. " Von Subsidiarität zu
' outcontracting:' Zum Wandel der Beziehungen von Staat und
Wohlfahrtsverbänden in der Sozialpolitik. " In Wolfgang Streeck (ed.), *Staat
und Verbände*, pp. 100-135. Opladen: Westdeutscher Verlag.

Bakvis, Herman. 1981. *Catholic Power in the Netherlands.* Kingston, ON: McGill
Queen's University Press.

Banfield, Edward. 1958. *The Moral Basis of a Backward Society.* New York: Free
Press.

Bauer, Arnold. 1975. *Chilean Rural Society from the Spanish Conquest to* 1930.
New York: Cambridge University Press.

BBC. 2015. " Russia targets ' undesirable' foreign organisations. " *BBC World
News*, May 15, 2015. www. bbc. com/news/world-europe-32751797.

Belich, James. 2001. *Paradise Reforged*: *A History of the New Zealanders from the*
1880*s to the Year* 2000. Auckland, NZ: Allen Lane/The Penguin Press.

Bellah, Robert, Richard Madsen, William M. Sullivan, Ann Swidler, and Steven
Tipton. 1985. *Habits of the Heart*: *Individualism and Commitment in American
Life.* New York: Harper and Row.

Beller, Steven. 2007. *A Concise History of Austria.* Cambridge: Cambridge
University Press.

Belyaeva, N. Yu. 1994. Беляева Н. Ю. Правовое регулирование и этические
нормы в благотворительном секторе// *Помоги ближнему*!
Благотворительность вчера и сегодня. Под ред. В. В. Меньшикова.
(*"Legal Regulation and Standards of Ethics of the Charity Sector" in V. V.
Menshikov* [ed.], *Help Your Neighbor*! *Charity Yesterday and Today.*)
Moscow: Polygran.

Bender, Johan, Christian R. Jansen, and Erik Korr Johansen. 1977. *Arbejdsløshed i
Danmark*: *fra* 1800 *tili dag.* Copenhagen: Gyldendal.

Ben-Ner, Avner, and Benedetto Gui (eds.). 1993. *The Independent Sector in the
Mixed Economy.* Ann Arbor: The University of Michigan Press.

Ben-Ner, Avner, and Theresa Van Hoomissen. 1993. "Independent Organizations in the Mixed Economy: A Demand and Supply Analysis." In Avner Ben-Ner and Benedetto Gui (eds.), *The Independent Sector in the Mixed Economy*, pp. 27-58. Ann Arbor: The University of Michigan Press.

Berger, Peter, and John Neuhaus. 1977. *To Empower People: The Role of Mediating Structures in Public Policy*. Washington, DC: American Enterprise Institute.

Berger, Stefan, and David Broughton (eds.). 1995. *The Force of Labour*. Oxford: Berg Publishers.

Bethell, Leslie (ed.). 1991. *Mexico Since Independence*. Cambridge: Cambridge University Press.

Blackburn, Simon. 2001. *Ethics: A Very Short Introduction*. Oxford: Oxford University Press.

Borzenkov, A. G. 1998. Борзенков А. Г. Политизированные самодеятельные инициативы молодежи на востоке России (1960-е-начало 1990-х гг.) // Проблемы истории местного управления Сибири XVI-XX веков: Материалы III региональной научной конференции (19-20 ноября 1998 г.). Новосибирск, 1998. С. 272. (*Politicized Amateur Initiatives of Youth in the East of Russia* [1960s-early 1990s]. *Issues of the Local Government History in Siberia in 16th-20th centuries: Material of the 3rd Regional Scientific Conference November 19-20, 1998.*) Novosibirsk.

Bourdieu, Pierre. 1984. *Distinction: A Social Critique of the Judgment of Taste*. Cambridge: Harvard University Press.

Bourjaily, Natalia. 2006. "Some Issues Related to Russia's New NGO Law," *International Journal of Not-for-Profit Law* 8 (3): 5-6. Available at: www. icnl. org/research/journal/vol8iss3/special_1. htm.

Bradley, Joseph. 1994. "Public Associations and Civil Society Development in Pre-Revolutionary Russia." *Social Sciences and Modern Age* 5, 77-89.

Brandsen, Taco, and Ulla Pape. 2015. "The Netherlands: The Paradox of Government-Nonprofit Partnerships." *VOLUNTAS: International Journal of Voluntary and Nonprofit Organizations* 26 (6): 2267-2282.

Brenner, Robert. 1982. "Agrarian Class Structure and Economic Development in Pre-Industrial Europe." *Past & Present* 97: 16-113.

Brook-Shepherd, Gordon. 1996. *The Austrians: A Thousand-Year Odyssey.* New York: Carroll and Graf.

Buchenau, Jürgen. 2007. *Plutarco Elias Calles and the Mexican Revolution.* Lanham, MD: Rowman & Littlefield.

Burger, Ary, Paul Dekker, Tymen van der Ploeg, and Wino van Veen. 1997. "Defining the Nonprofit Sector: The Netherlands." *Working Papers of the Johns Hopkins Comparative Nonprofit Sector Project*, no. 23, edited by Lester M. Salamon and Helmut K. Anheier. Baltimore: The Johns Hopkins Institute for Policy Studies. Available at: http://ccss.jhu.edu/publications-findings/? did = 181.

Butcher, Jacqueline, and María Guadalupe Serna (eds.). 2006. *El Tercer Sector en México: Perspectivas de Investigación.* México DF: The Mexican Center for Philanthropy (CEMEFI) e Instituto de Investigaciones.

Cadena Roan, Jorge (ed.). 2004. *Las Organizaciones Civiles Mexicanas Hoy.*

México DF: Universidad Nacional Autónoma de México, Centro de Investigaciones Interdisciplinarias en Ciencias y Humanidades.

Chang, Cyril F., and Howard P. Tuckman. 1996. "The Goods Produced by Nonprofit Organizations." *Public Finance Review* 24 (1): 25-43.

Chernykh, A. I. 1993. Черных А. И. По пути к гражданскому обществу. Реформы 1960-х годов в России/ Проблемы формирования гражданского общества/Отв. ред. З. Т. Голенкова. (*"On the Way to the Civil Society: Reforms of the 1960s in Russia" in Z. T. Golenkova [ed.], Problems of the Formation of Civil Society.*) Moscow: ИС РАН.

Cheyne, Christine, Mike O' Brien, and Michael Belgrave. 2005. *Social Policy in Aotearoa/New Zealand: A Critical Introduction.* Auckland, NZ: Oxford University Press.

Clarence-Smith, William G. 1985. *The Third Portuguese Empire 1825-1975: A Study in Economic Imperialism.* Manchester: Manchester University Press.

Coatsworth. John H. 1978. "Obstacles to Economic Growth in Nineteenth-Century

Mexico. " *The American Historical Review* 83 (1): 80-100.

Cohen, Theodore, and Herbert Passin. 1987. *Remaking Japan: The American Occupation as New Deal* (Studies of the East Asian Institute). Glencoe, IL: Free Press.

Coleman, James. 1990. *Foundations of Social Theory*. Cambridge, MA: Harvard University Press.

Collins, Randall. 1986. *Weberian Sociological Theory*. Cambridge: Cambridge University Press.

Cook, Linda J. 2015. "New Winds of Social Policy in the East. " *VOLUNTAS: International Journal of Voluntary and Nonprofit Organizations* 26 (6): 2330-2350.

Cox, Robert H. 1993. *The Development of the Dutch Welfare State*. Pittsburgh: University of Pittsburgh Press.

Dalziel, Raewyn. 1993. "Political Organisations. " In Anne Else (ed.), *Women Together: A History of Women's Organisations in New Zealand*, pp. 55-69. Wellington, NZ: Historical Branch, Department of Internal Affairs/Daphne Brassell Press.

de Tocqueville, Alexis. 1835, 1840. *Democracy in America*. Available at: http: // ebooks. adelaide. edu. au/t/tocqueville/alexis/democracy/complete. html.

Defourny, Jacques, and Patrick Develtere. 1999. "The Social Economy: The Worldwide Making of a Third Sector. " In Jaques Defourny, Patrick Develtere, and Bénédicte Fonteneau (eds.), *L' economie sociale au Nord et au Sud*, pp. 25-50. Paris: Université de Boeck.

Defourny, Jacques, Patrick Develtere, and Bénédicte Fonteneau (eds.). 1999. *L' economie sociale au Nord et au Sud*. Paris: Université de Boeck.

Drake, Paul W. 1996. *Labor Movements and Dictatorships: The Southern Cone in Comparative Perspective*. Baltimore: The Johns Hopkins University Press.

Durie, Mason. 2005. *Ngā Tai Matatū: Tides of Māori Endurance*. Melbourne, Australia: Oxford University Press.

Eberle, Thomas S. , and Kurt Imhof (Eds.). 2007. *Sonderfall Schweiz*. Zurich: Seismo.

Edwards, Michael. 2004. *Civil Society*. Cambridge: Polity Press.

——. 2011. *The Oxford Handbook of Civil Society*. Oxford: Oxford University Press.

Else, Anne (ed.). 1993. *Women Together: A History of Women's Organisations in New Zealand*. Wellington, NZ: Historical Branch, Department of Internal Affairs/Daphne Brassell Press.

Erne, Emil. 1988. *Die schweizerischen Sozietäten: Lexikalische Darstellung der Reformgesellschaften des 18. Jahrhunderts in der Schweiz*. Zürich: Chronos.

Esping-Andersen, Gøsta. 1990. *The Three Worlds of Welfare Capitalism*. Princeton: Princeton University Press.

Etzioni, Amitai. 1993. *The Spirit of Community: Rights, Responsibilities, and the Communitarian Agenda*. New York: Crown Publishers.

Evans, Peter B., Dietrich Rueschemeyer, and Theda Skocpol (eds.). 1985. *Bringing the State Back In*. Cambridge: Cambridge University Press.

Evers, Adalbert, and Jean Louis Laville. 2004. "Defining the Third Sector in Europe." In Adalbert Evers and Jean Louis Laville (eds.), *The Third Sector in Europe*, pp. 11-42. Cheltenham, UK: Edward Elgar.

Favela Gavia, Diana. 2004. "La regulación jurídica de las organizaciones civiles en México: en busca de la participación democrática." In Jorge Cadena Roa (ed.), *Las Organizaciones Civiles Mexicanas Hoy*. México DF: Universidad Nacionl Autónoma de México, Centro de Investigaciones Interdisciplinarias en Ciencias y Humanidades.

Fowler, Alan. 2002. "Civil Society Research Findings from a Global Perspective: A Case for Redressing Bias, Asymmetry, and Bifurcation." *VOLUNTAS: International Journal of Voluntary and Nonprofit Organizations* 13 (3): 287-300.

Franco, Raquel C. 2005. "Defining the Nonprofit Sector: Portugal." *Working Papers of the Johns Hopkins Comparative Nonprofit Sector Project*, no. 43. Baltimore: Johns Hopkins Center for Civil Society Studies. Available at: http://ccss.jhu.edu/publications-findings/? did=203.

Franco, Raquel C., S. Wojciech Sokolowski, Eileen M. H. Hairel, and Lester M. Salamon. 2006. *The Portuguese Nonprofit Sector in Comparative Perspective*. Porto and Baltimore: Universidade Catolica Portuguesa and Johns Hopkins

University. Available at: http://ccss.jhu.edu/publications-findings/? did = 359.

Fukuyama, Francis. 1995. *Trust: The Social Virtues and the Creation of Prosperity.* New York: Free Press.

Galbraith, John Kenneth. 2001. *The Essential Galbraith.* Boston: Mariner Books.

Gamson, William. 1990. *The Strategy of Social Protest*, 2nd edition. Belmont: Wadsworth Publishing Company.

Gella, Aleksander. 1988. *Development of Class Structure in Eastern Europe.* Albany: State University of New York Press.

Gellner, Ernest. 1995. "The Importance of Being Modular." In John R. Hall (ed.), *Civil Society: Theory, History, Comparison*, pp. 32-55. Cambridge: Polity Press.

Gerschenkron, Alexander. 1992. "Economic Backwardness in Historical Perspective." In Mark Granovetter and Richard Swedberg (eds.), *The Sociology of Economic Life*, pp. 111-130. Boulder: Westview Press.

Giddens, Anthony. 1987. *The Nation-State and Violence.* Berkeley: University of California Press.

Golenkova, Z. T. (ed.). 1993. *Проблемы формирования гражданского общества.* (*Problems of the Formation of Civil Society.*) Moscow: ИС РАН.

Gramsci, Antonio. 1999. *Selections from the Prison Notebooks.* New York: International Publishers.

Granovetter, Mark. 1985. "Economic Action and Social Structure: The Problem of Embeddedness." *American Journal of Sociology* 91 (3): 481-510.

Granovetter, Mark, and Richard Swedberg (eds.). 1992. *The Sociology of Economic Life*, 1st edition. Boulder: Westview Press.

Green, David, and Lawrence Cromwell. 1984. *Mutual Aid or Welfare State.* Sydney: G. Allen & Unwin.

Grimshaw, Patricia. 1987. *Women's Suffrage in New Zealand*, 2nd edition. Auckland, NZ: Auckland University Press.

Gromov, A. V., and O. S. Karin. 1990. *Громов А. В., Кузин О. С. Неформалы: кто есть кто?* (*Members of the Unofficial Organizations: Who*

Are Who?) Moscow: Mysl.

Haber, Stephen J. 1992. "Assessing the Obstacles to Industrialisation: The Mexican Economy, 1830-1940." *Journal of Latin American Studies* 24 (1): 1-32.

Habermann, Ulla. 2001. *En postmoderne helgen? —om motiver til frivillighed.* Lunds Dissertations in Social Work. Lunds University.

Habermann, Ulla, and Bjarne Ibsen. 1997. Den frivillige sektori Danmark—150 års historisk udvikling. I: *Frivilligt socialt arbejde i fremtidens velfærdssamfund.* Bet. Nr. 1332. Bilagsdel. Copenhagen: Socialministeriet.

Habermas, Jürgen. 1989 [1962]. *The Structural Transformation of the Public Sphere: An Inquiry into a Category of Bourgeois Society.* Cambridge, MA: The MIT Press.

Haider, Astrid, Ulrike Schneider, Robert Leisch, and Klaus Stöger. 2008. Neue Datengrundlage für den Non-Profit-Bereich. *Statistische Nachrichten* 63 (8): 754-761.

Hall, John R. (ed.). 1995a. *Civil Society: Theory, History, Comparison.* Cambridge, UK: Polity Press.

——. 1995b. "In Search of Civil Society." In John R. Hall (ed.), *Civil Society: Theory, History, Comparison*, pp. 1-31. Cambridge: Polity Press.

Halperin, S. William. 1964. *Germany Tried Democracy: A Political History of the Reich from 1918 to 1933.* New York: The Norton Library.

Hansmann, Henry. 1987. "Economic Theories of Nonprofit Organizations." In Walter W. Powell (ed.), *The Nonprofit Sector: A Research Handbook*, pp. 27-42. New Haven: Yale University Press.

Harvey, David. 2007. *A Brief History of Neoliberalism.* Oxford: Oxford University Press.

Hastings, James (ed.). 1914 (1914). *Encyclopedia of Religion and Ethics*, vol. 6. New York: Charles Scribner's Sons.

Hausner, Jerzy, Bob Jessop, and Klaus Nielsen (eds.). 1995. *Strategic Choice and Path Dependency in Post Socialism, Institutional Dynamics in the Transformation Process.* Aldershot, UK: Edward Elgar.

Heclo, Hugh. 1974. *Modern Social Politics in Britain and Sweden.* New Haven, CT: Yale University Press.

Heerma van Voss, Lex. 1995. "The Netherlands." In Stefan Berger and David Broughton (eds.), *The Force of Labour: The Western European Labour Movement and the Working Class in the Twentieth Century*, pp. 39-70. Bern: Berg.

Heinrich, Volkhart F. 2005. "Studying Civil Society Across the World: Exploring the Thorny Issues of Conceptualization and Measurement." *Journal of Civil Society* 1 (3): 211-228.

Heitzman, James, and Robert L. Worden. 1996. *India: A Country Study*, 5th edition. Washington, DC: Government Printing Office.

Heitzmann, Karin, and Ruth Simsa. 2004. "From Corporatist Security to Civil Society Creativity: The Nonprofit Sector in Austria." In Annette Zimmer and Eckhard Priller (eds.), *Future of Civil Society: Making Central European Nonprofit Organisations Work*, pp. 713-731. Wiesbaden: VS Verlag für Sozialwissenschaften.

Helmig, Bernard, Christoph Bärlocher, and Georg von Schnurbein. 2009. "Defining the Nonprofit Sector: Switzerland." *Working Papers of the Johns Hopkins Comparative Nonprofit Sector Project*, no. 46. Baltimore: The Johns Hopkins Center for Civil Society Studies. Available at: http://ccss.jhu.edu/publications-findings/? did=224.

Helmig, Bernard, Markus Gmür, Christoph Bärlocher, Georg von Schnurbein, Bernard Degen, Michael Nollert, Monica Budowski, Wojciech Sokolowski, and Lester M. Salamon. 2011. "The Swiss Civil Society Sector in a Comparative Perspective." *VMI Research Series*, volume 6. Fribourg: Institute for Research on Management of Associations, Foundations and Cooperatives (VMI), University of Fribourg. Available at: http://ccss.jhu.edu/publications-findings/? did=309.

Henriksen, Ingrid. 1999. "Avoiding Lock-In: Cooperative Creameries in Denmark, 1882-1903." *European Review of Economic History* (3) 1: 57-78

——. 2003. "Freehold Tenure in Late Eighteenth-Century Denmark." *Advances in*

Agricultural Economic History 2: 21-40.

——. 2006. "An Economic History of Denmark." In *EH. Net Encyclopedia*, edited by Robert Whaples. Available at: http: //eh. net/encyclopedia/an-economic-history-of-denmark.

Henriksen, Lars Skov, and Peter Bundesen. 2004. "The Moving Frontier in Denmark: Voluntary-State Relationships Since 1850." *Journal of Social Policy* 33 (4): 605-625.

Henriksen, Lars Skov, and Bjarn Ibsen (eds.). 2001. *Frivillighedens udfordringer— nordisk forskning om frivilligt arbejde og frivillige organisationer.* Odense: Odense Universitetsforlag.

Hoppe, Göran, and John Langton. 1994. *Peasantry to Capitalism: Western Östergötland in the Nineteenth Century.* Cambridge: Cambridge University Press.

Howe, Richard Herbert. 1978. "Max Weber's Elective Affinities: Sociology within the Bounds of Pure Reason." *American Journal of Sociology* 84 (2): 366-385.

Howell, Jude, and Jenny Pearce. 2001. *Civil Society and Development: A Critical Exploration.* Denver: Lynne Rienner.

Hyde, J. K. 1973. *Society and Politics in Medieval Italy: The Evolution of the Civil Life*, 1000-1350. New York: Macmillan.

Ibsen, Bjarne, and Ulla Haberman. 2005. "Defining the Nonprofit Sector: Denmark." *Working Papers of the Johns Hopkins Comparative Nonprofit Sector Project*, no. 44. Baltimore: The Johns Hopkins Center for Civil Society Studies. Available at: http: //ccss. jhu. edu/publications-findings/? did = 50.

ICA, INP. 2007. Jekonomicheskie Posledstvija Novogo Zakonodatel'stva o Nekommercheskih Organizacijah (*Economic Consequences of the New Legislation on Nonprofit Organizations*). Moscow: Institute for Civic Analysis, Institute of the National Project "Social Contract."

Instituto Nacional de Estadística y Geografía. 2011. "Sistema de Cuentas Nacionales de México. Cuenta satélite de las instituciones sin fines de lucro de México

2008. " Aguascalientes： Instituto Nacional de Estadística y Geografía. Available at： http： //ccss. jhu. edu/publications-findings/? did＝178.

International Labour Organization. 1988. *Current International Recommendations on Labour Statistics*. Geneva： International Labour Organization.

Irarrázaval, Ignacio, Eileen M. H. Hariel, S. Wojciech Sokolowski, and Lester M. Salamon. 2006. *Comparative Nonprofit Sector Project： Chile*. Santiago： Focus. Available at： http： //ccss. jhu. edu/publications-findings/? did＝38.

James, Estelle. 1987. "The Independent Sector in Comparative Perspective. " In Walter W. Powell (ed.), *The Independent Sector： A Research Handbook*, pp. 27-42. New Haven： Yale University Press.

——. 1993. "Why Do Different Countries Choose a Different Public-Private Mix of Educational Services?" *Journal of Human Resources* 7 (1)： 571-592.

Jørgensen, Anja, Peter Bundesen, and Lars Skov Henriksen. 2001. "Frivillig Organisering Og Offentligt Ansvar. " *Nordisk Sosialt Arbeid* 21 (4)： 1-5.

Katzenstein, Peter. 1985. "Small Nations in an Open International Economy： The Converging Balance of State and Society in Switzerland and Austria. " In Peter B. Evans, Dietrich Rueschemeyer, and Theda Skocpol (eds.), *Bringing the State Back In*. Cambridge： Cambridge University Press, pp. 227-251.

Khlystova, E. I. (ed.) 1998. Теория социальной работы. (*The Theory of Social Work.*) Moscow： Yurist.

Klausen, Kurt K. 1995. "Et historisk rids over den tredje sektors udvikling i Danmark. " In Kurt K. Klausen and Per Selle (eds.), *Frivillig organisering i Norden*. pp. 35-50. Oslo： Tano. Available at： www. gbv. de/dms/ub-kiel/189572957. pdf.

Klausen, Kurt K. , and Per Selle (eds.). 1995a. *Frivillig organisering i Norden*. Oslo： Tano. Available at： www. gbv. de/dms/ub-kiel/189572957. pdf.

——. 1995b. "The Third Sector in Scandinavia. " *VOLUNTAS： International Journal of Voluntary and Nonprofit Organizations* 7 (2)： 99-122.

Kornbluh, Peter. 2004. *The Pinochet File： A Declassified Dossier on Atrocity and Accountability. A National Security Archive Book*. New York： New Press.

Kornhauser, William. 1959. *The Politics of Mass Society*. Glencoe, IL： Free Press.

Korpi, Walter, and Joakim Palme. 2003. "New Politics and Class Politics in the Context of Austerity and Globalization: Welfare Regress in 18 Countries, 1975-1998." *American Political Science Review* 97 (3): 425-446.

Kramer, Ralph. 1981. *Voluntary Agencies in the Welfare State.* Berkeley, CA: University of California Press.

Krashinsky, Michael. 1986. "Transaction Costs and a Theory of Non-Profit Organisations." In Susan Rose-Ackerman (ed.), *The Economics of Non-Profit Institutions.* Oxford: Oxford University Press.

Kriesi, Hanspeter. 1995. *Le système politique Suisse.* Paris: Economica.

Kruger, Daniel W. 1969. *The Making of a Nation: A History of the Union of South Africa,* 1910-1961. Johannesburg: Macmillan.

Krugman, Paul. 1991. "History and Industry Location: The Case of the Manufacturing Belt." *The American Economic Review* 81 (2): 80-83.

Kymlicka, Will. 2002. *Contemporary Political Philosophy: An Introduction.* New York: Oxford University Press.

Larner, John. 1980. *Italy in the Age of Dante and Petrarch: 1216-1380.* New York: Longman.

Lijphart, Arendt. 1999. *Patterns of Democracy: Government Forms and Performance in Thirty-Six Countries.* New Haven: Yale University Press.

Linz, Juan J., and Alfred Stepan. 1996. *Problems of Democratic Transition and Consolidation: Southern Europe, South America, and Post-Communist Europe.* Baltimore: Johns Hopkins University Press.

Lipset, Seymour Martin. 1980. "Some Social Requisites of Democracy: Economic Development and Political Legitimacy." In Seymour Martin Lipset, *Political Man: The Social Bases of Politics.* Baltimore: Johns Hopkins University Press.

Ljubownikow, Sergej, Jo Crotty, and Peter W. Rodgers. 2013. "The State and Civil Society in Post-Soviet Russia: The Development of a Russian-style Civil Society." *Progress in Development Studies* 13 (2): 153-166.

Loaeza, Soledad. 1998. *Clases Medias y Política en México.* México DF: El Colegio de México.

Lorentzen, Håkon. 1993. *Frivillighetens integrasjon: Staten og de frivillige velferdsprodusentene.* Institut for samfunnsforskning Rapport 93: 10. Oslo University.

Loveman, Brian. 2001. *The Legacy of Hispanic Capitalism*, 3rd edition. New York: Oxford University Press.

Maxwell, Michael P. 2006. "NGOs In Russia: Is the Recent Russian NGO Legislation the End of Civil Society in Russia?" *Tulane Journal of International and Comparative Law* 15 (1): 235-264.

McKinlay, Brian. 1979. *A Documentary History of the Australian Labour Movement*, 1850-1975. Richmond, Australia: Drummond.

Menshikov, V. V. (ed.). 1994. *Помоги ближнему! Благотворительность вчера и сегодня.* (*Help Your Neighbor! Charity Yesterday and Today.*) Moscow: Polygran.

Mersianova, Irina V., and Lev I. Yakobson. 2010. *Philanthropy in Russia: Public Attitudes and Participation.* Moscow: Publishing House of the State University. Available at: www. hse. ru/data/2011/04/11/1210548893/Philanthropy%20 in%20Russia. pdf.

Meyer, Jean. 1991. "Mexico in the 1920s." In Leslie Bethell (ed.), *Mexico since Independence.* Cambridge: Cambridge University Press.

Miller, Raymond. 2005. *Party Politics in New Zealand.* Auckland, NZ: Oxford University Press.

Mohmand, Shandana Khan, and Haris Gazdar. 2007. "Social Structures in Rural Pakistan." *Thematic paper prepared under TA4319, Determinants and Drivers of Poverty Reduction and ADBs Contribution in Rural Pakistan.* Islamabad: Asian Development Bank. Available at: www. researchgate. net/publication/ 237295405_Social_Structures_in_Rural_Pakistan.

Monroy, Mario. 1993. *Socios Asociados En sociedad Asimetrías entre Canadá, Estados Unidos, y México.* México, DF: CEERMALC-CIPRO.

Moore, Barrington. 1966. *Social Origins of Dictatorship and Democracy: Lord and Peasant in the Making of the Modern World.* Boston: Beacon Press.

Neumayr, Michaela, Ulrike Schneider, Michael Meyer, and Astrid Haider. 2007. "The Nonprofit Sector in Austria: An Economic, Legal and Political

Appraisal. " *Working Paper of the Institute for Social Policy*, No. 01/2007. Vienna: WU Vienna University of Economics and Business.

Neville, Mette. 1998. *Andelsboligforeningsloven med kommentarer*, 2nd edition. Copenhagen: GadJura.

Nisbet, Robert. 1962. *Power and Community*, 2nd edition. New York: Oxford University Press.

Nkrumah, Kwame. 1973. *Revolutionary Path*. New York: International Publishers.

Nollert, Michael. 2007. "Sonderfall im rheinischen Kapitalismus oder Sonderweg im liberalen Wohlfahrtskapitalismus? Zur Spezifitiit des Sozialstaats Schweiz. " In T. Eberle & K. Imhof (eds.), *Sonderfall Schweiz*, pp. 153-171. Zurich: Seismo.

Nowland-Foreman, Garth. 1997. "Can Voluntary Organisations Survive the Bear Hug of Government Funding under a Contracting Regime? A View from Aotearoa/New Zealand. " *Third Sector Review* 3: 5-39.

Olson, Mancur. 1965. *The Logic of Collective Action: Public Goods and the Theory of Groups*. Cambridge: Harvard University Press.

Olssen, Erik. 1988. *The Red Feds: Revolutionary Industrial Unionism and the New Zealand Federation of Labour* 1908-1913. Auckland, NZ: Oxford University Press.

Olvera, Alberto J. 2004. "Representaciones e ideologías de los organismos civiles en México: crítica de la selectividad y rescate del sentido de la idea de sociedad civil. " In Jorge Cadena Roa (coord.), *Las Organizaciones Civiles Mexicanas Hoy*. México DF: Universidad Nacional Autónoma de México, Centro de Investigaciones Interdisciplinarias en Ciencias y Humanidades.

Omer-Cooper, J. D. 1988. History of Southern Africa. Cape Town: David Philip.

Payne, Stanley G. (n. d.). "Portugal under the Nineteenth-Century Constitutional Monarchy. " In A History of Spain and Portugal, vol. 2. The Library of Iberian Resources Online, chapter 22. Available at: http: // libro. uca. edu/payne2/payne22. htm.

Pennerstorfer, Astrid, Ulrike Schneider, and Christoph Badelt. 2013. " Der Nonprofit-Sektor in Österreich. " In Ruth Simsa, Michael Meyer, and

Christoph Badelt (eds.) , *Handbuch der Nonprofit Organisationen. Strukturen und Management*, pp. 55-75. Stuttgart: Schäffer-Poeschel.

Pestoff, Victor A. 1995. "Citizens as Co-producers of Social Services in Europe. From the Welfare State to the Welfare Mix. " Stockholm: *Stockholm University School of Business Research Report* 1995 (1).

Petersen, Jørn Henrik. 2004. "Den Danske Velfærdsstats Oprindelse. " In Niels Ploug, Ingrid Henriksen, and Niels Kærgård (eds.) , *Den Danske Velfærdsstats Historie*, pp. 42-66. Copenhagen: SFI. Available at: www. sfi. dk/Default. aspx? ID=4681&Action=1&NewsId=218&PID=9267

Phillips, Jock. 2012. *Te Ara: The Encyclopedia of New Zealand.* Available at: www. TeAra. govt. nz/en/class/page-3.

Ploug, Niels, Ingrid Henriksen, and Niels Kærgård (eds.). 2004. *Den Danske Velfærdsstats Historie.* Copenhagen: SFI. Available at: http://www. sfi. dk/Default. aspx? ID=4681&Action=1&NewsId=218&PID=9267.

Pope Leo XIII. 1891. *Rerum Novarum.* Vatican City: Libreria Editrice Vaticana. Available at: http://w2. vatican. va/content/leo-xiii/en/encyclicals/documents/hf_l-xiii_enc_15051891_rerum-novarum. html.

Powell, Walter W. (ed.). 1987. *The Nonprofit Sector: A Research Handbook.* New Haven: Yale University Press.

Powell, Walter W. , and Richard Steinberg (eds.). 2006. *The Nonprofit Sector: A Research Handbook*, 2nd edition. New Haven: Yale University Press.

Preston, Paul. 1987. *The Triumph of Democracy in Spain.* London: Routledge. Putnam, Robert. 1993. *Making Democracy Work: Civic Traditions in Modern Italy.* Princeton: Princeton University Press.

Ragin, Charles. 1987. *The Comparative Method.* Berkeley, CA: University of California Press.

Ragin, Charles C. , and Howard S. Becker. 1992. *What Is the Case? Exploring the Foundations of Social Inquiry.* New York: Cambridge University Press.

Rahman, Fazlur. 1987. "Islam. " In Mircea Eliade (ed.) , *The Encyclopedia of Religion*, pp. 303-322. New York: Macmillan.

Reygadas, Rafael. 1998. "Abriendo Veredas, iniciativas públicas y sociales de las redes de las organizaciones civiles. ” México: Convergencia de Organismos Civiles por la Democracia.

Rice, Geoffrey W. (ed.). 1992. *The Oxford History of New Zealand*, 2nd edition. Auckland, NZ: Oxford University Press.

Richardson, Len. 1992. “Parties and Political Change. ” In Geoffrey W. Rice (ed.), *The Oxford History of New Zealand*, 2nd edition, pp. 201-229. Auckland, NZ: Oxford University Press.

Romero, Luis Alberto. 2002. *A History of Argentina in the Twentieth Century.* College Station, PA: Penn State University Press.

Rose-Ackerman, Susan (ed.). 1986. *The Economics of Non- Profit Institutions.* Oxford: Oxford University Press.

——. 1996. “Altruism, Nonprofits and Economic Theory. ” *Journal of Economic Literature* 34: 701-728.

Rosen, George. 1967. *Democracy and Economic Change in India.* Berkeley, CA: University of California Press.

Roth, Bert. 1973. *Trade Unions in New Zealand Past and Present.* Wellington, NZ: Reed Education.

Rueschemeyer, Dietrich, Evelyn Hueber Stephens, and John D. Stephens. 1992. *Capitalist Development and Democracy.* Chicago: University of Chicago Press.

Sachβe, C. 1994. “ Subsidiarität: Zur Karriere eines sozialpolitischen Ordnungsbegriffes. ” *Zeitschrift für Sozialreform* 40 (1): 717-731.

Sailer, Lee Douglas. 1978. “Structural Equivalence: Meaning and Definition, Computation and Application. ” *Social Networks* 1: 73-90.

Salamon, Lester M. 1972. “Protest, Politics, and Modernization in the American South: Mississippi as a ‘Developing Society. ’ ” Harvard University Doctoral Thesis. Cambridge, MA: Harvard University.

——. 1995. *Partners in Public Service: Government-Nonprofit Relations in the Modern Welfare State.* Baltimore: The Johns Hopkins University Press.

——. 2010. “Putting Civil Society on the Economic Map of the World. ” *Annals of Public and Cooperative Economics* 81 (2): 1167-1210.

——. 2012a. *America's Nonprofit Sector: A Primer*, 3rd edition. New York: The

Foundation Center.

——（ed.）. 2012b. *The State of Nonprofit America*, 2nd edition. Washington, DC: Brookings Institution Press.

Salamon, Lester M., and Helmut K. Anheier（eds.）. 1997a. *Defining the Nonprofit Sector: A Cross-National Analysis*. Manchester: Manchester University Press.

——. 1997b. "In Search of the Nonprofit Sector: The Question of Definitions." In Lester M. Salamon and Helmut K. Anheier（eds.）, *Defining the Nonprofit Sector: A Cross-National Analysis*. Manchester: Manchester University Press.

——. 1998. "Social Origins of Civil Society: Explaining the Nonprofit Sector Cross-Nationally." *Voluntas: International Journal of Voluntary and Nonprofit Organizations* 9（3）: 213-248.

Salamon, Lester M., Helmut K. Anheier, Regina List, Stefan Toepler, S Wojciech Sokolowski, and Associates. 1999. *Global Civil Society: Dimensions of the Nonprofit Sector*. Baltimore: The Johns Hopkins Center for Civil Society Studies. Available at: http://ccss.jhu.edu/publications-findings/? did = 58.

Salamon, Lester M., Vladimir B. Benevolenski, and Lev I. Jakobson. 2015. "Penetrating the Dual Realities of Government-Nonprofit Relations in Russia." *VOLUNTAS: International Journal of Voluntary and Nonprofit Organizations* 26（6）: 2178-2214.

Salamon, Lester M., and Megan A. Haddock. 2015. "SDGs and NPIs: Private Nonprofit Institutions—The Foot Soldiers for the UN Sustainable Development Goals." *CCSS Working Papers*, no. 25. Baltimore: Johns Hopkins Center for Civil Society Studies. Available at: http://ccss.jhu.edu/publications-findings/? did=451.

Salamon, Lester M., and S. Wojciech Sokolowski. 2014. "The Third Sector in Europe: Towards a Consensus Conceptualization." *TSI Working Paper*, no. 2. Seventh Framework Programme, European Union. Brussels: Third Sector Impact. Available at: http://thirdsectorimpact.eu/documentation/tsi-working-paper-no-2-third-sector-europe-towards-consensus-conceptualization/.

Salamon, Lester M. , S. Wojciech Sokolowski, and Associates. 2004. *Global Civil Society: Dimensions of the Nonprofit Sector*, vol. 2. Bloomfield: Kumarian Press.

Salamon, Lester M. , S. Wojciech Sokolowski, and Megan A. Haddock. 2011. "Measuring the Economic Value of Volunteer Work Globally: Concepts, Estimates, and a Roadmap to the Future. " *Annals of Public and Cooperative Economics* 82 (3): 217-252.

Salamon, Lester M. , S. Wojciech Sokolowski, Megan Haddock, and Helen Stone Tice. 2012. *Portugal's Nonprofit Sector in Comparative Context*. Baltimore: Johns Hopkins Center for Civil Society Studies. Available at: http://ccss. jhu. edu/publications-findings/? did = 374.

Salamon, Lester M. , Jorge Villalobos, S. Wojciech Sokolowski, Lorena Cortes, Megan Haddock, and Cynthia Martines. 2012. "The Mexican Nonprofit Sector in Comparative Context. " Baltimore: Johns Hopkins University Center for Civil Society Studies and Mexico City: Mexican Center for Philanthropy. Available at: http://ccss. jhu. edu/publications-findings/? did = 383.

Sandel, Michael J. 1996. *Democracy's Discontent: American in Search of a Public Philosophy*. Cambridge: Belknap Press of Harvard University Press.

Sanders, Jackie, Mike O'Brien, Margaret Tennant, S. Wojciech Sokolowski, and Lester M. Salamon. 2008. *The New Zealand Nonprofit Sector in Comparative Perspective*. Wellington: Office for the Community and Voluntary Sector, Government of New Zealand. Available at: http://ccss. jhu. edu/publications-findings/? did = 378.

Sardica, José Miguel. 2011. "The Memory of the Portuguese First Republic throughout the Twentieth Century. " *E-Journal of Portuguese History* 9 (1). Available at: www. brown. edu/Departments/Portuguese _ Brazilian _ Studies/ejph/html/issue17/pdf/v9n1a04. pdf.

Schneider, Ulrike, and Joachim Hagleitner. 2005. "Österreichische NPO im Spiegel der Arbeitsstättenzählung 2001. " *Research Paper of the Institute for Social Policy*. Vienna: WU Vienna University of Economics and Business.

Schneider, Ulrike, and Astrid Haider. 2009. "Nonprofit Organisationen in Österreich 2006. " *Research Paper of the Institute for Social Policy*. Vienna: WU Vienna University of Economics and Business.

Seibel, Wolfgang. 1990. "Government/Third Sector Relationships in a Comparative Perspective: The Cases of France and West Germany. " *VOLUNTAS: International Journal of Voluntary and Nonprofit Organizations* 1 (1): 42-60.

Seligman, Adam B. 1992. *The Idea of Civil Society*. New York: Free Press.

Shchiglik, A. I. (ed.). 1988. Органы общественной самодеятельности как форма социалистической демократии: Опыт СССР и ГДР. (*Local Community Bodies as the Form of the Socialist Democracy: Experience of the USSR and GDR.*) Moscow: Science.

Simsa, Ruth, Michael Meyer, and Christoph Badelt (eds.). 2013. *Handbuch der Nonprofit Organisationen. Strukturen und Management.* Stuttgart: Schäffer Poeschel.

Simsa, Ruth, Christian Schober, and Doris Schober. 2006. *Das Wiener Vereinswesen im 20. Jahrhundert: Geschichte, Entwicklung und Hintergründe.* Vienna: Project Report.

Singh, Mohinder (ed.). 1996. *Social Policy and Administration in India.* New Delhi: MD Publications.

Skocpol, Theda. 1992. "State Formation and Social Policy in the United States. " *American Behavioral Scientist* 35 (4/5): 559-584.

——. 1995. *Social Policy in the United States: Future Possibilities in Historical Perspective.* Princeton, NJ: Princeton University Press.

Smith, Adam. 1759. *The Theory of Moral Sentiments.* Available at: http://en. wikisource. org/wiki/The_Theory_of_Moral_Sentiments.

Sokolowski, S. Wojciech. 2000. "The Discreet Charm of the Nonprofit Form: Service Professionals and Nonprofit Organizations. " *VOLUNTAS: International Journal of Voluntary and Nonprofit Organizations* 11 (2): 141-159.

——. 2011. "Philanthropic Leadership in Totalitarian and Communist Societies. " In Kathryn Ann Agard (ed.), *Leadership in Nonprofit Organizations: A Reference Handbook*, pp. 138-145. Los Angeles: Sage Publications. Solsten, Eric (ed.). 1993. *Portugal: A Country Study.* Washington, DC: Government

Printing Office.

Spooner, W. A. 1914. "The Golden Rule." In James Hastings (ed.), *Encyclopedia of Religion and Ethics*, vol. 6. New York: Charles Scribner's Sons.

Statistics Collection. 1986. Некоторые вопросы организационной работы местных Советов народных депутатов в 1985 году: Стат. сб. (*Some Issues of the Organizational Work of the Local Councils of People's Deputies in 1985.*) Москва: Отдел по вопросам работы советов Президиума Верховного Совета СССР. (Moscow: The Department for Issues Relating to the Work of the Councils of the Presidium of the Supreme Soviet of the USSR.)

Statistics New Zealand. 2007. *Non-Profit Institutions Satellite Account*: 2004. Wellington, NZ: Statistics New Zealand, Tatauranga Aotearoa. Available at: http: //ccss. jhu. edu/publications-findings/? did=311.

Stepan, Alfred. 1985. "State Power and the Strength of Civil Society in the Southern Cone of Latin America." In Peter B. Evans, Dietrich Rueschemeyer, and Theda Skocpol (eds.), *Bringing the State Back In*, pp. 317-343. Cambridge: Cambridge University Press.

Stephens, Evelyn Hueber, and John D. Stephens. 1992. *Capitalist Development and Democracy.* Chicago: University of Chicago Press.

Streeck, Wolfgang (ed.). 1994. *Staat und Verbände.* Opladen: Westdeutscher Verlag.

Svedberg, Lars, and Eva Jeppsson Grassman. 2001. "Frivilliga insatser i svensk Välfärd—med utblickar mot de nordiska grannländerna." In Lars Skov Henriksen and Bjarn Ibsen (eds.), *Frivillighedens udfordringer—nordisk forskning om frivilligt arbejde og frivillige organisationer.* Odense: Odense Universitetsforlag.

Swilling, Mark, Bev Russell, S. Wojciech Sokolowski, and Lester M. Salamon. 2004. "South Africa." In Lester M. Salamon, S. Wojciech Sokolowski, and Associates, *Global Civil Society: Dimensions of the Nonprofit Sector*, vol. 2, pp. 110-125. Bloomfield: Kumarian Press.

Tapia Álvarez, Mónica, and Gisela Robles Aguilar. 2006. *Retos institucionales delmarco legaly financiamiento a las organizaciones de la sociedad civil.* Mexico: Alternativas y Capacidades. Available at: www. alternativasycapacidades. org/sites/default/files/RetosInstitucionales. pdf.

Tennant, Margaret. 2007. *The Fabric of Welfare: Voluntary Organisations, Government and Welfare* 1840-2005. Wellington, NZ: Bridget Williams Books.

Timberger, Ellen Kay. 1978. *Revolution from Above: Military Bureaucrats and Development in Japan, Turkey, Egypt and Peru.* New Brunswick: Transaction Publishers.

Titmuss, Richard M. 1974. *Social Policy: An Introduction.* London: Allen and Unwin.

Trotsky, Leon. 1906. *Results and Prospects.* Available at: www. marxists. org/archive/trotsky/1931/tpr/rp-index. htm.

Tumanova, A. C. 2008. Общественные организации и русская публика в начале XX века. (*Public Associations and Russian Public in the beginning of the 20th century.*) Moscow: New Chronograph.

Tusell, Javier. 2011. *Spain: From Dictatorship to Democracy.* New York: John Wiley & Sons.

United Nations. 2003. *Handbook on Non-Profit Institutions in the System of National Accounts.* New York: United Nations.

United States Senate. 1975. *Covert Action in Chile*, 1963-1973, *Staff Report Of The Select Committee To Study Governmental Operations With Respect To Intelligence Activities.* Washington DC: Government Printing Office. Available at: http://fas. org/irp/ops/policy/church-chile. htm.

Valenzuela, Arturo. 1978. *The Breakdown of Democratic Regimes: Chile.* Baltimore: Johns Hopkins University Press.

Veldheer, Vic, and Ary Burger. 1999. "History of the Nonprofit Sector in the Netherlands. " *Working Papers of the Johns Hopkins Comparative Nonprofit Sector Project*, no. 35, edited by Lester M. Salamon and Helmut K. Anheier. Baltimore: The Johns Hopkins Institute for Policy Studies. Available at: http:// ccss. jhu. edu/publications-findings/? did = 182.

Villadsen, Kaspar. 2004. "Filantropiens genkomst—Medborgerskab, fællesskab og frihed under ombrydning." *Dansk Sociolog* 15 (1): 46-63. Available at: http://ej. lib. cbs. dk/index. php/danksociologi/article/view/228/240.

Wachter, Andrea. 1983. *Antisemitismus im österreichischen Vereinswesen für Leibesübungen 1918-38 am Beispiel der Geschichte ausgewählter Vereine.* PhD Dissertation. Vienna: University of Vienna.

Weber, Max. 1958. *The Protestant Ethic and the Spirit of Capitalism.* New York: Charles Scribner's Sons.

——. 1978. *Economy and Society.* Berkeley: University of California Press.
Weisbrod, Burton. 1977. *The Voluntary Independent Sector.* Lexington: Lexington Books.

Wilson, Monica, and Leonard M. Thompson. 1969. *Oxford History of South Africa.* Oxford: Oxford University Press.

Wollebæk, Dag, and Per Selle. 2000. "Participation in Voluntary Associations and the Formation of Social Capital." Paper presented at the ARNOVA conference, New Orleans, November 2000.

World Values Survey. 1991. Available at: www. religioustolerance. org/rel _ ratefor. htm.

Wright, Thomas C. 1982. *Landowners and Reform in Chile.* Urbana: University of Illinois Press.

——. 2007. *State Terrorism in Latin America: Chile, Argentina and International Human Rights.* Lanham, MD: Rowman and Littlefield Publishers.

Wuthnow, Robert. 1991. *Acts of Compassion: Caring for Others and Helping Ourselves.* Princeton: Princeton University Press.

Yakobson, Lev I. 2007. Якобсон Л. И. Российский третий сектор: от импорта к импортозамещению: Некоммерческий сектор—экономика, право и управление. Материалы международной научной конференции. (*The Russian Third Sector: From Import to Import Substitution: Nonprofit Sector-Economics, Law and Government. Materials of the International Scientific Conference.*) Moscow: National Research University Higher School of Economics.

Yamauchi, Naoto. 2004. "Is the Government Failure Theory Still Relevant? A Panel Analysis Using US State Level Data." *Annals of Public and Cooperative Economics* 75 (2): 227-263.

Zhukova, I. , V. Kononov, Yu Kotov, et al. 1988. Самодеятельные инициативы: Неформальный взгляд. ("Amateur Initiatives: Informal View.") *The Communist* 9: 63-67.

Zimmer, Annette, and Eckhard Priller (eds.). 2004. *Future of Civil Society: Making Central European Nonprofit Organisations Work*, pp. 713-731. Wiesbaden: VS Verlag für Sozialwissenschaften.

Zivildienstverwaltung. 2006. *Zivildienst in Österreich.* Available at: www. zivildienstverwaltung. at.

Zukin, Sharon, and Paul DiMaggio (eds.). 1990a. *Structures of Capital: The Social Organization of the Economy.* Cambridge: Cambridge University Press.

——. 1990b. "Introduction." In Sharon Zukin and Paul DiMaggio (eds.), *Structures of Capital: The Social Organization of the Economy*, pp. 1-36. Cambridge: Cambridge University Press

作者简介

莱斯特·M. 萨拉蒙（Lester M. Salamon）

莱斯特·M. 萨拉蒙博士是约翰斯·霍普金斯大学教授，约翰斯·霍普金斯大学布隆伯格公共卫生学院健康与社会政策研究所约翰斯·霍普金斯公民社会研究中心主任，约翰斯·霍普金斯高级国际研究-博洛尼亚中心研究教授；俄罗斯国立研究大学高级经济学院高级研究教授。他曾经担任华盛顿特区城市研究所治理与管理研究中心主任，美国总统行政办公室所属的政府管理与预算办公室副助理主任。萨拉蒙博士是美国乃至世界非营利部门实证研究的开拓者，他独撰或与人合撰50多篇文章，撰写或主编20多部著作，其中包括《弹性部门再探：美国非营利部门的新挑战》（布鲁金斯学会出版社，2015）；《美国非营利部门：入门版，第三版》（基金会中心出版社，2012），《美国非营利国度，第二卷》（布鲁金斯学会出版社，2012），《重新思考企业社会参与：拉丁美洲的教训》（库玛里安出版社，2010），《政府工具：新治理指南》（牛津大学出版社，2002），《全球公民社会：非营利部门的维度，第二卷》（库玛里安出版社，2004），《慈善新前沿：重塑全球慈善和社会投资的新工具与主体指南》（牛津大学出版社，2014），《公共服务中的伙伴：现代福利国家中政府-非营利部门关系》（约翰斯·霍普金斯大学出版社，1995）。他还是《公共与合作社经济学年鉴》《行政与社会》《交易》《中国治理期刊》*Voluntas* 和《非营利与志愿部门季刊》的编委会成员。

S. 沃伊切赫·索科罗斯基（S. Wojciech Sokolowski）

S. 沃伊切赫·索科罗斯基是霍普金斯大学公民社会研究中心的高级研究

助理。索科罗斯基博士从罗格斯大学获得博士学位，他曾经在国防语言学院、哈特纳学院、罗格斯大学及摩根州立大学任教。索科罗斯基博士是《东欧的公民社会和专业组织：波兰的社会变革与组织》（2001）一书的作者，也是如下著作的合著者之一：《测量志愿活动：实用工具包》（2001），《全球公民社会：第一卷和第二卷》（2004），《国民账户体系中的非营利机构手册》（2003），《国际劳工组织志愿者工作测量手册》（2011）。他为美国和其他国家的国家统计局开发报告非营利机构的数据系统提供建议。他的文章发表在《Voluntas：志愿及非营利部门国际期刊》《公共与合作社经济学年鉴》《非营利管理与领导力》《西北国际人权期刊》《公民社会期刊》《文化政策国际期刊》，以及几种编著作品之中。

梅根·A. 海多克（Megan A. Haddock）

梅根·A. 海多克是霍普金斯大学公民社会研究中心的国际研究项目经理。她是《国际劳工组织志愿者工作测量手册》（2011）的主要作者之一，发表了一些有关记录志愿活动对发展的贡献（尤其是关于联合国可持续发展目标）的文章。她是很多出版物的合著作者之一，包括研究中心的多个出版物，一些书中的章节，一篇发表于《公共与合作社经济学》的文章，ISTR 会议论文，以及一些报纸和杂志文章。海多克女士在约翰斯·霍普金斯大学政策研究所获得硕士学位，在卡尔顿学院获得学士学位。

贡献者名录

Christoph Bärlocher, University of Fribourg (Switzerland), Institute for Management on Associations, Foundations, and Cooperatives

Thomas P. BoJe, Roskilde University, Department of Society and Globalization

Lorena Cortés Vázquez, The Mexican Center for Philanthropy (CEMEFI)

Bernard Degen, University of Basel (Switzerland), Department of History

Raquel Campos Franco, Católica Porto Business School, Universidade Católica Portuguesa

Torben Fridberg, SFI: The Danish National Centre For Social Research

Markus Gmür, University of Fribourg (Switzerland), Institute for Research on Management of Associations, Foundations, and Co-Operatives (VMI)

Ulla Habermann, University of Southern Denmark (SDU) (retired)

Bernd Helmig, University of Mannheim Business School (Germany)

BJarne Ibsen, University of Southern Denmark, Odense, Centre for Sports, Health, and Civil Society

Ignacio Irarrazaval, Centro de Políticas Públicas, Pontificia Universidad Católica de Chile

Olga Kononykhina, Hertie School of Governance (Germany)

Mark Lyons (deceased), formerly Professor of Social Economy, University of Technology (Australia)

Cynthia Martínez, The Mexican Center for Philanthropy (CEMEFI)

Irina Mersianova, National Research University Higher School of Economics (Russia), Center for Studies of Civil Society and the Nonprofit Sector

Michael Meyer, WU Vienna University of Economics and Business, Institute for Nonprofit-Management

Michaela Neumayr, WU Vienna University of Economics and Business, Institute for Nonprofit Management

Michael Nollert, University of Fribourg (Switzerland), Department of Social Sciences, Division of Sociology, Social Policy, and Social Work

Astrid Pennerstorfer, WU Vienna University, Department of Sociology

Ulrike Schneider, Vienna University of Technology, Institute of Statistics and Mathematical Methods in Economics

Jorge Villalobos, The Mexican Center for Philanthropy (CEMEFI)

Georg Von Schnurbein, University of Basel (Switzerland), Center for Philanthropy Studies

核心人员、本地研究员、顾问和
资助方，1991—2016

核 心 人 员

主任：Lester M. Salamon；

研究人员：Helmut Anheier, Kathryn Chinnock, Andrew Green, Megan Haddock, Eileen Hairel, Les Hems, Regina Rippetoe List, Stefan Toepler, Wojciech Sokolowski；

沟通和行政人员：Brittany Anuszkiewicz, Mimi Bilzor, Chelsea Newhouse, Jacquelyn Perry, Wendell Phipps, Marcy Shackelford, Robin Wehrlin

本地研究员（Local Associates）

Argentina：Mario Roitter, Centro de Estudios de Estado y Sociedad（CEDES）

Australia：Mark Lyons, University of Technology, Sydney, and Centre for Social Impact（Deceased）

Austria：Ulrike Schneider, Vienna University of Technology, Institute of Statistics and Mathematical Methods in Economics

Belgium：Sybille Mertens, Centre D'Économie Sociale, Universite de Liège, *and* Jacques Defourny, Centre D'Économie Sociale, Universite de Liège

Brazil：Leilah Landim, Instituto de Estudos da Religiâo, *and* Neide Beres, UN Volunteers and Instituto Brasileiro de Geografia e Estatística

Canada：Michael Hall, Imagine Canada

Chile：Ignacio Irarrazaval, Centro de Políticas Públicas, Pontificia Universidad

280

Católica de Chile

Colombia: Rodrigo Villar, Independent Researcher

Czech Republic: Martin Potuçek, Charles University, Institute of Sociological Studies, *and* Pavol Fric, Charles University, Institute of Sociological Studies

Denmark: Ole Gregersen, Social Forsknings Instituttet, *and* Thomas P. Boje, Roskilde University, Department of Society and Globalization

Egypt: Amani Kandil, Arab Network for NGOs

Finland: Susan Sundback, Åbo Akademi University, Institute of Public Administration

France: Edith Archambault, Centre d'économie de la Sorbonne, MATISSE

Germany: Eckhard Priller, Wissenschaftszentrum Berlin, AG Sozialberichter-stattung; *and* Annette Zimmer, Institut für Politikwissenschaft, Westfalische Wilhelms-Universität Münster

Hungary: István Sebestény, Civitalis Association, *and* Renáta Nagy, Central Statistical Office

India: Rajesh Tandon, Society for Participatory Research in Asia, *and* S. S. Srivastava, Society for Participatory Research in Asia

Ireland: Freda Donoghue, National College of Ireland

Israel: Benjamin Gidron, Ben Gurion University, Israeli Center for Third-Sector Research; *and* Hagai Katz, Ben Gurion University, Israeli Center for Third-Sector Research

Italy: Gian Paolo Barbetto, Istituto de Ricerca Sociale

Japan: Naoto Yamauchi, Osaka School of International Public Policy

Kenya: Karuti Kanyinga, University of Nairobi, Institute for Development Studies; *and* Winnie Mitullah, University of Nairobi, Institute for Development Studies

Korea, Republic of: Tae-kyu Park, Yonsei University

Lebanon: Hashem El Husseini, Lebanese University

Mexico: Gustavo Verduzco, El Colegio de Mexico, AC

Morocco: Salama Saidi, Association Rawabit

Netherlands: Paul Dekker, Social and Cultural Planning Office, *and* Bob Kuhry, Social and Cultural Planning Office

New Zealand：Diana Suggate，Ministry of Social Development

Norway：Hakon Lorentzen，Institutt for Samfunnsforkning；Karl Henrik Sivesind，Institutt for Samfunnsforkning；*and* Per Selle，Norwegian Research Centre in Organization and Management

Pakistan：Hafiz Pasha，Social Policy Development Centre，*and* Muhammad Asif Iqbal，Social Policy Development Centre

Peru：Felipe Portocarrero，Centro de Investigación de la Universidad del Pacífico，*and* Cynthia Sanborn，Centro de Investigación de la Universidad del Pacífico

Philippines：Ledivina Cariño，University of the Philippines（Deceased）

Poland：Slawomir Nalecz，Nonprofit Organizations Research Unit，Polish Academy of Sciences

Portugal：Raquel Campos Franco，Católica Porto Business School，Universidade Católica Portuguesa

Romania：Carmen Epure，Civil Society Development Foundation

Russia：Oleg Kazakov，LINKS—Moscow，*and* Irina Mersianova，National Research University Higher School of Economics

Slovakia：Helena Woleková，SPACE Foundation

South Africa：Mark Swilling，Graduate School of Public and Development Management，University of Witwatersrand

Spain：Jose Ignacio Ruiz Olabuenaga，Centro de Investigación de Expectativas Sociales（CINDES）

Sweden：Filip Wijkstrom，Stockholm School of Economics

Switzerland：Bernd Helmig，University of Mannheim Business School，Public and Nonprofit Management；*and* Georg von Schnurbein，University of Basel，Center for Philanthropy Studies

Tanzania：Laurean Ndumbaro，University of Dar es Salaam，*and* Amos Mhina，University of Dar es Salaam

Thailand：Amara Pongsapich，Chulalongkorn University

Turkey：Mustafa Özer，Department of Economics，Anadolu University

Uganda：John-Jean Barya，Centre for Basic Research

United Kingdom：Jeremy Kendall，Department of Social Policy and Administration，

London School of Economics and Political Science; Martin Knapp, Department of Social Policy and Administration, London School of Economics and Political Science; *and* Les Hems, Guidestar UK

United States: Lester M. Salamon, Johns Hopkins Center for Civil Society Studies, Johns Hopkins University; *and* S. Wojciech Sokolowski, Johns Hopkins Center for Civil Society Studies, Johns Hopkins University

顾问委员会

国际顾问委员会

Nicole Alix, UNIOPSS; *Farida Allaghi*, AGFUND; *Manuel Arango*, Mexican Center on Philanthropy (CEMEFI); *David Bonbright*, Aga Khan Foundation; *Mauricio Cabrera Galvis*, Fundación FES; *John Clark*, The London School of Economics; *Pavol Demes*, The German Marshall Fund; *Barry Gaberman*, The Ford Foundation; *Cornelia Higginson*, American Express Company; *Stanley Katz*, Princeton University; *Kumi Naidoo*, CIVICUS; *Miklos Marschall*, Transparency International; *John Richardson*, European Foundation Centre; *Gerry Salole*, European Foundation Centre; *S. Bruce Schearer*, The Synergos Institute; Luc Tayart de Borms, King Baudoin Foundation

各国本地顾问委员会

Argentina: *Heber Camelo*, UN Economic Commission for Latin America (CEPAL); *Marita Carballo*, GALLUP-Argentina; *Juana Ceballos*, Cáritas; *Ricardo Ferraro*, Fundación YPF; *Ernesto Gore*, Universidad de San Andrés; *María Herrera Vegas*, Fundación Bunge y Born; *Rafael Kohanoff*, Gobierno de la Ciudad Autónoma de Buenos Aires; *María Rosa Martíni*, Foro del Sector Social; *Dolores Olmos de Taravella*, Fundación Juan Minetti; *Beatriz Orlowski de Amadeo*, CENOC, Secretaría de Desarrollo Social; *Catalina Smulovitz*, Universidad Torcuato Di Tella; *Andrés Thompson*, W. K. Kellogg Foundation.

Australia: *Margaret Bell*, Australian Council of Volunteering; *Steven Bowman*,

Australian Society of Association Executives Limited; *Jeff Byrne*, Industry Commission; *Elizabeth Cham*, Australian Association of Philanthropy; *Gabrielle Gelly*, Australian Conservation Foundation; *Steve Haynes*, Confederation of Australian Sport; *Betty Hounslow*, Australian Council of Social Service; *Philip Hughes*, Christian Research Association; *Richard Madden*, Australian Institute of Health and Welfare; *Russel Roggers*, Australian Bureau of Statistics; *Fergus Thomson*, National Council of Independent Schools' Associations; *David Throsby*, Macquarie University.

Belgium: Each of the following agencies has one representative: Banque Nationale de Belgique (Chair); Fondation Roi Baudoin; Confédération des entreprises non marchandes; Ministère de l'emploi et de l'environnement; Ministère des affaires sociales; Ministère de la Région wallonne; Ministère de la Région Bruxelles-Capitale; Ministère de la Communauté flamande; Ministère de la Communauté française; Comission Communautaire Commune.

Chile: *Francisco Ruiz*, Banco Central; *José Venegas*, Banco Central; *Ximena Aguilar*, Banco Central; *Iván Castro*, Chiledeportes; *Karin Berlien*, Chiledeportes; *Óscar Agüero*, Consejo Nacional de la Cultura y de las Artes; *Juan Francisco Lecaros*, Corporación Simón de Cirene; *Alessandra Mmusi*, Corporación Simón de Cirene; *Mónica Silva*, Escuela de Administración Universidad Católica de Chile; *Teresa Valdés*, Facultad Latinoamericana de Ciencias Sociales; *María Teresa Infante*, Fundación Miguel Kast; *Leonardo Moreno*, Fundación para la Superación de la Pobreza; *Sergio Oyanedel*, Fundación Teletón; *Mónica Espósito*, Hogar de Cristo; *Andrés Rencoret*, Ministerio de Justicia; *Marcela Jiménez*, Ministerio de Planificación y Cooperación; *Fuad Chain*, Ministerio Secretaría General de Gobierno; *Francisco Soto*, Ministerio Secretaría General de Gobierno; *Ana María de la Jara*, ONG Cordillera; *Alicia Amunátegui*, Sociedad Protectora de la Infancia / Feniprom.

Colombia: *Inés de Brill*, CCONG; *Mauricio Cabrera*, FES; *Marco Cruz*, Fundación Antonio Restrepo Barco; *Mauricio Londoño*, National Department of Planning; *Jose Bernardo Toro*, Fundación Social; *Olga Lucia Toro*, Centro Colombiano de

Filantropía.

Czech Republic: *Fedor Gál*（Chair）, Business Leader; *Helena Ackermannová*, Donors Forum; *Milan Damohorský*, ISS Charles University; *Ivan Gabal*, Gabal Consulting; *Petr Háva*, ISS Charles University; *Miroslav Purkrábek*, ISS Charles University; *Jana Ryšlinková*, ICN.

Egypt: *Salwa El Amir*, National Center for Social Research; *Nazli Maoud*, Faculty of Political and Economic Science; *Abd El Monem Said*, Center for Political and Strategic Studies; *Nabil Samuel*, Coptic Angelic Organization for Social Services.

Finland: *Krister Sthåhlberg*（Chair）, Åbo Akademi University; *Olavi Borg*, University of Tampere; *Maija Innanen*, Finnish Sport Federation; *Leila Kurki*, Finnish Confederation of Salaried Employees; *Kari-Pekka Mäkiluoma*, Federation of Finnish Municipalities; *Rolf Myhrman*, Ministry of Social Affairs and Health; *Martti Siisiäinen*, University of Lapland; *Hannu Uusitalo*, Academy of Finland; *Jouko Vasama*, Association of Voluntary Health, Social and Welfare Organizations.

France: *Laurence Delmotte*（Chair）, Fondation de France; *Jean Bastide*, CNVA; *Chantal Bruneau*, Ministère de la Jeunesse et des Sports; *Marie-Thérèse Cheroutre*; *Olivier Dargnies*, Délégation à la qualité de la vie, Ministère de l'Environment; *Anne David*, FONDA; *Mireille Delbeque*, Délégation Formations et Développement, Ministère de la Culture; *Léon Dujardin*, Secours Populaire Français; *Ghislaine Esquiague*, Délégation interministérielle à la ville; *Hugues Feltesse*, UNIOPSS; *Francis Lacloche*, Caisse des Dépots et Consignations; *Jacqueline Lauriau*, Ministère de la Recherche; *Jacqueline Mengin*, CELAVAR; *Marie Dominique Monferrand*, Réseau Information Gestion; *Guy Neyret*, INSEE; *Claudine Padieu*, Direction de l'Action Sociale, Ministère des Affaires Sociales; *Guy Pailler*, Association des Paralysés de France; *Daniel Rault*, Délégation interministérielle à l'innovation sociale et à l'économie sociale; *Jean Pierre Reisman*, Ministère de la Culture; *Philippe Saint Martin*, Ministère du Travail et des Affaires socials, Direction de l'action sociale; *Denis Tzarevcan*, Fondation d'enterprise du crédit Coopératif.

Germany：*Rupert Graf Strachwitz* （Chair）, Maecenata Institut für Dritter-Sektor-Forschung；*Ulli Arnold*, Universität Stuttgart；*Klaus Balke*, Nationale Kontakt und Informationsstelle zu Anregung und Unterstützung von Selbsthilfegruppen；*Rudolph Bauer*, Universität Bremen；*Hans-Jochen Brauns*, DPWV Landesverband Berlin；*Peter-Claus Burens*, Stiftung Deutsche Sporthilfe；*Marita Haibach*；*Albert Hauser*, Caritasverband der Erzdiözese München und Freising；*Christoph Mecking*, Bundesverband Deutscher Stiftungen；*Bernd Meyer*, Deutscher Städtetag；*Klaus Neuhoff*, Universität Witten/Herdecke；*Eckart Pankoke*, Universität der Gesamthochschule Essen；*Heide Pfarr*, Hans-Böckler-Stiftung；*Peter Philipp*, Daimler Chrysler AG；*Stephanie Rüth*, BfS-Service GmbH；*Gabriele Schulz*, Deutscher Kulturrat；*Wolfgang Seibel*, Universität Konstanz；*Marlehn Thieme*, Deutsche Bank Stiftung；*Alfred Herrhausen*, Hilfe zur Selbsthilfe；*Gerhard Trosien*, Deutscher Sportbund；*Olaf Werner*, Friedrich-Schiller-Universität Jena；*Wolfgang Zapf*, Wissenschaftszentrum Berlin für Sozialforschung.

Hungary：*Marianna Török* （Chair）, Centre for Nonprofit Information and Education （NIOK）；*János Bocz*, Central Statistical Office；*Beatrix Góz*, Ministry of Finance；*Gábor Gyorffy*, PHARE Program；*Béla Jagasics*, Landorhegy Foundation-Nonprofit Service Centre；*Anikó Kaposvári*, Foundation for the Education on Human Rights and Peace；*Judit Monostori*, Central Statistical Office；*László Sík*, Ministry of Finance.

India：*Indu Capoor*, CHETNA；*Mathew Cherian*, Charities Aid Foundation；*Murray Culshaw*, Murray Culshaw Advisory Services；*Noshir Dadawala*, Centre for Advancement of Philanthropy；*Swapan Garain*, Tata Institute of Social Sciences；*Mr. Jagdananda*, Centre for Youth and Social Development；*Joe Madiath*, Gram Vikas, Berhampur；*Harsh Mandar*, Action Aid, New Delhi；*Ajay Mehta*, National Foundation of India；*Vijai Sardana*, Aga Khan Foundation；*Mark Sidel*, Ford Foundation；*Pushpa Sundar*, Indian Centre for Philanthropy.

Ireland：*Joyce O'Connor* （Chair）, National College of Ireland；*Roger Acton*, Disability Federation of Ireland；*Mel Cousins*, Barrister-at-Law and Personal

Advisor to Minister for Social, Community and Family Affairs; *Raymond Jordan*, Department of Education; *Bernadette Kinsella*, Secretariat of Secondary Schools; *Mick Lucey*, Central Statistics Office; *Paul Marron*, Central Statistics Office; *Ernest Sterne*, Secondary Education Committee; *James Williams*, Economic and Social Research Institute.

Israel: *Ya'acov Kop* (Chair), Center for Social Policy Research; *J. Aviad*, KRB Foundation; *H. Ayalon*, Amal Network; *Yehoshua David*, Income Tax Commission; *S. N. Eisenstadt*, Hebrew University; *Yoram Gabbai*, Bank HaPoalim; *Y. Galnoor*, Hebrew University; *D. Lehman-Messer*, Ministry of Justice; *A. Mantver*, Joint Distribution Committee-Israel; *Moshe Sikron*, Central Bureau of Statistics.

Kenya: *Patrick O. Alila*, former Director, Institute for Development Studies, University of Nairobi; *Chairperson of the Board of Trustees*, Chandaria Foundation; *Njeri Karuru*, former Project Coordinator, Women and Law in East Africa; *Jaindi Kisero*, Nation Newspapers; *Martha Koome*, former Chairperson, FIDA; *Gibson Kamau Kuria*, Law Society of Kenya; *Betty C. Maina*, former Executive Director, Institute of Economic Affairs; *David S. O. Nalo*, former Director, Central Bureau of Statistics; *Elkana Odembo*, Philanthropic Foundation; *Martin Oloo*, former Regional Programme Officer, Aga Khan Foundation; *Oduor Ongwen*, National Council of NGOs; *Alois Opiyo*, Undugu Society of Kenya; *Kassim Owango*, the Kenya National Chamber of Commerce and Industry; *Aina Tade*, former Programme Officer, Ford Foundation.

Korea, Rep. of: *Hong-sup Cho*, Hangyurae Daily Newspaper; *Kyu-whan Cho*, Angels' Heaven Social Welfare Corporation; *Woo-Hyun Cho*, Yonsei University Medical College; *Ho-jin Jung*, Daesan Foundation for Rural Culture and Society; *Soobok Jung*, formerly at the Korean NGO Times; *Min-young Kim*, People's Solidarity for Participatory Democracy; *Hyung-Jin Lee*, Arche Publishing House; *Chang-ho Lee*, Joongang Daily Newspaper; *Kang-Hyun Lee*, Volunteer 21; *Kwang-Joo Lee*, Bank of Korea; *Eun-Kyung Park*, YWCA; *Yong-Joon Park*, Global Care; *Pyong-Ryang Wi*, Citizens Coalition for Economic Justice.

Lebanon：*Muhammad Barakat*，Institutions of Social Welfare；*Role el-Husseini Begdashe*，Lebanese University；*Faheem Dagher*，Pediatrician；*Hasan Hammoud*，Lebanese American University；*Marwan Houry*，Lebanese University；*Naamat Kanaan*，Ministry of Social Affairs.

Mexico：*Marie Claire Acosta Urquidi*，Comisión Mexicana de Defensa y Promoción de Derechos Humanos；*Sergio Aguayo Quezada*，El Colegio de Mexico；*Rubén Aguilar Valenzuela*，Causa Ciudadana；*Luis F. Agullar Villanueva*，Secretaría de Gobernación；*Manuel Arango Arias*，CEMEFI；*Vicente Arredondo Ramírez*，Fundación Demos；*Manuel Canto Chac*，Universidad Autónoma Metropolitana；*Alfonso Castillo Sánchez*，Unión de Esfuerzos por el Campo；*Norman Collins*，Ford Foundation；*Julio Faesler Carlisle*，Consejo para la Democracia；*Rosa María Fernández Rodriguez*，Consultant；*Sergio García*，Foro de Apoyo Mutuo；*Jesús Luis García Garza*，Universidad Iberoamericana；*Claudio X. González Guajardo*，Oficina de la Presidencia de la República；*Ricardo Govela Autrey*，Philos；*Luis Hernández Navarro*，Coordinadora Nacional de Organizaciones Cafetaleras；*Alonso Lujambio*，Instituto Tecnológico Autónomo de México；*María Angélica Luna Parra*，México Ciudad Humana；*Dionisio Pérez Jácome*，Unidad de Promoción de Inversiones；*Federico Reyes Heroles*，Revista Este País；*Rafael Reygadas Robles-Gil*，Convergencia；*Alejandra Sánchez Gabito*，Consultant；*Jairo Sánchez Méndez*，Banco Interamericano de Desarrollo；*Martha Smith de Rangel*，CEMEFI；*Guillermo Soberón Acevedo*，Fundación Mexicana para la Salud；*Ekart Wild*，Fundación Frederich Ebert；*Alfonso Zárate*，Grupo Consultor Interdiciplinario.

Morocco：*M. Bennani*，Ministry of Planning；*Ait Haddout*，former Director of the Cooperatives Department；*K. El Madmad*，University of Ain Chock，UNESCO Chair on Migration and Human Rights；*C. Ben Azzou*，Statistician，former Moroccan Ambassador to Indonesia.

Netherlands：*Th. van Oosten*（Chair），Juliana Welzijn Fonds；*B. M. Jansen*，Algemeen Bureau Katholiek Onderwijs；*J. H. L. Meerdink*，Prins Bernhard Fonds；*L. Roosendaal*，Centraal Bureau voor de Statistiek；*A. J. P. Schrijvers*，Universiteit Utrecht；*A. J. Spee*，Ministerie van Onderwijs，Cultuur en

Wetenschappen; *Th. J. van Loon*, Nederlandse Organisaties Vrijwilligerswerk; *W. Woertman*, Ministerie van Volksgezondheid Welzijn en Sport.

New Zealand: *Garth Nowland-Foreman*, Unitec New Zealand; *David Robinson*, Social and Civic Policy Institute; *Peter Glensor*, Community Sector Taskforce; *Donna Matahaere-Atariki*, Arai Te Uru Whare Hauora; *Peter McIlraith*, Combined Community Trusts of New Zealand; *Robyn Munford*, Massey University; *Bob Stephens*, Victoria University of Wellington; *Tuwhakairiora Williams*, Independent Researcher; *Diana Suggate*, Ministry of Social Development, Office for the Community and Voluntary Sector; *Chungui Qiao*, Ministry of Social Development, Centre for Social Research and Evaluation.

Norway: *Jon Olav Aspås*, Ministry of Health and Social Affairs; *Erling Berg*, Ministry of Finance; *Paul Glomsaker*, Ministry of Culture and Church Affairs; *Steinar Kristiansen*, Research Council of Norway; *Dag Nissen*, Ministry of Foreign Affairs; *Åsa Steinsvik*, Ministry of Children and Family Affairs; *Ottil Tharaldsen*, Ministry of Labour and Government Administration; *Liv Westby*, Ministry of the Environment.

Pakistan: *Rolando Bahamondes*, Canadian High Commission; *Kaiser Bengali*, Social Policy and Development Centre; *R. Kamal*, Pakistan Institute of Development Economics; *Mazhar Ali Khan*, Voluntary Social Welfare Agencies; *Munir M. Merali*, the Aga Khan Foundation; *Khawar Mumtaz*, Pakistan NGO Forum; *Mehtab Akbar Rashidi*, Shahrah-e-Kamal Ataturk; *Ghazi Salahuddin*, Journalist; *Sardar Wasimuddin*, Royal Embassy of Japan.

The Philippines: *Lourdes Casas-Quezon*, Philippine National Red Cross; *David Chiel*, Ford Foundation; *Sheila Coronel*, Philippine Center for Investigative Journalism; *Victoria Garchitorena*, Ayala Foundation; *Emil Q. Javier*, Consultative Group on International Agricultural Research; *Horacio Morales*, La Liga Citizens' Movement for Renewal and Reform.

Poland: *Alina Baran*, Central Statistical Office; *Natalia Bolgert*, Bank of Socio-Economical Initiatives and Forum of Non-Governmental Initiatives Association; *Janusz Gałęziak*, Ministry of Labor and Social Policy; *Helena Góralska*, Member of Parliment, Public Finance Commission; *Miroslawa Grabowska*, Institute of

Sociology, University of Warsaw; *Hubert Izdebski*, Faculty of Law, University of Warsaw; *Wojciech Łażewski*, Caritas-Poland; *Piotr Marciniak*, NGOs and Legislation Project; *Krzysztof Ners*, Deputy Minister of Finance; *Joanna Stare.ga-Piasek*, Member of Parliment, Public Finance Commission; *Edmund Wnuk-Lipiński*, Institute of Social Policy, Polish Academy of Science; *Zbigniew Woźniak*, University of Poznań; *Mirosław Wyrzykowski*, Institute for Public Affairs; *Witold Zdaniewicz*, Catholic Church Statistics Institute.

Romania: *Sorin Antohi*, Central European University; *Aurora Liiceanu*, University of Bucharest; *Dan Manoleli*, Romanian Parliament Expert; *Liviu Matei*, Ministry of National Education; *Mihaela Miroiu*, National School for Political and Administrative Studies; *Dumitru Sandu*, University of Bucharest; *Ancuta Vamesu*, Civil Society Development Foundation; *Mihaela Vlasceanu*, University of Bucharest.

Slovakia: *Pavol Demeš* (Chair), Slovak Academic Information Agency; *Martin Bútora*, Milan Simecka Foundation; *Olga Cechová*, Institute for Law Approximation; *Katarína Košt'álová*, Slovak Academic Information Agency; *Milan Olexa*, Statistical Office of the Slovak Republic.

South Africa: *Eve Annecke*, Sustainability Institute; *Colleen du Toit*, South African Grantmakers Association; *Nomboniso Gasa*, Centre for Civil Society, University of Natal; *Adam Habib*, Centre for Civil Society, University of Natal; *Firoz Khan*, School of Public Management and Planning, University of Stellenbosch; *Christa Kuljian*, Mott Foundation; *Alan Mabin*, Graduate School of Public and Development Management, University of the Witwatersrand, Johannesburg; *Eugene Saldanha*, Non-Profit Partnership; *Hanlie Van Dyk*, Department of Public Service and Administration, South African Government.

Switzerland: *Martina Ziegerer*, ZEWO Foundation; *Franz Marty*, Raiffeisen Group; *Ernst Buschor*, Bertelsmann Foundation; *Philippe Küttel*, Swiss Federal Statistic Office; *Marco Blatter*, Swiss Olympic Association; *Herbert Ammann*, Schweizerische Gemeinnützige Gesellschaft; *Beat von Wartburg*, Swiss Foundations; *Jürg Krummenacher*, Caritas Switzerland.

Tanzania: *H. Halfan*; *Gertrude Mongella*, Advisor to UN Secretary General on

Gender Issues; *Estomish Mushi*, Deputy President's Office; *M. Rusimi*; *Edda Sanga*, *Radio Tanzania*; *Issa Shivji*, University of Dar es Salaam.

Turkey: *Davut Aydin*, Anadolu University; *Mehmet Ali Caliskan*, YADA Foundation; *Ugras Ulas Tol*, YADA Foundation; *Ali Simsek*, Anadolu University; *Zafer Erdogan*, Anadolu University; *Aysel Celikel*, Support for Modern Life Association; *Sevim Conka*, Educational Volunteers Foundation for Turkey; *Güven Savul*, Confederation of Turkish Trade Unions; *Muammer Niksarlı*, National Union of Cooperatives of Turkey; *Celal Ulgen*, Union of Turkish Bar Associations; *Ahmet Ozdemir Aktan*, Turkish Medical Association; *Zeki Bostancı*, Turkish Statistical Institute; *Hasan Akdemir*, Turkish Statistical Institute; *Aysegül Ünügür*, Association of Turkish Women.

Uganda: *Xavier Mugisha*, Institute of Statistics and Applied Economics, Makerere University; *Tumusime Mutebile*, Ministry of Finance; *Olivia Mutibwa*, Makerere University; *Kiyaga Nsubuga*, Ministry of Local Government.

United Kingdom: *Ian Bruce* (Chair), Royal National Institute for the Blind; *Michael Brophy*, Charities Aid Foundation; *Richard Corden*, Charity Commission; *Paul Fredericks*, Charity Commission; *Les Hems*, The Johns Hopkins University; *Janet Novak*, Voluntary and Community Services, Department of National Heritage; *Cathy Pharaoh*, Charities Aid Foundation; *Roger Ward*, ONS.

资 助 方

Academy of Finland

Aga Khan Foundation

Aga-Khan Foundation-Portugal

Anadalou University (Turkey)

Arab Gulf Fund (AGFUND)

Atlantic Philanthropies

Associazione Casse di Risparmio Italiane

Associazione Ricreativa e Culturale Italiana

Australian Bureau of Statistics

Australian Research Council

Austrian Science Foundation

Banca di Roma

Banco di Napoli

Bank of Sweden Tercentenary Foundation

Calouste Gulbenkian Foundation (Portugal)

Canadian Fund (Slovakia)

Caritas Ambrosiana

Cassa di Risparmio delle Province Lombarde

Cassa di Risparmio di Puglia

Cassa di Risparmio di Torino

Charles Stewart Mott Foundation (United States)

Charities Aid Foundation (United Kingdom)

Civil Society Development Foundation (Czech Republic)

Civil Society Development Foundation (Romania)

Civil Society Development Foundation (Slovakia)

Colombian Center on Philanthropy

Combined Community Trusts of New Zealand

David and Lucile Packard Foundation

Department of Welfare (South Africa)

Deutsche Bank Foundation (Germany)

FIN (Netherlands)

Fondation de France

Fondazione Giovanni Agnelli

Fondazione San Paulo di Torino

Ford Foundation

FORMEZ

Foundation for an Open Society (Hungary)

Fundación Andes (Chile)

Fundación Antonio Restrepo Barco (Colombia)

Fundación BBVA (Spain)

Fundación FES（Colombia）

Fundación Minera Escondida（Chile）

Gerbert Rüf Stiftung（Switzerland）

Humboldt Foundation/Transcoop（Germany）

Ilídio Pinho Foundation（Portugal）

Imagine Canada

Industry Commission（Australia）

Institute for Human Sciences（Austria）

Instituto de Desarrollo Agropecuario（Chile）

Inter-American Development Bank

Inter-American Foundation

Joseph Rowntree Foundation（United Kingdom）

Juliana Welzijn Fonds（Netherlands）

Kahanoff Foundation（Canada）

King Baudouin Foundation（Belgium）

Körber Foundation（Germany）

Luso-American Foundation（Portugal）

Ministry for Public Administration（Sweden）

Ministry of Church and Education（Norway）

Ministry of Culture and Sports（Norway）

Ministry of Education，Culture and Science（Netherlands）

Ministry of Environment（Norway）

Ministry of Family and Children（Norway）

Ministry of Family/World Bank（Venezuela）

Ministry of Foreign Affairs（Norway）

Ministry of Health and Social Affairs（Sweden）

Ministry of Health，Sports and Welfare（Netherlands）

Ministry of Social Affairs and Health（Finland）

Ministry of Social Development（New Zealand）

National Department of Planning（Colombia）

National Research Fund（Hungary）

Norwegian Research Council

OPEC

Open Society Foundation（Slovakia）

Productivity Commission（Australia）

Research Council of Norway

Rockefeller Brothers Fund

Sasakawa Peace Foundation（Japan）

SENAC（National Commercial Training Service-Brazil）

Servicio de Cooperación Técnica（Chile）

Skoll Foundation

Socialministeriet（Ministry of Social Affairs，Denmark）

SPES-Associazione Promozione e Solidarietà（Italy）

Swedish Council for Research in the Humanities and Social Services

Swedish Red Cross

Telefonica CTC Chile

Tindall Foundation（New Zealand）

United Nations Development Programme（UNDP）

United Nations Volunteers

Université de Fribourg，Verbandsmanagement Institute
（Switzerland）United States Agency for International Development（USAID）

United States Information Service

University of Wiitwatersrand（South Africa）

W. K. Kellogg Foundation（United States）

Yad Hadaniv Foundation（Israel）

译 后 记

我非常有幸能够认识莱斯特·M. 萨拉蒙教授，得到他的指导，并且参与了一点他领导的研究工作。

我能求教于萨拉蒙教授缘于多重巧合。20 世纪 90 年代末，我在读德鲁克的书时，对非营利组织产生兴趣，并产生了赴美求学的愿望。2008 年，我在匹兹堡大学访学期间，露易丝·康福特（Louis Comfort）教授向我推荐了萨拉蒙教授的《政府工具》一书，另一位教授莫伊·科尔曼（Moe Coleman）给我介绍了他与萨拉蒙教授相识的往事。2013 年，我给萨拉蒙教授发了一封邮件，希望能够到他的研究中心访学。没想到恰巧赶上一个好时机，当时萨拉蒙教授组织了几个中国研究生在翻译《政府工具》一书，邀请我以咨询的角色参与了该书的翻译工作，由此也得到了访学机会。访学期间，我在萨拉蒙教授的指导下开展研究工作，认识了中心的同事，其中包括本书另外两位作者 S. 沃伊切赫·索科罗斯基博士和梅根·A. 海多克女士。2017 年，我与叶托博士合作翻译出版了萨拉蒙教授主编的《撬动公益：慈善与社会投资新前沿导论》。2017 年底，萨拉蒙教授发给我他的新作，就是这本《解释非营利部门的发展：社会起源论》，并问我可否将其译为中文。我答应下来，以为很快就能完成任务，没有想到转眼就过去了两年多。

翻译过程是我们认真学习的过程，非常受益。梅继霞博士翻译了第 7，8，9，12，13 章，其余部分由张远凤翻译。两人共同审校译稿。张慧峰、叶旎璇、王迪、王现普、钟开炜、范耀华等同学参与了初稿翻译，杨芳和亓子金同学参与了图表制作。

翻译过程历时三年，我们仔细阅读了前期出版的相关译著，参考了某些译法，在此表示衷心感谢！

张远凤

2024 年 12 月 12 日

于武汉南湖畔